同济大学人文社会科学青年基金项目“电力产业与近代上海市政建设研究”成果
2016 年度教育部人文社会科学研究一般项目“电力的应用与近代上海都市生活变迁研究（1880-1937）”（项目批准号：16YJC770035）阶段性成果

政企之间

工部局与近代上海电力照明产业研究（1880—1929）

»»» 杨　琰著 «««

上海社会科学院出版社
SHANGHAI ACADEMY OF SOCIAL SCIENCES PRESS

序

朱荫贵

杨琰的博士学位论文几经补充修改，以《政企之间：工部局与近代上海电力照明产业研究(1880—1929)》为题，将由上海社会科学院出版社出版，为中国近代能源史和近代经济史研究的园地增添一支新花，可喜可贺！我相信，这部视角独特立意鲜明的著作，在为能源史和近代经济史研究做出新的探索的同时，也能激发起更多研究者对能源史的兴趣和深入研究。

我们知道，能源在人类的生产生活中，占有极为重要的地位。回顾人类社会经济的发展历史，从古至今，能源的开发与利用对个人、社会、国家以及整个全球都产生着广泛而持久的影响。无论是早期矿物能源取代植物能源，还是此后的电力能源取代矿物能源，无不是人类社会发展的巨大转折和对生产力的发展有着极大的促进和提高。能源的应用和演变，直接涉及人类社会生活的各个方面。每一次能源的变化和转折，都称得上是一次革命。今天，世界上正在兴起新能源革命浪潮，这无疑是人类将迈向新时代的又一里程碑。可以相信，新能源产生的作用和影响将一举超越历代能源的变革而载入史册，为人类社会的发展、生产力的提高以及生产生活的便利，产生难以估量的作用和价值。

回顾历史，在惊叹能源变迁给人类文明发展带来巨大影响的同时，我们也不无遗憾地发现一个明显的现象：就是迄今为止，相对于能源对人类生产生活产生的巨大影响和改变，我们对能源在社会生活中产生的途径、动力、遭遇的阻碍和发生发展的特点以及背后的原因等等问题，已有的研究成果不仅数量不多，而且着眼点不普遍，着力点不多，这不能不说是一种遗憾。

杨琰的这部著作，在借鉴吸收前人研究我国电力产业发生发展的成果基础上，确定以近代上海的电力产业为深入分析的对象。之所以如此，是她观察到上海的电力产业在我国电力产业中具有明显的“起步最早、规模最大、西方印记、畸形发展”的几大特点，其起步和发展并非一帆风顺，而是一波三折，集中和典型地反映了电力这种新型能源产业在半殖民地半封建时期我国出现具有的多重色彩和多种作用。

近代电力产业在上海的发展脉络是:从欧美引进技术,由西人在华营运的外资电业开始兴起。英商于1882年在公共租界成立了近代中国第一家电力企业——上海电气公司(Shanghai Electric Co.),为公共租界提供电力照明,成为中国电力事业之嚆矢。至1929年为止,该公司三易其主,历经了1888年经营破产,重组新申电气公司(New Shanghai Electric Co., Ltd);1893年工部局收购新申电气公司,设立工部局电气处(Electrical Department of Municipal Council),自营公共租界内电气事业;1929年,美商上海电力公司(Shanghai Power Co., Ltd)收购电气处全部资产,取得公共租界、越界筑路区域电力专营权的历史沿革。

19世纪末20世纪初,在公共租界的带动下,电力照明业渐次向法租界、华界推进。法租界的上海法商电车电灯自来水公司、华界南市电灯厂、内地电灯公司、华商电气股份有限公司、闸北水电公司渐次创办,经营与发展各自管辖范围内的电力照明产业。

也就是说,从19世纪80年代至20世纪30年代这半个世纪,"上电"和工部局电气处作为近代上海电气事业的领路人,经历了从筹设、成立、经营、改组、出售、公营至出售的发展过程,引导和推动着整个上海电业的发展。在这个过程中,承载着产业本身的电力企业,经历了从成立、受困、规模化的历史进程,这也代表着上海电力照明产业从技术引进、发展受挫、初具规模到普及之路。

在这期间,电力产业主要还是作为照明工具的变革产业出现的。或者换句话说,这期间电力产业的主要用途是在民众照明的领域中发挥作用。上海和中国的其他城市一样,开埠之前家庭照明以豆油或菜油燃灯,近代西人寓沪后,逐步引进了煤油灯、煤气灯和电灯。一方面,每一次照明工具的更替都是技术进步的结果,相较于之前的照明方式更为明亮、便利,符合近代城市发展的要求;另一方面,每一次照明系统的更替都伴随着新旧之争。上海道台就曾专门颁发过《禁用火油灯示》;煤气灯"缔造之始,谣诼繁兴";电灯出现的时候,也引起了一场轩然大波,上海道台又发布告示,禁止使用电灯。

在这部书中,杨琰客观的指出,近代上海的电力照明产业,发轫于一个特殊的由西人承担租界治安、秩序和市政管理的社会情境中,国人抑或中国官府的意愿,已不能成为电力事业创办发展与否的先决条件。因此,近代上海虽与欧美国家基本同步跨入了电力照明时代。但是,也因为这种特殊情境的制约,反而突出了产业经营者电企的作用,其本身的经营状况、管理方法、技术条件和其中产生的政企关系,成为影响近代上海电力照明产业发展的重要因素。

在开始进行自己的研究前,杨琰博士对上海电力照片事业的有关前期研究进行了认真的梳理，总结出了此前研究的几方面不足：

首先是史料方面。现有的研究成果多完成于20世纪90年代初期，当时上海市档案馆的租界档案尚未整编完成，无法利用，上海市政协1991年征集到的数篇有关上海电业发展的文史资料，也要在2001年出版的《上海文史资料存稿汇编》（第8辑）中才得以刊布。受限于资料的缺乏，已有的研究成果难免存在浮于表面和难以深入的弱点。

其次，同样受研究资料限制，既有研究成果或倾向于在通俗层面，以描写“老上海”风貌的情境中述及近代上海“电”的光临；或从中西物质与精神文明冲突、融合的观点论述照明工具新旧更替的规律，并在其中穿插有关煤气公司、电气公司成立的情况。经济史视域下尚无专题研究，不足以展现产业本身的发展面貌与特点，更未能彰显电力产业对近代上海城市发展的影响。

最后，既有研究仅是将电力照明产业，视为近代中国电力工业史框架中的“初生之犊”，笼统述之，其研究初衷大都鉴于电业本身发展的规模和速度，电厂主营电力照明产业时期，规模有限、业务单一，不足以论证经济史视角的研究初衷——论证“近代中国工业化”的议题，因此将该产业作为工业化进程的发端一笔带过。

在对前人研究的情况做到心中有数后，杨琰博士对自己的研究做了清楚的规划：

首先她基于上述近代上海电力照明产业的演进历程及其特点，选取了从1880年至1929年这半个世纪为考察时间段，原因是这段时期是世界电力应用体系形成的年代，也是近代上海电力照明产业从兴起到形成规模的阶段；在空间范畴上，以公共租界电力照明产业兴起与演进为主线，勾勒出该产业在近代上海发展的历程是从公共租界兴起，渐次向华界推进的发展特点。

其次，作者在资料方面进行了大量前期准备。她系统梳理分析了上海市档案馆所藏的关于近代上海电业和电企的一手英文档案资料，为近代上海电力照明产业的专题研究奠定了坚实的史料基础。

这些资料主要包括7本《上海公共租界工部局电力委员会会议录》（*Electricity Committee Minute Book*），时间跨度从1908年至1929年，记录了作为电气处的管理机构工部局电力委员会的开会记录，包括讨论发电量、设备、厂址、电价、电网、技术、职员的工资、福利等多方面内容。

《上海公共租界工部局关于市政电气的材料，1915—1932》（*Shanghai Municipal Council Report of the Special Electricity Committee*），主要包括：1.1913年5月电力委员会关于电气处地位讨论的报告；2.1893—1914年工部局

电气贷款数据;3.电气特别委员会的八次会议详细记录;4.1915年上海工部局电气特别委员会报告;5.电力委员会管理职责规定及其与工部局的关系,涉及委员会成员、工资、独立管理权限、任期、年度报告账目、预算、会议等方面的内容。

《上海公共租界工部局出售电气处材料》(*Sale of Electricity Department*),主要收录了1906—1908年工部局打算出售电气处,与一些电气公司的信件往来;1882—1929年上海公共租界工部局年报(*Annual Report of the Shanghai Municipal Council*)收录了上海电力公司的年度公司报告。

《工部局董事会会议录》(28本),这是一部完整记录上海公共租界管理机构工部局董事会历次会议召开情况的会议录,从1854年7月17日工部局成立后召开的第一次会议,到1943年12月17日工部局解散前举行的最后一次会议,历时90余年。工部局董事会会议录也为我们提供了连续90多年来关于上海公共租界电力事业发展状况比较系统与多侧面、多角度的历史纪录。

同时,该书再辅以民国年间出版的电气事业统计资料,以《申报》《北华捷报》《点石斋画报》《中国电力》等为代表的报刊资料,以及工业史、地方文史资料等,对这一产业的历史进行专题研究,从而呈现出近代上海电力照明产业是怎样在近代上海一步步建设起来,又是如何进入寻常百姓家,迎来电力照明时代的这一历史面貌。

为达成这一目标,除序章和结语章外,这部书稿的主体部分被作者设定为四章,分别从四个角度进行阐述:

第一章:主要论述工部局作为"管理者",对于一个在技术、市场、经营等方面均处于摸索阶段的新兴产业,采取了怎样的管理方式主导产业演进?为什么要采取这种管理方式?这种方式又对企业经营产业本身有着怎样的影响?上海电气公司为何在独占经营公共租界电力照明的特权下,产业创设仍然步履维艰,实现照明领域电气化程度相当有限,最终走上了公营的道路?通过对这些问题的探讨,揭示工部局在产业兴起与发展的初期所起的主导作用,展现近代上海电力照明产业起步的基本面貌和特点,其中包括政企之间的博弈关系、煤电产业的经营之战、工部局董事会与纳税人会议的态度与管理方法等具体内容。

第二章从"经营者"的角度,论述工部局自营公共租界电气事业的36年时间里,是怎样在城市公共和私人电力照明领域全面推动电气化进程的?是如何一步步解决电力产业建设初期所需的巨大资金投入,建设新的电厂,增设新的技术设备和扩大业务规模的?工部局电气处的营收状况如何?公共租界电力照明应用的面貌和程度如何?通过对这些问题的探讨,呈现这一时期上海电力照明产业的变化趋势与特征,其中包括工部局处理、调整煤电公共照明份额的举措,电厂建设状况,以及电力照明的市场份额与营收情况,受经济、政治、社会环境影响的表现与原因等具体内容。

第三章主要论述工部局电气处对产业的管理体制。工部局作为“殖民者”,为何在电气处营运之初,组建独立营运的企业就被提出?为何工部局又迟迟不愿意出让公共租界电业经营权?直到1927年才重新考虑出售电气处,最终于1929年将电气处全部资产和公共租界、越界筑路区域的电力经营权,出售给美商上海电力公司所有?通过对这些问题的分析,呈现出经营产业的工部局所代表的“殖民者”的身份与地位,其中包括在特定的经济、政治、社会环境下,工部局电气处要求独立的原因、改制问题所遇到的阻碍以及工部局从在乎纳税侨民的角度、政局角度、经济角度、企业管理角度,经营电气事业的动机和效果问题。

第四章的着眼点主要在于华界电力照明产业建设。主要论述租界悬灯办电对华界自办电业的示范和刺激作用,以及两者办电特点的分析比较。也就是说,为何在这半个世纪中,华界办电与租界始终存在依赖和抗争的矛盾关系?为何华界办电会屡屡出现偷窃电力、僧俗官司、电价之争等风波?为何华界办电方式是从官办、官督商办到商营,这与公共租界的商营到政府主营呈现出截然相反的路径?华界的沪南与闸北地区的电厂建设、电业规模与电力照明化程度与租界相较,有何特点?通过对这些问题的分析,展现近代华界上海电力照明产业演进的特点,并侧重从市政管理者的态度、管理方法与产业政策,进一步揭示主政者对产业建设所起到的至关重要的影响,阐明近代上海照明产业是在政府主导下“自上而下”发展的特点。

显然,近代上海电力照明产业的兴起与演进是清末民初上海城市现代化进程的重要一环,反映了上海城市现代化进行的趋势与特征。近代上海开埠后,租界地区是西方市政管理者,按照西方国家市政建设与管理的方法,以及西方产业经营与管理的理念和模式发展起来的,相当程度上体现的是殖民者的意志与利益,电力照明产业就是其中典型的一例。但是,它也在客观上刺激、带动了华界城市现代化的发展趋向。

另外,在该部书稿的附录中,作者系统收录、绘制了不少有关近代上海电力照明产业的统计数据,主要包括“近代上海公共租界公共照明状况分布表”“工部局电气处供电状况一览表”“工部局电气处私人照明用户名目”“工部局电气处经营情况量表”“上海电气公司股价一览表”“工部局电气处账目总览表”等。为后来者和进一步的研究奠定了很好的基础。例如根据“附录四”的三个图表(“工部局售电状况增长趋势图(度)”“工部局电气处年最大输电功率增长趋势图”“工部局电气处历年利润增长趋势图”),共同表现出1914年左右开始上海的电力供应和利润出现了明显的转折,大幅度向上伸展。这与第一次世界大战给中国带来的发展机遇正相吻合,是不是照明用电开始向工业制造用电转折的一种体现?值得进一步考察。

总之,杨琰博士的这部书稿特色鲜明,从多个角度出发进行了分析,将近代上海电力产业的研究向前推进了一大步。我们期待她再接再厉,为学界贡献出更多更好的作品。

因此,这部书稿的主要特点在于突出产业经营的主体企业以及政府的态度与管理方法在产业兴起与发展中所起到的重要作用,具体而言,是指身兼上海公共租界市政管理者与电气事业经营者的工部局,对产业发展所起的主导作用。

2018 年 8 月

复旦大学历史系

目录

图表目录

绪论：重新审视近代上海电力照明产业的历史

“电力工业之法定名称为电气事业，系以供给电灯、电热、电力为营业之事业。”①

人们对于“电力”的认识经过了漫长的历史过程。据称，起源于古希腊的“琥珀”一词，由古希腊的一位科学先驱，因首先观察到摩擦的琥珀能成为发光体这种性质而定名。②19世纪70年代，欧美各国兴起的第二次工业革命，使电力的广泛应用变为现实。按照电力使用的性质，成为供给电灯、工业动力、电热的能源，并形成以之为经营的事业。各国电力工业的发轫皆最先用于城市照明，出现在公共场所和生活领域，而后才逐渐扩散至生产领域，用于工业生产的能源和动力。电力的发明与应用并不是那么一帆风顺、理所当然的。即使是作为20世纪与人类社会生活、生产最密切的科技革新之一的电力照明产业，在实际使用与推广中都遭受到各种挫折与阻扰。就我国而言，近代上海是第一个引入电力照明科技并将之投入建设的城市。这种由外人在中国本土投资、引进技术、经营、管理、示范下发展起来的“洋玩意”，在逐步进入沪人生活的半个世纪中经历了曲折的发展历程，才最终走上产业规模化与照明使用普及化的道路。对此，我们宏观认识太多，细节了解却太少。

第一节　近代中国电力工业史研究述评

电力工业作为现代工业发展的重要能源和牵引产业，是中国经济史研究的重要课题。中外学界关于近代中国电力业的研究，皆有不同程度的关注。按时空经纬，呈现出以下三种类型：(1)统述近代中国某一历史时期，电力业演进过程、发展概况，及其特点；(2)诠释近代中国某一地域的电业组织系统及其发展特点；(3)就电力业与工业化的关系做专题研究。

---

① 陈中熙：《三十年来中国之电力工业》，载中国工程师学会：《三十年来之中国工程》，台北：华东印书馆1948年版，第1页。

② See Brian Bowers, *A History of Electric Light & Power*, Published by Peter Peregrinus Ltd., Stevenage, 1982, p.3.

一、近代中国电力业发展进程研究

陈中熙的《三十年来中国之电力工业》与朱大经所著《十年来之电力事业》这两篇文章,是由同时代人对1918—1948年和1936—1945年间,中国电力业发展概况的记录与分析,可视为研究近代中国电力工业史史料的一种。其中,陈中熙以建设委员会的成立为标志,将此30年中国电力工业的发展历程,以每10年为一期分为3个时期,统述3个时期中电力工业在资金、工程、业务等方面的状况。文章的主要贡献在于:第一,大致梳理了1949年前中国电力工业发展的总体脉络,呈现出电力工业分别在1928年前10年所处的萌芽期、建设委员会成立后10年的迅速成长期、抗战爆发后的停滞期的发展特点;第二,总结出近代中国电力工业受地方经济环境的限制,不论公营、民营,还是官商合营,在资金上拮据、工程设施因陋就简、电力业务不振、发电能力有限、输电配电技术滞后、收支入不敷出的总体产业特征。①

朱大经的文章则侧重统述建设委员会成立后,特别是抗战爆发后,中国电业的发展状况。文章利用当时主管全国电力事业的建设委员会,以及后来的经济部电业司所做的电业统计资料,分别列述了相关电业法规的记载,以及战前、战时和战后电力业中发电、供电设备、电价的统计数据。②

王树槐的《中国早期的电气事业,1882—1928:动力现代化之一》一文,探讨了清末民初年间,中国早期电气事业发展的概况,主要内容涉及了在中国设立的中外电厂的时间、国别、分布区域、发电容量的数据统计,并简述了政府对电气事业的管理力度。作者认为,中国早期的电气事业发展具有如下特点:第一,早期外资在华设厂的原因一为西人在华本身需要,二为炫耀之心理;第二,早期中国电气事业面临的困难,主要源自资金与人才的不足,政府规划与协调作用的欠缺;第三,外资电厂虽然对中国电气事业的发展有激励和示范的作用,但也产生了一些阻力。如,外资电业染指地区电气事业竞争,中国电厂难以匹敌,中国自办电气事业,外资不应染指。这与陈中熙所说"国人自营电气事业所需资金,以大体而言,均来自吾国国民……论其缺点,则吾人未能适当利用外资,盖外人资力雄厚,应在不丧失权利之条件下,尽量欢迎,以期事业得以达到迅速发展之目的也"③的观点不尽相同。

李代耕的《中国电力工业发展史料——解放前的七十年(1879—1949年)》

① 陈中熙:《三十年来中国之电力工业》,载《三十年来之中国工程》,第1—20页。

② 朱大经:《十年来之电力事业》,载谭熙鸿主编:《十年来中国经济(1936—1945)》(上册),中华书局1948年版,第40—66页。

③ 陈中熙:《三十年来中国之电力工业》,载《三十年来之中国工程》,第7页。

一书,以帝国主义侵略史观,介绍了1949年前中国电力工业七十年的发展历史。此书虽名为史料,实为带有强烈的反帝主义史观的近代中国电力工业通史性论著。作者首先将这70年的电力业发展状况分为3个时期进行概述:1879—1911年的创始期、1912—1937年的缓慢发展期、1937—1949年的大幅消长期;然后分章论述了有关民族资本电业、外资电业、抗战时期沦陷区的电业、"九一八"后东北地区的电业;最后总结了我国1949年前的电力工业技术水平与电业工人反帝斗争情况。[①]此外,郑亦芳的博士论文《中国电气事业的发展(1882—1949)》则是按照省份对近代华资民营电业做通论性的概述。[②]

二、近代中国区域电力业发展研究

王树槐关于近代中国区域电业发展的一系列个案研究,是这一研究领域的代表。研究区域涵盖了南京、镇江、武进、广州、九江、南昌、上海等地电气事业的发展状况。作者选取了一批从建设委员会成立后至抗战爆发前,由国人自办且经营较为成功的电厂作为研究对象,比如,首都电厂、江苏武进戚墅堰电厂、九江映庐电灯公司、上海浦东电气公司等,在具体分析电厂的设备与发电量、业务、资产与财务、组织与人事状况的基础上,探讨企业成功的原因及其所显示的意义。从这些个案分析中,作者总结出企业经营成功的原因,多半在于企业本身经营得法与否,以及是否能够得到政府主管机关建设委员会的支持。作者认为,第一,资金与人才是企业发展与否的关键,这正是中国近代工业化最缺少的,也是近代中国大多数电气事业所面临的困难所在;第二,早期的电气事业有赖政府支持,政府的财力支持、管理得当、政策保护,在企业发展中起到至关重要的作用。[③]

林美莉的硕士论文《外资电业的研究(1882—1937)》集中探讨了中日战争

---

① 李代耕:《中国电力工业发展史料——解放前的七十年(1879—1949年)》,水利电力出版社1983年版。

② 郑亦芳:《中国电气事业的发展(1882—1949)》,台北:师范大学历史研究所博士学位论文,1988年(未刊稿)。

③ 王树槐:《振亨电灯公司发展史》,载《中华民国建国八十年学术讨论会论文集》,台北:近代中国出版社1991年版;王树槐:《首都电厂的成长,1928—1937》,台北:《中央研究院近代史研究所集刊》第20期,1992年6月;王树槐:《江苏武进戚墅堰电厂的经营,1928—1937》,《中央研究院近代史研究所集刊》第21期,1993年6月;王树槐:《江苏省第一家民营电气事业:镇江大照电气公司,1904—1937》,《中央研究院近代史研究所集刊》第24期(下),1995年6月;王树槐:《九江映庐电灯公司:自营与政府的整理(1917—1937)》,《中央研究院近代史研究所集刊》第27期,1997年6月;王树槐:《国民政府接管民营电厂的政策与实践——以南昌开明电灯公司为例》,《中央研究院近代史研究所集刊》第28期,1997年12月;王树槐:《政府接管前后的广州电力公司,1909—1938》,《中央研究院近代史研究所集刊》第31期,1999年6月;王树槐:《上海浦东电气公司的发展,1919—1937》,《中央研究院近代史研究所集刊》第23期,1994年6月。

前,纷立于列强势力所及的中国各通商口岸和租界地的外资电业发展概况。该文在空间上将外资电业的分布分为华中、华南、东北及华北四大区域加以讨论。作者将研究的焦点集中在,一是外资电业营运中设备、技术、人才引进和成长状况;二是中国各地区的投资环境、政府态度和管理情形,加以呈现并比较。①王树槐认为,这篇论文对于外资电厂发电容量及其发电量的计算,甚有贡献。②

在日本学界,由田岛俊雄教授领衔编写的《现代中国的电力产业:"短缺经济"与产业组织》一书,是东京大学社会科学研究所与东亚经济史研究会专题研究活动的重要成果。该书收录了以东京大学社会科学研究所和经济学部为首,联合其他大学部分研究力量整合而成的一个研究团队,近几年来考察中国区域性电力网络,包括华北、东北、山东、广西、上海、吉林、台湾等地电力产业发展的脉络和特点。③

全书按照上述地域划分,对从中华民国一直延续至今的中国电力产业的演进历程、行业发展脉络以及产业体制改革的意义、制约因素等诸多问题进行了长时段、全方位的综合考察,进而对近一个世纪以来的中国电力产业化的进程、水平与发展特点做出判断并给出结论——中国近代以来的电力产业,是在一种特殊的环境中发展起来的,其根本特点在于短缺,走一条"需求依赖性"道路。这种"短缺经济"影响并制约着近代以来中国经济的发展,且并非通过市场竞争就能解决资源配置问题,其关键在于体制的改革,即在历史条件限定下逐步演变为今天中国所要面对的"农电改革"和"电力体制改革"。④

该研究论著主要侧重于分析中日战争以后至中华人民共和国成立时期,中国地域型电力产业的特点——"短缺经济"与"需求依赖型",而基本没有涉及晚清至民国时期电力产业发展的内容。至于上海地区,加岛润在文章中考察了自第二次

---

① 林美莉:《外资电业的研究(1882—1937)》,台北:台湾大学历史学研究所硕士论文,1990 年 6 月(未刊稿)。

② 王树槐:《设立沪西电力公司的谈判,1932—1935》,《"中央研究院"近代史研究所集刊》第 22 期,1993 年 6 月,第 4 页。

③ 自 2005 年来,该团队开始对中国·台湾的电力产业的课题研究,至 2006 年春,6 篇论稿作为阶段性成果发表于《中国研究研究月报》第 60 卷第 3、4 号特集《中国的电力产业——历史与现状》,包括:田岛俊雄的《中國の電力產業—歷史と現狀:電力問題の位相》、湊照宏的《中國の電力產業—歷史と現狀:1940 年代台灣にぉける電力需給構造展開》、湊照宏的《中國の電力產業—歷史と現狀》、峰毅的《东北地域にぉける电力网の形成》、王京滨的《电力市场の成长と电力产业の发展》和加岛润的《戦後から人民共和国初期にかけての上海电力产业统合过程》6 篇报告。此后,根据中国电力市场的发展情势,历经两年时间,进一步修改和充实文稿,并加入了 4 篇新的论稿内容,整合成田岛俊雄:《现代中国の电力产业:"不足の経济"と产业组织》(京都昭和堂株式会社 2008 年版)一书。

④ 朱荫贵、杨琰:《需求主导型中国电力产业的演进和特点——评田岛俊雄编著〈现代中国的电力产业:短缺经济与产业组织〉》,《日本当代中国研究》2014 年第 2 期,第 192—197 页。

世界大战后到计划经济时期上海电力产业的统合与华东区域电网的形成问题。

日本立命馆大学的金丸裕一教授的《支那事变之后、日本によゐ中国电力产业の调查と复旧计画》一文集中考察了抗战爆发后，日本为安定民生，确保占领地顺利统治，以复兴为目的而设立的华中水电公司活动情形[①]；而他的《占领期青岛におけゐ电气事业——日中合办膠澳电气公司设立前史》一文则探讨了1914—1922年日本占领青岛时期城市电力事业发展的概况。[②]

三、电力产业与工业化关系研究

林兰芳所著《工业化的推手——日治时期台湾的电力事业》一书，将电力产业视为工业的一环，系统分析了殖民时代台湾以电力为主的动力系统，包括承建台湾电力事业的电力株式会社、东西部民营电力企业的成长历程，以及发电工程建设状况，并在此基础上观察电力产业作为能源动力，对工业领域各产业，比如矿业、糖业等供电的情况，阐释电力产业作为工业化的推手，是如何推动台湾工业发展的。全书呈现出日治时期台湾电力产业的三个重要特点：第一，官营主导的水力发电占据绝对优势，以火力为主的民营发电在整体电力市场中只居于辅翼地位；第二，电力产业的投资者，日台兼有，但日籍股东多半掌握经营主导权，台人投资因金融结构以及主管意愿低的双重因素，致使台人投资比例低于日人，因此台湾工业化及电力产业的发展，呈现出仰赖日本技术和资金的“后进优势”特点；第三，台湾工业化确有依赖日本部分，但也不乏本土工业化的特色。“台湾总督府”企图建立“台湾工业化优先”的政策，兴建日月潭水力发电厂，造就20世纪30年代台湾进入工业化的重要契机，也为战后台湾工业化奠定了重要基础。[③]

金丸裕一先生的若干篇分析近代中国江苏、上海等地电力产业状况的论文，皆致力于以具体的城市为个案，论证电力产业在促进企业生产力大幅提升和城市工业化进程中的作用。他的硕士论文《中国の工业化と电力产业》重点探讨的就是电力业与近代上海工业化程度的关系。[④]此外，他的《江北におけゐ电力产

---

① 金丸裕一：《支那事变之后、日本によゐ中国电力产业の调查と复旧计画》，载《立命馆经济学》第53卷5、6号，2005年，第574—596页。

② 金丸裕一：《占领期青岛におけゐ电气事业——日中合办膠澳电气公司设立前史》，载本庄比佐子编著：《日本の青岛占领と山东の社会经济 1914—1922年》，《东洋文库论丛》第66期，第181—204页。

③ 林兰芳：《工业化的推手——日治时期台湾的电力事业》，台北：政治大学历史系2011年版，第517—550页。

④ 金丸裕一：《中国の工业化と电力产业》，东京：都立大学人文科学研究所硕士论文，1991年（未刊稿）。

业の成长——企业城下町南通のヶース》一文,则以 20 世纪以降南通地区纺织业为代表,探讨电力业对推动城市工业化进程的作用。①

此外,金丸裕一先生的数篇研究近代中国电业的报告,均提出了应当因地制宜评价地区电力工业发展水平与特点的观点,颇具启示。比如,学界一般将中国电力工业的发展分为五个发展时期:1882—1911 年为第一期、1912—1928 年为第二期、1928—1937 年为第三期、1938—1949 年为第四期、1949 年以后为第五期,其划分标准分别以清朝灭亡、建设委员会成立、全面抗日战争爆发、中华人民共和国成立为分界点。②但金丸裕一却指出,应当根据电力产业发展的地域性特点,具体划分研究的时间分界点。以发电容量最大的上海和江苏两地为代表,1914 年与 1924—1925 年便是具有时代意义的分界点。首先是 1914 年,他认为这一年是电力从单一的消费能源转换成生产能源的分水岭,以占全国发电总量约一半的工部局电气处为代表,对原动力的供给开始凌驾于照明的供给,这意味着近代中国电气事业正式与工业化联系在一起。其次是 1924 年,这一年是江苏省电力产业划时代的一刻,发电量由 400 kW 增至 1 000 kW。接着 1925 年,上海工部局电气处首次出现发电电量负成长记录,究其原因是受到五卅运动罢市的影响,此后上海逐渐开始出现由民族资本投资建设的电厂。③

再比如,他认为衡量地区经济发展与电力的关系时,不能笼统地套用近代电力工业低成长发展水准的印象。因为就上海、江苏、长江下游等地区来看,电气化所导致的工业化、产业化过程,不单是现代工业部门,就连传统手工业,以及农业也被卷入其中。④

欧美方面的相关研究,大多是将电力工业纳入长时段中国工业经济发展状况中加以评价产业的成长趋势。例如,约翰·奇·张(John K.Chang)的《中国大陆工业发展,1912—1949》一文,分析了民国时期工业产值,包括矿业、冶金、制造业、燃料和电力工业,以此反映 1949 年前我国工业的发展状况。其中所涉及的电力工业的产值,及其所占工业总产值的比重等数据,呈现出产业迅速成长的态

---

① 金丸裕一:《江北における电力产业の成长——企业城下町南通のヶース》,《帝京史学》第 9 号,1994 年,第 27—50 页。

② 王树槐:《中国早期的电气事业,1882—1928:动力现代化之一》,载《中国现代化论文集》1991 年 3 月,第 443 页。

③ 金丸裕一:《统计表中之江苏电业——以建国十年时期为中心的讨论稿》,载《立命馆经济学》第 48 卷 5 号,1999 年,第 887 页。

④ 金丸裕一:《从破坏到复兴? ——从经济史来看"通往南京之路"》,《近代中国》第 122 期,1997 年 12 月 25 日,第 53 页。

势,显示出电力产业日趋占据国民经济发展的重要地位。①对此,澳大利亚莫道克大学的提姆·怀特(Tim Wright)教授在《1937 年前中国的电力工业生产》一文中,针对这篇论文中所列举的电力工业产值数据,提出商榷。由于计算口径不同,两者在电力工业产值计算方面有所差异,但数据本身所呈现出的近代中国电力工业的整体成长趋势并无本质性冲突。②

综上所述,目前学界有关近代中国电力工业史的研究成果,大都偏重论述作为动力能源的电力产业本身的成长特点,及其推动城市工业化水平的作用。除了早期的史料性、通史性叙述以外,研究视野大多集中在经营史领域,在对某地域的电力公司的沿革、组织、设备、财政等论述的基础上,综合分析当地电力产业发展的特点与水平。

一方面,学界相关研究的时间范畴集中在 1928 年后。其主要原因在于:一是受史料运用方面的限制。1928 之前,政府对电业管理,既"无专责机构,又无一定规程。"③因此,没有专门的电气事业管理委员会,统计资料缺乏,遗留下的电业史料较为零散,不易集中利用。建设委员会成立后,作为南京国民政府主管全国电业发展的政府机构,为今天研究近代中国电力工业的发展历程,提供了中外电业的建设委员会专档;二是鉴于近代中国电业本身发展的规模和速度。学界一般认为,国人自办的电力工业在 20 世纪 30 年代以前,尚处萌芽时期,电厂规模有限,业务仅限于供给城市照明,不能充分论证"近代中国工业化"的议题。

另一方面,学界研究的初衷大都致力于将电力产业史放在近代中国工业化进程中去审视产业发展的特点与影响,致力于突出电力作为能源动力促进工业企业的生产效率大幅向上、生产力大幅提高的作用,但大都还是就"电力产业"论"电力产业",真正将电力产业导入某类工矿企业的产生,具体分析"电厂为各种工业动力之母,工业之繁荣,端赖于电厂之供电,而电厂之发展,亦有赖于工业之用电,相依为命,共存共荣"④的题中之意,即探讨电力产业是如何扮演扶植工业发展的角色,产业本身又是如何受到工业经济影响的议题,专题研究尚付阙如。

---

① John K.Chang, Development of Mainland China 1912—1949, *The Journal of Economic History*, Vol.27, No.1(Cambridge University Press on behalf of the Economic History Association, Mar., 1967), pp.56—81.

② Tim Wright, Electric Power Production in Pre-1937 China, *The China Quarterly*, No.126(Cambridge University Press on behalf of the School of Oriental and African Studies, Jun., 1991), pp.356—363.

③ 王树槐:《中国早期的电气事业,1882—1928:动力现代化之一》,载《中国现代化论文集》1991 年 3 月,第 459 页。

④ 朱大经:《十年来之电力事业》,载谭熙鸿主编:《十年来中国经济(1936—1945)》(上册),第 53 页。

第二节 近代上海电力产业史研究述评

近代中国的电力业“发源于上海,于1882年始”①,是由英籍商人牵头从英美引进技术,在公共租界创办电气公司。此后,19世纪末20世纪初,在公共租界带动下,电力业渐次向法租界、华界推进。且在近代中国,“就地区而言,发电容量大者,以上海居首”②,“在20世纪30年代以前,工部局电气处一家,其容量、投资、发电度数,均超出本国自营电厂之总和。”③

中外学界有关近代上海电力业的研究成果,都将电业本身的发展,及其在市政设施,工业中的应用,视为上海城市现代化进程中的重要环节,具体表现为以下两方面:第一,工业史框架下近代上海电力产业史研究;第二,社会文化史研究路径下国人对电力设施接受心理研究。

一、史料中的上海电力业史

在相关地方文史资料、工业史资料与专志类史料中,不乏近代上海电力业建设状况的记载,这些资料成为上海通史、城市史或专题研究中近代上海电力业研究的史料支撑,让我们可以大致了解近代上海电力业发展的基本脉络。

第一种是地方文史资料。上海市政协文史资料委员会编的《上海文史资料存稿汇编8》中收录了孙宏良的《从上海电气公司到工部局电气处》一文,该文简述了上海公共租界的电厂,从上海电气公司演进至工部局电气处的沿革历程④;吴筹中的《旧上海的水、电和煤气》中记载了有关旧上海四家电气公司——上海华商电气公司、上海闸北水电厂、工部局电气处和法商电车电灯公司的电厂旧址、电灯收费的情况⑤;袁阿泉的《南市电业侧记》则记录了近代上海华界的南市电业,从南市电灯厂成长为内地电灯公司,再到华商电气股份公司的承办历程,并生动地描述了电厂创办过程中,电气公司为选厂址而与地方寺庙闹出的一场官司,电价加价与反加价事件中电气公司与地方商会的纠葛,以及当时的偷电漏

---

① 陈中熙:《三十年来中国之电力工业》,载《三十年来之中国工程》,第1页。

② 王树槐:《中国早期的电气事业,1882—1928:动力现代化之一》,载《中国现代化论文集》1991年3月,第449页。

③ 陈中熙:《三十年来中国之电力工业》,载《三十年来之中国工程》,第7页。

④ 孙宏良:《从上海电气公司到工部局电气处》,载上海市政协文史资料委员会编:《上海文史资料存稿汇编8》,上海古籍出版社2001年版,第95—110页。

⑤ 吴筹中:《旧上海的水、电和煤气》,载上海市政协文史资料委员会编:《上海文史资料存稿汇编8》,第46—48页。

电现象,从而以具体的历史事件侧面反映出旧上海华界办电的状况,及由此引起的社会反应[①];张诚忠的《上海早期最大的民族电力企业——记闸北水电公司》一文简述了旧上海经营闸北地区水电事业的民族电力企业——闸北水电公司,从20世纪30年代起至1949年初期的历史沿革[②];同样是记录闸北水电公司的历史,谢富宗、吴菊娟的《王兼士经营闸北水电公司二三事》一文则以战后王兼士接管、经营闸北水电公司中发生的几桩事件为出发点,反映出当时闸北地区电业水平与社会环境。[③]

张芝林的《近代上海的早期照明》与《上海公共租界办电始末》两篇文章皆以图文并茂的形式,描绘了电灯是如何代替火油灯,煤气灯出现在近代上海街头的历史过程。前者是单纯地叙述油灯、煤气灯、电灯依次出现的社会场景[④]。而后者以创办电灯的人和公司为视角,描述了始作俑者的电灯实验人毕晓普、“上海申光电气公司”和“上海新申电气公司”,工部局开办斐伦路电厂、江边电厂的有关历史。[⑤]

孙廷琮的《上海的路灯》一文介绍了100多年来上海街头路灯的形态、大致由来与发展过程[⑥];施福康主编的《上海社会大观》中收录了沈藩的《南市的电灯》一文,粗略地介绍了旧上海华界南市的电灯厂发展的状况[⑦];陈伯熙著《老上海》中的“市政篇”中罗列了有关“马路电灯更易大概”“自来火电灯之始”“南市电灯公司之成立”“南市之电气公司”的条目。[⑧]

第二种是工业史资料。以汪敬虞编写的《中国近代工业史资料(第二辑)》为代表。[⑨]该书中收录了《上海电力公司概况》《上海法商电车电灯公司》《上海电力公司历年利润》《上海法商电车电灯公司历年利润和股息分配》《上海华商电气公司》《上海闸北水电公司》等专题资料,记录了经营近代上海电力产业的外商、华

---

① 袁阿泉:《南市电业侧记》,载上海市政协文史资料委员会编:《上海文史资料存稿汇编8》,第111—125页。

② 张诚忠:《上海早期最大的民族电力企业——记闸北水电公司》,载上海市政协文史资料委员会编:《上海文史资料存稿汇编8》,第126—137页。

③ 谢富宗、吴菊娟:《王兼士经营闸北水电公司二三事》,载上海市政协文史资料委员会编:《上海文史资料存稿汇编8》,第139—150页。

④ 张芝林:《近代上海的早期照明》,《档案与史学》1998年第5期,第67—68页。

⑤ 张芝林:《上海公共租界办电始末》,《档案与史学》1999年第1期,第76—79页。史料中“江边电厂”即杨树浦发电厂(今杨树浦路2800号)。下文凡出现“江边电厂”即指代上海人俗称的“杨树浦发电厂”。

⑥ 孙廷琮:《上海的路灯》,载上海市政协文史资料委员会编:《上海文史资料存稿汇编8》,第164—169页。

⑦ 沈藩:《南市的电灯》,载施福康主编:《上海社会大观》,上海书店出版社2000年版,第107—109页。

⑧ 陈伯熙:《老上海》(上册),上海泰东图书局印行1919年版,第181—185、189页。

⑨ 汪敬虞主编:《中国近代工业史资料(第二辑)》,生活·读书·新知三联书店1958年版。

商电力公司的历史沿革概况。

第三种是专志类史料。《上海公用事业志(1840—1986)》[①]、《上海电力工业志》、《上海租界志》中记录了有关近代上海电气事业的资料。例如,《上海电力工业志》是一部记载上海电力工业历史和现状发展轨迹的专志。[②]该本工业志按照发电、供电、电网、用电、管理、职工、党群等分门别类,记载了上海电力工业发展至今方方面面的状况。但内容大多偏重1949年后上海电力工业的发展情况,涉及近代的内容只有寥寥数笔。又如《上海租界志》中记载了有关公共租界以及法租界电力产业发展的状况,内容亦是侧重统述经营电力业的电气公司的历史沿革。[③]

此外,诸如《上海掌故辞典》《上海名人名事名物大观》等地方辞书类书籍中记载有“上海电力公司”“上海法商电车电灯公司”“电灯进入上海”“煤气灯与电灯之争”等词条,是以数百字的精简语言概述有关近代上海电力公司、电灯是如何进入上海的名词解释。[④]

二、上海通史、城市史中的电力业发展记述

美国学者罗兹·墨菲(Rhoads Murphey)的《上海:现代中国的钥匙》、法国学者白吉儿(Marie-Claire Bergere)的《上海史:走向现代之路》中对近代上海城市电力应用的大致状况进行了简单的描述,主要包括市政电气设施、工业用电前后近代上海城市经济与社会的变化。

张仲礼主编的《近代上海城市研究》一书在“上海公用事业篇”中简要提及近代上海电力工业的发展进程,包括公共租界的电力产业从工部局授权英商上海电气公司建设公共租界电力照明业,到工部局自营,再到售予美商上海电力公司的历程,华界、法租界经营电业的电气公司情况,同时以电力业为例,折射近代上海公用事业各自为政,租界、华界发展不平衡的特点。[⑤]

熊月之主编的《上海通史》分卷记录了从晚清到民国年间,上海电力产业发展的历史。其中《第五卷·晚清社会》所收录的《城市照明系统的演进》一文述及

---

① 蔡君时主编:《上海公用事业志(1840—1986)》,上海社会科学院出版社2000年版。

② 上海市电力工业局史志编纂委员会编:《上海电力工业志》,上海社会科学院出版社1994年版。

③ 上海市专志系列丛刊《上海租界志》编纂委员会编:《上海租界志》,上海社会科学院出版社2001年版。

④ 薛理勇主编:《上海掌故辞典》,上海辞书出版社1999年版;熊月之主编:《上海名人名事名物大观》,上海人民出版社2005年版。

⑤ 张仲礼主编:《近代上海城市研究》,上海人民出版社1990年版,第367、486—487、501—503页。

作为近代上海城市重要组成部分的公用事业——照明系统,从油盏灯—煤油灯—电灯的演进过程。[①]文章内容除了描述照明工具新旧更替的过程之外,还总结出有关近代上海照明工具演进的几方面的特点:第一,不论煤油灯、煤气灯还是电灯皆是近代上海开埠、西人寓沪后带入的西方技术,且租界兴起,华界效仿,渐次推广使用;第二,每一次照明工具的新旧更替都伴随着新旧之争,是民众从谣诼、惊奇、接受的心理变化三部曲,既反映了晚清上海社会习俗和消费概念的变化,也从一个侧面体现了中西文化间的冲突与融合;第三,近代上海城市照明系统的新陈代谢是近代城市发展的要求,煤油灯取代油盏灯,煤气灯取代煤油灯,电灯取代煤气灯,都是更为先进的技术文明取代落后的,满足都市社会生活的需要。

《上海通史第 8 卷·国民经济》中收录的《生产、生活的保障:水、电和煤气》[②]一文,主要依据徐新吾、黄汉民主编的《上海近代工业史》的资料记载,阐述民国时期上海的电气公司与发电厂设备容量、售电量和营业收入情况,反映当时为工厂企业提供动力的上海电力业的规模,同时从中外电厂相关发电容量数据中体现外资电厂,特别是美商上海电力公司强大的发电能力、最低的电价,成为民国时期上海工业用电的主要供应商。

《上海通史第 9 卷·国民社会》中的《电灯照明》一文,归纳了有关 1893 年工部局电气处接收经营近代上海公共租界电力事业以后,电力照明以不可阻挡的优势取代煤气照明的原因和表现:第一,煤气公司作为一个商业企业,无法与工部局为后盾的电气处作进一步的抗争;第二,工部局采取一系列措施,例如对有食品卫生要求的商业用户以强调煤气照明不卫生,迫其改装电灯来扩大用户量;第三,受第一次世界大战的影响,上海海运受阻,原煤成本递增,煤气公司只得提高售价维持营业,煤气照明业务逐年减少;第四,1935 年底,煤气公司供应光源历史结束。[③]

邢建榕的《老上海珍档秘闻》一书亦介绍了上海城市近代化中水电煤的演进历程。[④]该书用通俗性的文字描绘了电灯在近代上海租界的使用,而后华界奋起效仿的一些人和事,并将租界和华界先后建立起来的供电供水系统对新兴都市便捷、舒适的生活环境所作出的贡献,以及租界经营公用事业中所采用的经营策略,比如租界当局运用西方通行的招标方式出让特许经营权,通过外商集资经营,自己则保持最后的控制权,后又通过有关税收收入的投入和发行市政公债的方法,筹集照明和供水系统的方法,作为公用事业促进上海城市近代化的表现。

---

① 熊月之主编:《上海通史》第 8 卷,上海人民出版社 1999 年版,第 166—174 页。

② 熊月之主编:《上海通史》第 8 卷,第 211—215 页。

③ 熊月之主编:《上海通史》第 9 卷,第 5—7 页。

④ 邢建榕:《老上海珍档秘闻》,上海辞书出版社 2007 年版,第 7—12 页。

罗苏文所著《上海传奇:文明嬗变的侧影(1553—1949)》一书中专辟章节《电:神秘使者的光临》,同样是将电力产业的出现视为上海城市近代化的一环加以描述,内容分为"耀眼的新光源""发电厂的成长""走进电气时代",亦是描述了包括"毕晓普试验弧光灯""立德禄筹建电气公司""上海道台出面干涉""公共租界电厂建设与沿革"等方面的史事。该书利用了《申报》《北华捷报》《工部局董事会会议录》中的一些资料,在论述相关电厂,以构架清末民初上海电气事业演进过程的同时,穿插并衍生了诸如灯饰、霓虹灯在马路上出现的情况,以此作为都市文化的象征符号,使得叙述的内容更为丰满、生动。①

三、上海电力业及其与城市发展关系的专题研究

中外学界有关近代上海电力业的专题研究,也主要集中在上海城市照明系统和工业电力系统两个层面,或就某一电力公司的情况进行分析,或在工业史框架内探讨某一时期内电力业发展的状况,或将其纳入公用事业建设中勾勒整个城市照明系统的演进过程。

第一种研究层次是针对近代上海电厂的成立、组织、业务、营运、资金、设备、发电量作具体个案分析,以王树槐先生的若干篇论文为代表。他主要利用台湾"中央研究院"所藏"建设委员会档案",针对彼时沪上若干电力公司的成立、组织、业务、营运、资金、设备及发电量等做个案分析。例如,王树槐先生的《上海浦东电气公司的发展,1919—1937》一文,全篇共分六个部分,对近代上海浦东电气公司的发展历程予以论述。②"首述经营者童世亨其人其事,以明其经营理念及专业知识;次述公司的成立、组织、资金、设备及电量等;再述营业的扩充及其所受的阻碍与助力,以明政府角色的重要性;最后分析其财物结构,以明其成功的概况"。文章的末尾总结了上海浦东电气公司的成功原因,主要在于经营者的精明能干、经营得法与中央主管机关建设委员会的支持。

王树槐先生的《设立沪西电力公司的谈判,1932—1935》一文则将沪西电力公司设立的台前幕后作为中外企业交涉的个案,论述彼时沪上中西双方关于谈判越界筑路供电权博弈的过程,及其成败原因。③文章分为六个部分:第一部分

---

① 罗苏文:《上海传奇:文明嬗变的侧影(1553—1949)》,上海人民出版社2004年版,第162—176页。

② 王树槐:《上海浦东电气公司的发展,1919—1937》,《中央研究院近代史研究所集刊》第23期,1994年6月,第89—128页。

③ 王树槐:《设立沪西电力公司的谈判,1932—1935》,《中央研究院近代史研究所集刊》第22期,1993年6月,第1—38页。

介绍越界筑路的由来,包括至1931年之时沪西越界筑路和供电的情形,以及中国政府从懵懂到积极谋求收回路权的态度转变,作为华界、租界两方展开筑路供电权谈判的背景。第二部分介绍上海市府早期争取华、租交界住户供电权的措施:先令闸北、华商家电气公司减价与工部局竞争,再以行政命令华、租交界住户必须由华界供给水电;后筹议官办、商办、官商合办三种方式建公司解决沪西水电方案。第三和第四部分分别阐述中西双方的立场、谈判过程与内容。其中市府的初衷是想与"上电"合资经营,且华股占多数,期满后由政府无价收回。但在实际谈判中,有关公司在法律、权利、财务的条款并未达成既定目标,由美商占多股的电力公司,不仅获得了在越界区域发电、输电、供电的合法权力和地位,亦只是在名义上遵守中国法律,享有治外法权。第五和第六部分分析并总结了上海市府谈判失败的原因:谈判代表技术不佳、准备不足、内部自相矛盾,又太过重视金钱而忽略主权。

第二种研究层次以金丸裕一的若干篇有关近代上海电力业在某一时期内发展状况的专题论文为代表。例如他的《从破坏到复兴?——从经济史来看"通往南京之路"》一文,主要针对抗日战争时期上海、江苏等地电力产业遭到破坏与复兴的情况做初步考察与探讨,以阐明作者对战争所造成的沪上电气公司经营陷入危机的些许认知。[①]文章分别利用了中日双方的相关史料——"中央研究院"近代史研究所所藏的建设委员会档案和经济部档案,以及满洲电业株式会社调查课编的《中南各支省电气事业概要》(满洲电气协会,1939年),得出"战争破坏巨大,日本占领地复兴力量不足"的结论,具体表现在以下几个方面:第一,闸北水电公司、浦东电气公司、华商电气公司各种设备直接受损,输电线路直接被破坏,供电被迫停止;第二,伴随电力供应终止,电气公司用户拒付电费的社会混乱;第三,受战争影响,煤炭等燃料短缺所造成电力作业的困难;第四,由于上海中心发电站的停电或功率降低,输电网所延伸的松江、青浦、嘉定、南汇、奉贤、川沙、宝山地域供电系统也受到影响;第五,在日本占领地,经过战争破坏为保证占领地顺利统治,设立了华中水电公司,闸北、华商、浦东等华界电气公司均被囊入旗下,但真正电力业的复兴程度有限,而上海公共租界主要依靠美国资本支撑,形成战时"孤岛繁荣"景象。

金丸裕一的另外一篇文章《工部局电气处的停电问题——1925年7月6日前后》则主要围绕1925年5月30日至9月8日期间,上海公共租界工部局电气

① 金丸裕一:《从破坏到复兴?——从经济史来看"通往南京之路"》,《近代中国》第122期,1997年12月25日,第50—70页。

处停电事件,包括起因、停电过程、解决方法的描述,反映当时在民族运动影响下上海电气事业发展的特点。[①]作者认为,1925 年工部局电气处受到五卅运动罢市的影响,在发电电量创下开业以来首次负成长记录,也使依赖外资达到成长的上海民族电业——南市与闸北电厂受到波及与损害。自此之后,上海渐渐正式开始步入由民族资本建设电厂的时代。

金丸裕一的《中国民族工业の黄金时期と电力产业——1879—1924 年の上海市·江苏省を中心に》一文是在工业史的框架内,探讨 1879 年至 1924 年这一时期内上海电力产业的成长状况,以及对工业产业的影响,进而体现当时近代上海工业化的水平。[②]文章将这 45 年上海电力产业的状况分为两个时间段进行考察。第一阶段是 1879 年至 1913 年间,作者简述了上海租界、华界经营电气事业的各电厂,主要是斐伦路电厂、杨树浦电厂的设备与供电量状态,呈现这一阶段电力事业外资电业占主导、业务以电力照明业为主的特点;第二阶段是 1914 年至 1924 年间,工业电力应用凌驾于照明用电之上。因此,作者首先将动力能源——电力与蒸汽机的性能作比较,然后概述电气处与华界电厂设备与发电能力的大致沿革过程,体现电气处发电能力压倒性的优势,再以上海纺织工厂运用的原动力为例,体现电力逐步代替蒸汽动力后,工业产量显著提高的状况,以阐明电力导入企业生产过程后,工业生产额大幅提高,经济急速成长的题中之义。

陈宝云的《中国早期电力工业发展研究:以上海电力公司为基点的考察(1879—1950)》一书,主要是梳理了由上海电光公司经工部局电气处发展而来的美商上海电力公司的总体发展历程,以此呈现中国早期电力工业的发展状态,以及电力工业发展对上海工业与社会发展的影响。[③]作者认为,第一,美商上海电力公司在近代上海乃至近代中国占据垄断地位,是近代中国典型的自然垄断型外资企业;第二,美商上海电力公司及其前身的发展历程符合市场经济发展规律,其营运管理等方面的经验对现代企业发展具有积极借鉴意义;第三,美商上海电力公司及其前身对近代电力工业的发展,对上海乃至全国的近代化进程都有重要影响。

---

① 金丸裕一:《工部局电气处的停电问题——1925 年 7 月 6 日前后》,载《近きに 在りて》第 21 号,1992 年 5 月,第 3—22 页。

② 金丸裕一:《中国民族工业の黄金时期と电力产业——1879～1924 年の上海市·江苏省を中心に》,载《アジア研究》第 39 卷 4 号,1993 年,第 29—84 页。

③ 陈宝云:《中国早期电力工业发展研究:以上海电力公司为基点的考察(1879—1950)》,合肥工业大学出版社 2014 年版。

第三种研究层次大致是从文化层面,尤其是以市民的社会习俗、心理、消费观等因素,分析近代上海城市照明系统新旧嬗递的过程。例如,熊月之的《照明与文化:从油灯、蜡烛到电灯》一文较为系统地阐释了从灯烛到电灯这些不同的照明用具在人类照明史的新旧更替过程,以及凝结在灯具上的照明文化与其对人类物质生活、精神生活所赋予的意义。①作者认为,每一次照明工具的新旧更替都是凭借技术优势,是人类照明史上的进步。但是老式照明用具的许多持有的幽暗、朦胧、神秘的情趣,也因这种进步而逐渐消逝了,但凝结在老式灯具上的照明文化,依然留存在人们的精神生活中。

周武的《晚清上海市政演进与新旧冲突》一文则以近代西人寓沪后所引进的照明工具,从煤油灯到煤气灯再到电灯的创建和更替过程,作为对晚清上海市政演进与新旧冲突的个案分析,以此揭示中西文化间的冲突与融合,以及市民在社会习俗和消费观念的影响下对新的物质文明从谣诼、惊奇到接受的心理变化三部曲。②作者分析了沪上市民心理变化的主要原因:一是传统习惯势力;二是某些阶层因西物输入后利益受损而群起抵抗;三是潜隐的民族意识起作用而排外。但西物毕竟代表了一种新事物,新旧更替是一种历史的必然,它们也代表了一种强势文化,中国无法阻止这种文化的侵入,也无法拒斥这些舶来品,西物输入上海后很快显示出自身的优越性,于是上海人便由排拒转向认同,由认同进而接受。

邢建榕的《水电煤:近代上海公用事业的演进及华洋不同心态》一文论述了近代上海城市水电煤等公用事业的创建过程,揭示华、洋双方的心态与举措,以关照上海城市的近代化演进过程及其特点。③作者认为,上海开埠后,租界当局和外侨在英法租界创建水电煤等近代公用事业,对此上海人有过惧怕、抵制,但更多的是刺激、羡慕,并最终走向认同。华界士绅向西方物质文明学习,努力变被动近代化为主动近代化,在华界自办照明和供水系统等公用事业,也取得了一定的成功,从而达到扩张政治影响,扩展租界势力范围,分享巨大的经济利益的目的,但客观上也促进了上海照明和供水系统的建设,极大提高了上海城市近代化的程度。

综上所述,从 20 世纪 80 年代末起,中外学界相继出版的一系列上海通史、

---

① 熊月之:《照明与文化:从油灯、蜡烛到电灯》,《社会科学》2003 年第 3 期,第 94—103 页。

② 周武:《晚清上海市政演进与新旧冲突》,载张仲礼:《中国近代城市发展与社会经济》,上海社会科学出版社 1999 年版,第 183—200 页。

③ 邢建榕:《水电煤:近代上海公用事业的演进及华洋不同心态》,《史学月刊》2004 年第 4 期,第 95—103 页。

城市史著作中,主要是围绕生活、生产两块,述及近代上海城市电力应用的大致状况。一方面,在电力产业创设和发展初期——晚清时期,电力主要应用于照明领域,特别是城市公用事业建设。这些论著的公用事业篇多以描绘电力照明工具的变迁,新旧照明工具的更替过程,以及由此引起的社会反响,叙述的内容大致遵循从租界兴起到华界效仿,煤电竞争,电灯逐步取代煤气灯,民众从惊异到接受这几条思路。另一方面,时至民国时期,随着电厂发电能力的增强,电力开始作为能源动力应用于工业生产。上述著作中工业经济篇亦集中描述近代上海租界、华界电厂建设的状况,突出体现各电厂的发电容量、电力设备投资、电价等演变动态。

学界有关近代上海电力业的专题研究在通史性叙述基础上有了进一步深入,但大致上仍遵循工业电力系统与城市照明系统两大产业框架。对于近代上海工业电力系统,相关研究开始触及论证电力作为动力能源对工业生产效率与经济发展切实的影响。而对于近代上海城市照明系统,学界则侧重从思想文化史研究的角度出发,注重考察民众接受心态与公众文化心理认同在电力应用中所起的作用,将人们在被动接受外来殖民者的先进技术所造成的文化心理冲击,及由此引发的社会现象作为论述近代上海城市照明系统的演变与新旧嬗递的主线。

第三节　近代上海电力照明产业史研究的若干思考

电力最先且主要是供给城市照明。“各国电气事业之发轫,莫不以电灯为先,考其沿革……其在吾国,则发源于上海,于 1882 年始。”①与此同时,早在 20 世纪之初就被冠以“不夜城”的上海,它的璀璨夜色,无不与电力照明产业提供的光源支撑休憩相关。对此,中外学界关于近代中国电力工业史与近代上海电力产业史的记述与研究,皆不同程度述及了近代上海电力照明业的状况,或是有关工业史框架下经营电力照明产业的企业沿革;或是侧重于社会文化史研究路径下,国人对电力照明设施的接受心态,以及公众文化心理认同在照明工具新旧更替的发展规律。这为近代上海电力照明产业史的专题研究奠定了较为扎实的基础。但应当看到,学界对近代上海电力照明产业史的研究,是一个未被充分挖掘、探讨的议题。由于电力照明产业本身被视为电力工业萌芽期的表现形态,且所占发电规模有限,研究层次仅作为工业化议题中的发端笼统带过,大而化之,

① 陈中熙:《三十年来中国之电力工业》,载《三十年来之中国工程》,第 1 页。

丧失独立研究地位,值得进一步探讨。

一、近代上海电力照明产业的研究现状

综观前述既有研究成果中有关近代上海电力照明产业的状况,主要显示出以下两方面的内容:

一是经营电力照明产业的电力公司的沿革。近代上海电力照明产业的兴起是从欧美引进技术,由西人在华营运的外资电业开始的。英商于1882年在公共租界成立了近代中国第一家电力企业——上海电气公司(Shanghai Electric Co.,以下简称"上电"),为公共租界提供电力照明的特权,成为中国电力事业之嚆矢。至1929年,"上电"三易其主,历经了1888年经营破产,重组新申电气公司(New Shanghai Electric Co., Ltd.);1893年工部局收购新申电气公司,设立工部局电气处(Electrical Department of Municipal Council),自营公共租界内电气事业;1929年,美商上海电力公司(Shanghai Power Co., Ltd.)收购电气处全部资产,取得公共租界、越界筑路区域电力专营权的历史沿革。

19世纪末20世纪初,在公共租界的带动下,电力照明业渐次向法租界、华界推进。法租界的上海法商电车电灯自来水公司、华界南市电灯厂、内地电灯公司、华商电气股份有限公司、闸北水电公司渐次创办,经营与发展各自管辖范围内的电力照明产业。

对此,既往研究从企业史的视角审视近代上海电力照明产业的演进历程,呈现出从19世纪80年代至20世纪30年代这半个世纪,"上电"和工部局电气处作为近代上海电气事业的领路人,经历了从筹设、成立、经营、改组、出售、公营至出售的发展过程,并推动着整个上海电业的发展。在这个过程中,承载着产业本身的电力企业,经历了从成立、受困、规模化的历史进程,这也代表着上海电力照明产业从技术引进、发展受挫、初具规模到普及化之路。

二是有关照明工具新旧更替的脉络。上海和中国的其他城市一样,开埠之前家庭照明以豆油或菜油燃灯,近代西人寓沪后,逐步引进了煤油灯、煤气灯和电灯。一方面,每一次照明工具的更替都是技术进步的结果,相较与之前的照明方式更为明亮、便利,符合近代城市发展的要求①;另一方面,每一次照明系统的

① 据报载:"煤气灯其光较之火油灯不啻数倍,价亦不甚悬殊,而绝无失火之患……不若火油灯之随时随地可以肇祸也";"电气灯之制说者,谓其法视煤气灯为更捷,其用视煤气灯为更广,其价视煤气灯为更廉。"见《物有损益说》,《申报》,1891年10月14日,第1版;《新创电气灯》,《申报》,1878年12月17日,第2版。

更替并非一帆风顺,都伴随着新旧之争。上海道台就曾专门颁发过《禁用火油灯示》①;煤气灯"缔造之始,谣诼繁兴"②;电灯出现的时候,也引起了一场轩然大波,上海道台又发布告示,禁止使用电灯。③

对此,既往研究的分析与阐释,多突出照明与人们生活的关系,将照明方式与工具的新旧更替视为一种文化符号,注重强调人们在被动接受外来殖民者所带来的先进技术,所产生的文化心理感受和由此引出的社会现象,并将其归结为中西物质文明冲突与融合的演进规律与特征。

上述前人研究成果中体现出的关于近代上海电力照明产业的演进历程与特点,成为本书专题研究的基础和养分。但从中我们也可以看到:

第一,彼时研究受到史料运用方面的限制。相关论著本身多完成于20世纪90年代初期,当时上海市档案馆的租界档案就尚未整编完成,无法利用,上海市政协1991年征集到的数篇有关上海电业发展的文史资料,也要在2001年出版的《上海文史资料存稿汇编8》中刊布。

第二,受研究资料限制,既有研究成果或倾向于在通俗层面,以描写"老上海"风貌的情境中述及近代上海"电"的光临;或从中西物质与精神文明冲突、融合的观点论述照明工具新旧更替的规律,并在其中穿插有关煤气公司、电气公司成立的情况。经济史视域下尚无专题研究,不足以展现产业本身的发展面貌与特点,更未能彰显产业对近代上海城市发展的影响。④

第三,既有研究仅是将电力照明产业,视为近代中国电力工业史框架中的

---

① 1882年3月,上海道台刘瑞芬颁发告示,内称:"上海城厢内外,人烟稠密、街巷狭窄、屋宇毗连。近数年来每遇火患,往往延烧多家。查访起火之由,皆因火油灯失慎,酿成巨灾,殊为可恨。向来民间点灯,均用豆麻菜子等油,鲜有失事。今居民铺户每多贪贱,购用火油,殊不知此种火油最易引火为害更烈。如电用之时,稍不得法之时,火焰飞腾,即有燎原之势。扑减不及,屋物顷刻成灰,邻居同为焦土,实属贪小失大、害己损人……尔等须知,灯油为日用之必需,其改用火油所省有限,取祸甚重。不若仍用豆麻菜子等油,以期保全身家相安无事。自示之后各宜思患,预防小心灯烛,不准再用火油电灯,亦不得将整箱火油收藏屋内,致有不测之险。本道念切民瘼,不惮谆谆告诫,倘有不知自爱仍蹈前辙,定即从重惩办。"见《禁用火油灯示》,《申报》,1882年3月18日,第2版。

② 煤气灯"以铁管通火之处,其地面必熏灼难堪,此后马路中除蹑厚底鞋者,尚可抵抗外,凡赤足小工辈,徒跣足奔走,热毒攻心,必久而致命。又该厂设西藏路北端,疑地热较烈,相戒远绕"。参见陈伯熙:《老上海》(上册),第183页。

③ 据地方志记载:"其初,国人闻者,以为奇事,一时谣诼纷传,谓为将遭殛,人心汹汹,不可抑置,当道患其滋事,函请西官禁止,后以试办无害,谣诼乃息。"参见胡祥翰编:《上海小志》卷2,上海:传经堂书店印本1930年版。

④ 吴政宪的《繁星点点:近代台湾电灯发展(1895—1945)》(台北:师范大学历史研究所1999年版)一书,可视为研究近代台湾电力照明业历史的专题论著,该书以近代台湾电灯发展为研究对象,利用《台湾日日新报》等日治时期的报刊杂志为主要史料,探讨了近代台湾照明工具的变迁、经营电灯的电力公司概况、民众与电力公司的互动、电灯的不同形式等方面的内容,编织出台湾电灯发展的图像。

"初生之犊",笼统述之,其研究初衷大都鉴于电业本身发展的规模和速度,电厂主营电力照明产业时期,规模有限、业务单一,不足以论证经济史视角的研究初衷——论证"近代中国工业化"的议题,因此将该产业作为工业化进程的发端一笔带过。

正如葛兆光先生在《中国思想史》所述,历史"真正绵延至今而且影响今天生活的是不断增长的知识和技术,以及反复思索的问题及由此形成的观念。"①那么,站在学术研究的角度而言,彼时上海电力照明产业作为近代中国电业的发端,同时企业所经营的领域也是最为普遍与民众建立互动关系的产品,成为今天我们日常生活中最普通的照明方式,我们对它宏观认识太过理所当然,而细节了解却太少,值得进一步深入、细致地探讨与分析。

二、近代上海电力照明产业专题研究的基本思路

鉴于上述既有研究的薄弱之处与笔者的研究兴趣所在,本书拟从经济史视域下,以政企关系为切入点,选取电力应用的一种形态——电力照明产业,作为研究对象,进行专题研究,研究的基本思路具体表现在以下几个方面:

第一,根据学界既有研究成果,笔者将近代上海电力照明业的兴起与发展的特征归纳为"起步最早""规模最大""西方印记"与"畸形发展"。

首先,公共租界电力照明业的兴起是我国电力事业之嚆矢,其创设之早与欧美基本同步,相较于国内其他省市遥遥领先,且紧跟英美步伐,在工部局和美国摩根财团的相继经营下,"上电"成为中国国内规模最大,设备容量及发电量"远东第一"的电企。不仅带动着电力照明业向法租界、华界渐次推进,也带来地区性的竞争,华界电厂难以匹敌。

其次,纵观近代上海电力照明业发展的历史轨迹,是从国外引进技术、投资营运开始,其本质根植于西方技术与殖民地的文化土壤,并非中国本土技术进步与工业发展经验的结果。在经营普及电力照明系统过程中,很大程度上操纵于租界当局和有关公司之手,技术本身从直接引进到实际运作,都完全是国外舶品,缺失了技术原创的一环,随着英美发电悬灯经验亦步亦趋,虽由此得益,发展迅速,却也因此丧失独立发展的地位。

再次,作为照明产业,有很大一部分属于公用事业,在近代上海"三方四界"的市政格局中,三家各司其政,电力系统亦是自成系统,呈现出格局分裂和畸形繁荣的特点。同时,近代上海电力照明业的兴起和发展过程,也体现着在各自为

① 葛兆光:《中国思想史·导论》,复旦大学出版社2007年版,第2页。

政的社会经济环境中，政府、电企、投资者、消费者相互间的关系。其多重面貌可以成为近代上海发展进程的缩影。

最后，电力的应用是上海这座城市蜕变的关键表征。它发生发展的历史，给整座城市注入了活力。而作为电力应用中最早也是最普遍的一种形态——电力照明，与我们的日常生活最为休戚相关，也最为习闻习见，其成功应用对城市发展和市民生活的主要意义，除了是我们耳熟能详并且能切身感受到的：它改变了人们“日出而作、日落而息”的生活方式；上海“不夜城”的美名由此而始之类的总结以外，还是切实影响到每个人生活的物质存在。

基于上述近代上海电力照明产业的演进历程及其特点，本研究在时间范畴上，选取了从1880年至1929年这半个世纪为考察时间段，这是世界电力应用体系形成的年代①，也是近代上海电力照明产业兴起到规模之路；在空间范畴上，以公共租界电力照明产业兴起与演进为主线，突出该产业在近代上海发展的历程是从公共租界兴起，渐次向华界推进的发展特点。

第二，针对学界前人研究受资料限制的短板，笔者系统梳理并利用了上海市档案馆所藏的关于近代上海电业和电企的一手英文档案资料，为近代上海电力照明产业的专题研究奠定坚实的史料基础，主要包括《上海公共租界工部局电力委员会会议录》《上海公共租界工部局关于市政电气的材料》《上海公共租界工部局出售电气处材料》《上海公共租界工部局年报》《工部局董事会会议录》等。

其中，《上海公共租界工部局电力委员会会议录》(*Electricity Committee Minute Book*)，共7本，时间跨度从1908年至1929年，记录了作为电气处的管理机构工部局电力委员会的开会记录，包括讨论发电量、设备、厂址、电价、电网、技术、职员的工资、福利等方方面面的内容。

《上海公共租界工部局关于市政电气的材料》(*Shanghai Municipal Council Report of the Special Electricity Committee*)，共一本，时间从1915年至1932年，主要包括：(1)1913年5月电力委员会关于电气处地位讨论的报告；(2)1893—1914年工部局电气贷款数据；(3)电气特别委员会的八次会议详细记录；(4)1915年上海工部局电气特别委员会报告；(5)电力委员会管理职责规定及其与工部局的关系，涉及委员会成员、工资、独立管理权限、任期、年度报告账

① See Thomas P. Hughes, *Networks of Power: Electrification in Western Society, 1880—1930* (Baltimore and London: The Johns Hopkins University Press, 1983), p. 1; R. A. S. Hennessey, The Electric Revolution(Tyne England: Oriel Press Ltd., 1972), p.1.

目、预算、会议等方面的内容。

《上海公共租界工部局出售电气处材料》(*Sale of Electricity Department*)，主要收录了1906—1908年工部局打算出售电气处，与一些电气公司的信件往来。

《上海公共租界工部局年报》(*Annual Report of the Shanghai Municipal Council*)，每年一期，以英文刊载一年来工部局各机构事务和公共租界各项事业统计，其中收录了1882年至1929年上海电力公司的年度公司报告。

《工部局董事会会议录》(28本)，这是一部完整记录上海公共租界管理机构工部局董事会历次会议召开情况的会议录，从1854年7月17日工部局成立后召开的第一次会议，到1943年12月17日工部局解散前举行的最后一次会议，历时90余年。《工部局董事会会议录》也为我们提供了连续90多年来关于上海公共租界电力事业发展状况比较系统与多侧面、多角度的历史记录。

同时，本书辅以民国年间出版的电气事业统计资料，以《申报》《北华捷报》《点石斋画报》《中国电力》等为代表的报刊资料，以及工业史、地方文史资料等，对这一产业的历史进行专题研究，从而呈现出近代上海电力照明产业是怎样在近代上海一步步建设起来，又是如何进入寻常百姓家，迎来电力照明时代的这一历史面貌。

第三，针对既有研究侧重于从社会文化史的视角，解读近代上海电力照明系统演进的规律与特点的研究现状，本书是从经济史研究的方法与视角入手，并且以主导近代上海电力照明产业起步与发展的工部局为中心，具体考察产业发展的设备、技术、投资、管理与营运利润等情况，以及电力照明系统的发电、输电、变电、用电容量与照明网络的覆盖范围，以此来反映近代上海电力照明产业营运、成长的基本面貌与特点。

如前所述，学界在探讨近代上海电力照明兴起、变迁的历史进程时，往往更突出其西方舶来品的性质，更强调其与民众日常生活息息相关的特点。在此基础上，亦更注重民间意识形态及公众文化心理认同，在新技术发展、推广、普及过程中所起的作用，成为文化史或社会史的阐释习惯，也由此成就了一种中西物质、精神文明间冲突与融合放之四海而皆准的思维模式。

实际上，作为与民众生活息息相关的技术文明，考虑民众的接受心态，无疑是其推广应运的关键之所在。在这个过程中，市民尤其是国人从惊疑、排拒到接受、认同的心理也的确存在。但现象本身，并不能为近代上海电力照明产业演进特点提供最为合理的诠释，甚至在很大程度上不能反映出当时社会大众所呈现出的集体心态。①

更何况近代上海的电力照明产业,发轫于一个由西人承担租界治安、秩序和市政管理的特殊社会情境中,国人抑或中国官府的意愿,已不能成为电力事业创办发展与否的先决条件。②相反,产业的经营者—电企—本身的经营状况—管理方法—技术条件—政企关系,却常为影响近代上海电力照明产业发展的重要因素。

因此,本书主要突出产业经营的主体企业,以及政府的态度与管理方法在产业兴起与发展中所起到的至关重要的作用,具体而言,是指身兼上海公共租界市政管理者与电气事业经营者的工部局,对产业发展所起的主导性作用。

工部局(the Municipal Council)是清末列强设立于租界的行政管理机构,实质上担任了一种公共租界市政府的角色,19 世纪中叶,由英国在上海开辟租界首创。上海公共租界工部局是在租界内外国人组成的自治行政机构,进行市政建设、治安管理、征收赋税等行政管理活动。公共租界工部局由董事会领导,董事会成员由外人纳税人会议选举产生。洋人凭借他们的地产与纳捐多寡,确定纳税人会议的会员资格,要做董事会的董事,则每年纳税需达五十两,房产千余两计。董事会再组织各项市政管理部门的委员会,如警备委员会(Watch Committee)、工务委员会(Works Committee)、财务委员会(Finance Committee)、交通委员会(Traffic Committee)、卫生委员会(Health Committee)、公用委员会(Public Utilities Committee)等,负责主管具体的“警务处”“工务处”“财务处”“卫生处”等部门事宜。上海公共租界工部局董事会每年 4 月间开大会一次,讨

① 这种疑惧心态大多出自地方志中有关“其初,国人闻者,以为奇事,一时谣诼纷传,谓为将遭雷殛,人心汹汹,不可抑置,当道患其滋事,函请西官禁止,后以试办无害,谣诼乃息。”参见胡祥翰编:《上海小志》卷 2。而从有关记录中得知,这场风波实际上只持续了短短几十日,道台的一纸禁令也无济于事。参见上海市档案馆编:《工部局董事会会议录》,上海古籍出版社 2001 年版,1882 年 11 月 13 日、1882 年 11 月 20 日、1882 年 12 月 11 日,第 806、807、808 页的会议记录。笔者认为,近代上海的这场风波的本身还存在着种种政治因素的作用,却也能反面证实当时租界的一些中国居民对电力照明这种新技术不但不加排斥,反而起初便乐意接受的事实。上电草创之初,私用电力照明便推行益广。加之当时各种报刊的报道与竹枝词中的记载,对电力照明大加赞赏之词比比皆是,赋诗称颂的记载也屡见不鲜,在此不再一一列述。

② 在租界内,不仅中国政府的权力鞭长莫及,界内华人居民也没有相应的权利。担任市政管理机构的工部局、公董局中很长时间内都没有华人成员,其权力机关纳税人会议,界内华人也无缘参与。直到 20 世纪初,租界内的中国居民开始争取设置华人董事,以参与工部局的市政决策,却一直受租界西人的抵制,1921 年工部局中才组建了华人顾问会,但只是顾问和咨询性质机构,并不能参与决策。直到 1928 年,工部局才初次设立了三名华人董事。参见小滨正子:《近代上海的公共性与国家》,上海古籍出版社 2003 年版,第 188—206 页。

论预算、决算、征收捐钱,以及市政建设事宜。①因此,工部局实际上就是近代中国享有治外法权的“国中之国”的市政府。

在近代上海,公共租界工部局不仅催生了新兴电力照明的诞生,也影响着产业建设的每一步进程,是成就近代上海电力照明产业“起步最早”“规模最大”的决定性力量。同时,它也是推动产业在近代上海租界和华界地区的发展,形成起步“彼先吾后”,规模“彼兴吾薄”的不平衡格局的决定性力量,促使产业的发展呈现出“自上而下”政府主导型演进的特点,这与社会文化史视角下,民众主导下产业“自下而上”的发展特点截然不同。

第四,近代上海电力照明产业是在特定的经济、政治、社会环境中,是在与同业、政府、投资者、消费者间的互动关系中成长起来的。正如托马斯·休斯(Thomas P.Hughes)在其著作《动力的网络:西方社会的电气化,1880—1930》一书中指出:“技术文明包涵着一个丰富的构架:技术本身、经济规则、政治力量与社会关怀。历史学研究者必须用广阔的视角追根究底。”②的确,构筑一个多世纪以前的一种新的技术文明的萌生与应用,牵涉到特定的经济、政治与社会的方方面面,这些要素都应当纳入研究者的宏观视野。

对此,本书在论述近代上海电力照明产业的兴起与发展的过程中,密切关注作为该产业的经管者和推动者——工部局,在近代上海特定的经济、政治、社会环境中所扮演的角色与地位,以及工部局主导下的电力企业与同业、洋商、纳税人间的互动关系,以此彰显近代上海电力产业发展的基本特征,以及该产业对近代上海城市发展所起到的切实影响。

三、近代上海电力照明产业专题研究的主要框架

本书各章节将围绕上述研究的基本思路,以工部局在近代上海电力照明产业兴起与演进过程中所起主导作用的地位与表现为主线,展开具体的论述与论证,主要的研究框架如下:

《第一章 “管理者”:工部局与近代上海电力照明产业的起步》。本章主要论述工部局作为公共租界市政管理者,对于一个在技术、市场、经营等均处于摸索阶段的新兴产业,采取了怎样的管理方式主导产业演进?为什么要采取这种管理方式?这种方式对企业经营产业本身有着怎样的影响?“上电”为何在独占

---

① 曹聚仁:《上海春秋》,生活·读书·新知三联书店2007年版,第41—42页。

② See Thomas P. Hughes, *Networks of Power: Electrification in Western Society, 1880—1930* (Baltimore and London: The Johns Hopkins University Press, 1983), p.1.

经营公共租界电力照明的特权下,产业创设仍然步履维艰,实现照明领域电气化程度相当有限,最终走上了公营的道路?通过对这些问题的探讨,揭示工部局在产业兴起与发展的初期所起的主导作用,展现近代上海电力照明产业起步的基本面貌和特点,其中包括政企之间的博弈关系、煤电产业的经营之战、工部局董事会与纳税人会议的态度与管理方法等具体内容。

《第二章 "经营者":工部局与近代上海电力照明产业的规模化之路》。本章主要论述工部局自营公共租界电气事业的36年时间里,是怎样在城市公共和私人电力照明领域,全面推动电气化进程的?具体是如何一步步解决电力产业建设初期所需的巨大资金投入,建设新的电厂,增设新的技术设备,扩大业务的规模的?工部局电气处的营收状况如何?公共租界电力照明应用的面貌和程度如何?通过对这些问题的探讨,呈现这一时期上海电力照明产业的变化趋势与特征,其中包括工部局处理、调整煤电公共照明份额的举措,电厂建设状况,以及电力照明的市场份额与营收情况,受经济、政治、社会环境影响的表现与原因等具体内容。

《第三章 "殖民者":工部局电气处的改制之争》。本章主要论述工部局电气处对产业的管理体制。为何电气处营运之初,组建独立营运的企业就被提出?为何工部局又迟迟不愿意出让公共租界电业经营权?直到1927年才重新考虑出售电气处,最终于1929年将电气处全部资产和公共租界、越界筑路区域的电力经营权,出售给美商上海电力公司所有?通过对这些问题的分析,呈现出经营产业的工部局所代表的"殖民者"的身份与地位,其中包括在特定的经济、政治、社会环境下,工部局电气处要求独立的原因、改制问题所遇到的阻碍,以及工部局从纳税侨民的角度、政局角度、经济角度、企业管理角度,经营电气事业的动机和效果问题。

《第四章 "效仿者":仿行与抗争中的近代上海华界电力照明产业建设》。本章主要论述租界悬灯办电对华界自办电业的示范、刺激作用,以及两者办电特点的分析比较。为何在这半个世纪中,华界办电与租界始终存在依赖和抗争的矛盾关系?为何华界办电会屡屡出现偷窃电力、僧俗官司、电价之争等风波?为何华界办电方式是从官办、官督商办到商营,这与公共租界的商营到政府主营呈现出截然相反的路径?华界的沪南与闸北地区的电厂建设、电业规模与电力照明化程度与租界相较,有何特点?通过对这些问题的分析,展现近代上海华界电力照明产业演进的特点,并侧重从市政管理者的态度、管理方法与产业政策,进一步揭示主政者对产业建设所起到的至关重要的影响,阐明近代上海照明产业是在政府主导下"自上而下"发展的特点。

《结语 工部局主导下近代上海电力照明产业的发展与城市现代化进程》。近代上海电力照明产业的兴起与演进是清末民初上海城市现代化进程的重要一环，反映了上海城市现代化进程的趋势与特征。近代上海开埠后，租界地区是西方市政管理者，按照欧美国家市政建设与管理的方法，以及西方产业经营与管理的理念和模式发展起来的，相当程度上实现的是殖民者的意志与利益，并在客观上刺激、带动华界城市现代化的发展趋向。

此外，在本书的附录中，笔者系统收录、绘制了有关近代上海电力照明产业的统计数据，主要包括《近代上海公共租界公共照明状况分布表》《工部局电气处供电状况一览表》《工部局电气处私人照明用户名目》《工部局电气处经营情况量表》《上海电气公司股价一览表》《工部局电气处账目总览表》。

第一章 “管理者”:工部局与近代上海电力照明产业的起步

1882年,工部局授权英商在沪创办上海电气公司(Shanghai Electric Co.),引进欧美电力照明技术及其设备,创设公共租界电力照明系统,使彼时上海与欧美国家基本同步跨入电力照明时代。虽然“上电”在投资办电的最初十年中,拥有直接引入和使用美国布拉什电气公司(Brush Company of Cleveland Ohio)电力照明技术和设备的资源,以及独家经营公共租界电力照明的特权,但在实际的电力照明产业创设过程中仍然步履维艰,实现照明领域电气化程度相当有限,最后走上公营之路。对此,工部局作为近代上海公共租界的市政管理者,在产业兴起过程中扮演了“裁判员”“执法员”,从市政管理者到经营者的角色,主导了近代上海电力照明产业起步的规模、质量及其进程。

第一节 欧美电力照明产业的兴起与技术的应用推广

19世纪70年代,随着第二次工业革命的兴起,科学与技术相结合的工业化浪潮席卷西方世界,其中以电气化,特别是高压输电与电力照明技术为重要标志,电力科技与产品不断问世,广为人知。西方各先进国家办电伊始,皆从照明开始,用于公、私照明领域。至19世纪70年代末,西方诸国电气公司层出不穷,依靠工程师、投资者、经营者、管理者在纷繁复杂的经济、政治、社会环境中支起电力照明产业本身,在国内外推广技术专利,建设城市电力照明系统,开启了城市电气化时代。

一、弧光灯电力照明系统

从19世纪70年代起,欧美各先进国家集中涌现出一大批企业、工程师(Engineer-Entrepreneur),坚持从事实验室电力技术创新与改进,并在取得技术研发成功后,将电力产品推向市场应用。其中电力照明的初生之犊——弧光灯系统,最早于19世纪70年代后期率先在法国巴黎、美国克里夫兰(Cleveland)等城市的公共场所投入使用。布拉什弧光灯照明系统(Brush arc-lighting system)即是这一电力照明领域的先驱和代表。

查理斯·布拉什(Charles Francis Brush)作为这一电力照明系统的创始人,创办了美国布拉什电气公司,并成功将布拉什弧光灯系统推广于欧美电力照明市场,用于欧美城市电力照明建设。他在1875至1879年间,借助在克利夫兰的朋友乔治(George W.Stockley)的电报公司(Cleveland Telegraph Supply Company),进行电弧灯的技术实验、改进、完善、展示和推广活动。此间他并没有成立任何电气公司,而是将全部精力投入技术研发和改进中。1878年他成功研制出由每台直流发电机支撑2—4盏弧光灯的电力照明系统。同年10月,该弧光灯系统在波斯顿举行的机械博览会(Mechanics Fair)上备受关注。1879年,他迅速改进技术,优化发电机性能,使电流更加稳定,电压增强,将每条电力线路扩展至16盏弧光灯,并说服克利夫兰城市当局进行路灯展示测试,开始将自己的科研产品推向市场。

1879年夏,布拉什在加州成立了旧金山电气公司(California Electric Light Company of San Francisco),建立了世界上第一座中央发电站,以每星期10美金的价格为克利夫兰城市和私人用户提供电力照明服务。1879至1880年间,布拉什弧光灯系统在纽约、波斯顿、费城等地得到推广使用,建立布拉什中央发电站。此后,公司努力拓展业务,派出技术代表奔走各地,在城市地方推广技术,建立加盟公司,授权其使用、安装、租赁、出售布拉什弧光灯电力系统的设备及技术。①至1880年初,布拉什弧光灯电力系统获得显著成功,世界各地有近5 000部布拉什发电机—弧光灯系统有效运转起来。②近代上海最先引入的就是布拉什弧光灯电力照明技术。

此外,在这半个世纪中,英美其他主要弧光灯电力照明领域的先驱,也都是在取得实验室电力照明技术创新的基础上,包括发电机、输电线路、灯具等设备技术专利权,成立电气公司,从事电力照明产业的经营。

表1 19世纪末兴起的英美弧光灯照明领域电气公司代表名目

年份	电　企　名	企业——发明人	专利电气设备
1879	布拉什电灯公司 (Brush Electric Light Company)	查理斯·布拉什 (Charles Francis Brush)	布拉什直流发电机、中央发电站、灯泡

① See Charles Francis Brush, Some Reminiscences of Early Electric Lighting, *Journal of the Franklin Institute*, CCVI, July 1928, pp.1—11.

② See T.C.Martin, The Electric Industry in America in 1887, *Electrical World*, IX, January 29, 1887, p.50.

（续表）

年份	电　企　名	企业——发明人	专利电气设备
1883	汤姆森-休斯顿电气公司 (Thomson-Houston Electric Company)	伊莱休·汤姆森 (Elihu Thomson) 休斯顿 (E.J.Houston)	汤姆森弧光灯系统
1877	韦斯顿直流电机公司 (Weston Dynamo Electric Machine Company)	爱德华·韦斯顿 (Edward Weston)	韦氏弧光灯电镀直流发电机、铜镀碳芯
1879	韦斯顿电灯公司 (Weston Electric Light Company)		
1886	韦斯顿电器公司 (Weston Electrical Instrument Company)		
1881	美国电气照明公司 (American Electric and Illuminating Company)	高夫(E.H.Goff)	汤姆森弧光灯设备经营出售
1885	美国电气制造公司 (American Electric Manufacturing Company)		汤姆森弧光灯设备制造
1880	英美布拉什电灯公司 (Anglo-American Brush Electric Lighting Corporation)	西门子 (Werner Von Siemens)	英国生产布拉什弧光灯系统专利权；电气设备制造
1882	斯旺电灯公司 (Swan Electric Light Company)	斯旺(J.Swan)	天鹅牌弧光灯设备

资料来源：1. Harold C.Passer, *The Electrical Manufacturers, 1875—1900: A Study in Competition, Entrepreneurship, Technical Change, and Economic Growth* (Cambridge: Harvard University Press, 1953), pp.15—57.

2. Brian Bowers, *A History of Electric Light & Power* (London: Peter Peregrinus Ltd in association with the Science Museum, 1982), pp.101—102.

3. I.C.R.Byatt, *The British Electrical Industry, 1875—1914: The Economic Returns to a New Technology* (Oxford: Clarendon Press, 1979), pp.11—14.

二、白炽灯电力照明系统

19世纪70年代末至80年代初，针对弧光灯的聚拢性，不适合室内使用的特征，白炽灯系统应运而生。其中以爱迪生白炽灯系统最为闻名遐迩。从19世纪70年代末开始，托马斯·爱迪生(Thomas Alva Edison)网罗了一大批企业家、银行家,以及专业科技人才,共同致力于他的白炽灯电力照明系统的发明与创设,包括自成体系的白炽灯泡、直流发电机组、中央发电站的电力照明系统。[①] 爱迪生门洛帕克(Menlo Park)实验室就是他最著名的科创基地。

1878 年至 1880 年间,爱迪生电灯公司(Edison Electric Light Company)、爱迪生电力照明公司(Edison Electric Illuminating Company of New York)纷纷成立,其生产的白炽灯照明系统在 1881 年的巴黎世界博览会上一举成名,并于 1882 年获得伦敦和纽约城市白炽灯照明权,建立伦敦霍尔蓬高架路(Holborn Viaduct)发电厂和纽约珠街(Pearl Street)发电厂,成为白炽灯系统最早使用者。此后,爱迪生电力照明系统渐次在底特律、新奥尔良、圣保罗、芝加哥、费城、布鲁克林、米兰、柏林等欧美城市广泛使用。[②]这一时期,英美主营白炽灯照明产业的电气公司参见表 2。

表 2　19 世纪末兴起的欧美白炽灯照明领域电气公司代表名目

时　间	电　企　名	企业——发明人	专利电气设备
1880 年	爱迪生纽约电力照明公司(Edison Electric Illuminating Company of New York)	托马斯·爱迪生(Thomas Alva Edison)	爱迪生直流发电机、中央发电站、白炽灯
1880 年	爱迪生电灯公司(Edison Lamp Company)		生产爱迪生白炽灯泡
1881 年	电缆公司(Electrical Tube Company)		生产专用地缆
1889 年	爱迪生通用电气公司(Edison General Electric Company)		各分公司合并,爱迪生白炽灯系统生产、制造
1886 年	威斯丁豪斯电气公司(Westinghouse Electric Company)	乔治·威斯丁豪斯(George Westinghouse)	威斯丁豪斯交流白炽灯变压器、交流发电机、史丹利(Stanley)白炽灯
1878 年	美利坚电灯公司(United States Electric Lighting Company)	海勒姆·马克西姆(Hiram Maxim) 爱德华·韦斯顿(Edward Weston)	白炽灯中央电站设备

① See Payson Jones, *A Power History of the Consolidated Edison System*, *1878—1900* (New York: Consolidated Edison Co., 1940).

② See Thomas P. Hughes, *Networks of Power: Electrification in Western Society*, *1880—1930* (Baltimore and London: The Johns Hopkins University Press, 1983), pp.18—46.

(续表)

时 间	电 企 名	企业——发明人	专利电气设备
1885 年	汤姆森-休斯顿电气公司(Thomson-Houston Electric Company)	伊莱休·汤姆森(Elihu Thomson)	交流高压输电线路
1882 年	英格兰电灯有限公司(English Electric Light Company, Ltd.)	爱德华·约翰逊(Edward H.Johnson)	英国生产爱迪生白炽灯设备、技术专利权
1883 年	爱迪生-斯旺联合电灯有限公司(Edison & Swan United Electric Light Company, Ltd.)	詹姆斯·福布斯(James Stat Forbes)	霍尔蓬高架电站经营所有权
1883 年	德国爱迪生电力应用公司(German Edison Company for Applied Electricity)	埃米尔·拉特诺(Emil Rathenau) 奥斯卡·冯·米勒(Oskar von Miller)	德国生产爱迪生白炽灯设备、技术专利权

资料来源:1. Andre Millard, *Edison and the Business of Innovation*(Baltimore and London: The Johns Hopkins University Press, 1900), pp.3—39.

2. Harold C.Passer, *The Electrical Manufacturers, 1875—1900: A Study in Competition, Entrepreneurship, Technical Change, and Economic Growth*(Cambridge: Harvard University Press, 1953), pp.79—194.

三、欧美电力照明产业发展特点

综观以上述电气公司为代表的欧美电力照明产业兴起与演进的历程,以及产业发展经验,呈现出如下两大特点:

(一) 走一条从实验室到商品化,以技术创新作为产业发展的坚实基础,并在海内外市场开拓和竞争中,实现产业发展与技术移植的道路。

首先,技术是产业发展的关键词,这也体现了第二次工业革命中科学与技术相结合,并迅速应用于工业生产的显著特征。这主要得归功于一批兼具发明家、企业家身份的产业领头人,坚持不断的技术创新,使自己的电气公司在产业发展中立于不败之地。如前文列举的爱德华·韦斯顿在纽瓦克(Newark)的实验室,著名的爱迪生西奥兰治实验基地、布拉什位于克利夫兰的实验室、伊莱休·汤姆森位于马萨诸塞州林恩的模型房间,等等。①正是在这些科创基地中,诞生了电力照明领域中的各项技术专利,推动产业发展。

① W.Bernard Carlson, *Invention, Science, and Business: The Professional Career of Elihu Thomson*(Ph.D.diss., University of Pennsylvania, 1984), p.113.

其次，这批具有商业眼光的企业家、工程师，致力于研发有商业价值的电力照明系统。以爱迪生为例，他曾于 1883 年说：“我将在长期从事技术创新的旅程中，成为一个稳定的电力照明设备承包商。”①他当初进行实验室电力技术研究的初衷，就是看中电力照明产业巨大的市场前景，以营利为目的不断争取产品在技术上的突破。因此，他努力改进电力照明设备的性能，尽可能减少发电、输电、配电、供电中每个环节中的电能损耗，使自己的电力照明系统不仅能达到市场投放的标准，更要以最小的成本投入，取得最大的市场盈利空间。为此，他采用高电阻白炽灯灯丝，匹配高压输电，来节省传输中电能的损耗，尽可能减小电枢的电阻，保持磁路中铁片的良好接触，减少发电机使用中以热能损耗的电能，设计经济有效的电路降低电力传输中电能的损耗，等等。②只有尽可能节省电力照明产业中各项生产成本，才能在市场竞争中占据技术与价格双向优势，赢得市场，不断扩大产业规模。

再次，电力照明产业在市场推广中必然会遇到与传统照明业，以及同业之间的竞争。弧光灯系统主要由设备制造商将电力照明设备出售给电灯公司，再由电灯公司投放于公共照明和商业场所使用，或是直接出售给商家和私人。因弧光灯系统出现之早，所以市场较为广阔，电气同业间竞争现象并不十分明显，而是更倾向于与传统照明工具煤气灯竞争市场份额。白炽灯系统则主要由设备制造商将独立的设备出售给商家和私人家庭使用，比如旅店、公寓、商店、工厂、电影院、写字楼等，或将设备专利权出售给中央电厂，再由电厂从事发电和售电工作。白炽灯电力照明产业则面临着与煤气灯、弧光灯以及白炽灯同业间的多重市场竞争。

最后，电力照明产业在当时属于高新技术产业，产业技术相对成熟后，必将突破地域限制，走技术移植的道路。以爱迪生白炽灯系统技术移植道路为例。1881 年，爱迪生白炽灯照明系统在巴黎国际电力展(Paris International Electrical Exhibition)上大获成功。这次展出吸引了欧洲一批企业投资人和公众的兴趣，也让一些企业家看到了这种电力照明技术的卓越性和巨大的市场投资前景，纷纷寻求获得爱迪生白炽灯系统在欧洲生产和销售的技术专利权与市场代理权。其中包括埃米尔·拉特诺在德国投资爱迪生的电力照明设备，成立德国爱迪生电气公司，即后来的德国通用电气(German General Electric)；德克塞尔-摩根公司(Drexel, Morgan and Company)赞助筹办了伦敦爱迪生电气展览会，并于 1882 年 3 月 15 日融资成立英格兰电灯有限公司，代理爱迪生白炽灯系统在伦

① Leonard Reich, *The Marking of American Industrial Research: Science and Business at GE and Bell, 1876—1926* (New York: Cambridge University Press, 1985), p.45.

② Harold C.Passer, *The Electrical Manufacturers, 1875—1900: A Study in Competition, Entrepreneurship, Technical Change, and Economic Growth*, pp.15—57.

敦的生产、经营。伦敦霍尔蓬高架路电站就是由该公司投资、建立的。此后,爱迪生电力照明公司(EELC)不断出售电力照明技术专利,用于欧洲各大城市照明领域。

(二)电力照明产业的兴起和演进受到政治、经济、社会文化环境的广泛影响,其中政府的态度,尤其是政府的公共政策与管理方法,对产业发展起着不可或缺的影响,从而使产业呈现出不同的发展轨迹。

一般而言,电力照明产业涉及公用照明领域,这属于公用事业(public utilities)的重要组成部分,也使得政府的介入成为必然。电力照明承建商要把电力科技产品成功推向市场,莫不要从路灯展示测试开始。这需要打通政界关系,说服当局赋予电气公司城市照明系统建设的权限,获得市政当局的批准,才能经营公用照明产业。再者,电力工业是关系国民经济命脉的基础性工业,离不开政府的监管。

具体而论,以英国伦敦与德国柏林电力照明产业创设过程中,政府的态度及其影响为例。这两大城市均是于19世纪80年代初通过技术移植方式,取得美国爱迪生白炽灯技术与设备的使用权与专利权,开创城市白炽灯电力照明系统的。两者同处在19世纪80年代欧洲经济大萧条时期,招股集资建立了电气公司,最初都试图通过免费给予公众试用,收取煤气灯相同的价格收费,甚至零盈利的方式,在市场竞争中赢得用户。爱迪生电气公司对两个城市输出了同样的技术与设备,主持霍尔蓬高架路发电厂和柏林电厂的建设事宜,可结果德国爱迪生电气公司在柏林获得了成功,英格兰电灯有限公司却在伦敦以失败告终。

究其原因,两个城市电力产业所呈现出的不同发展轨迹关键在于政治因素。在英国,一个被视为权力下放的单一君主立宪制国家,地方政府拥有的权限无力与国会抗衡。自19世纪70年代开始出现的经济衰退被英国中央政府看作是自由贸易政策的直接后果。这直接导致了英国经济体制从自由主义市场经济向国家干预市场经济制度的转变。特别是在公用事业方面,为保障民众的切身利益,中央倾向于实行有力的政府监管,以减少公共财产与权利的滥用。

因此,针对当时英国大批出现的电力公司,产业市场竞争激烈但无序,同时出现各种电气股票大幅下跌的现象,国会出台电力照明法(Electric Lighting Act),主张采取电力照明事业收归地方政府管理经营的措施,整顿电力业,同时扶持政府投资较多的煤气照明业,这都致使爱迪生电气公司在伦敦的产业投资经营面临窘境。继1883年10月,公司寄望通过与斯旺电力照明公司合并的方式增强产业实力,成立爱迪生-斯旺联合电灯股份有限公司之后,最终于1886年被迫出让霍尔蓬电站的所有权,撤出伦敦电力照明市场。

而德国的政治环境有所不同。虽然普鲁士中央政府有意合并、加强对私人电力企业的监控。但德国和美国一样,作为联邦制国家,地方享有相当的市政管理自主权,地方议会的地位得到宪法承认,其权限范围和职责都有明确保障,中央无权随意剥夺。因此,柏林地方政府主张鼓励私人电力企业投资、建设城市电力工业,以避免用纳税人基金投资新兴产业的风险。1884 年柏林政府与德国爱迪生电气公司达成协议,授予公司使用柏林城市街道建设电力照明输电、供电工程。最终,爱迪生电力照明系统获得了柏林地方政府的支持和保障,在市场竞争中得以生存下来,公司也成为德国电气制造与生产工业的三巨头之一。①

第二节 近代上海电力照明产业的创办

一、“上电”的成立与办电悬灯的申请

1882 年 4 月,上海公共租界工部局前任董事长罗伯特·立德禄(Robert W. Little)致信工部局董事会,正式提出引进美国克利夫兰布拉什电气公司路灯网的申请。他在信中声称,自己已于本年初在美国休假期间,与布拉什公司签订了一项极为有利的协议,取得在中国使用该公司电力照明设备的特权,以便把该公司的弧光灯系统引入上海。②该申请在得到工部局同意对路灯网进行试验的答复后,③于同年 5 月,立德禄与狄斯(C.M.Dyce)、罗尔(E.H.Low)、魏特摩(W.S. Wetmore)等在沪洋商在中外各报刊登消息。④公司招股消息一出,“中西之人皆踊跃而起,唯恐有限公司早为捷足先登占尽。因而,买股不得之人,遂不惜重价,以转购之。”⑤当时,500 股面值 100 元的股票有近 8 000 人争购。⑥立德禄等公司董事成功筹资 5 万银两,成立了上海电气公司⑦,并迅速递上投标书,申请以 3 座灯塔、20 盏弧光灯的形式,及每年 1.5 万两的代价为整个公共租界提供电力照明。⑧

---

① Thomas P. Hughes, *Networks of Power: Electrification in Western Society, 1880—1930*, pp.47—78.

② 孙宏良:《从上海电气公司到工部局电气处》,载上海市政协文史资料委员会编:《上海文史资料存稿汇编 8》,第 96 页;上海市档案馆编:《工部局董事会会议录》第 7 册,第 779 页。

③ 上海市档案馆编:《工部局董事会会议录》第 7 册,第 779 页。

④ *The North-China Daily News*, May 10, 1882;《创设电灯公司》,《申报》,1882 年 5 月 11 日,第 2 版。

⑤ 《论争买电灯股票》,《申报》,1882 年 6 月 20 日,第 1 版。

⑥ *The North-China Daily News*, May 19, 1882.

⑦ 孙宏良:《从上海电气公司到工部局电气处》,上海市政协文史资料委员会编:《上海文史资料存稿汇编 8》,第 96 页。

⑧ 上海市档案馆编:《工部局董事会会议录》第 7 册,第 795、797 页;《上海公共租界工部局年报(1882 年)》,上海市档案馆藏,卷宗号:U1-1-895。

显然,“上电”的筹设与电力技术的引进从其性质上说,是近代西方人在上海租界的一项商业投资行为。事实证明,西人一直是用商业的眼光来审视上海的价值和它的发展前景的。①西方先进科学技术的发明应用、近代上海租界相对安定的社会环境,以及城市发展的潜在需求,让当时不少洋商看到了技术本身的市场前景与商机所在。早在 1879 年,工部局报务监督毕晓普(Joseph W.Bishop)已在虹口的一个仓库内试验出弧光灯照明技术,但唯感发电成本过高,租界需求的有限,很难进行商业性的推广,进而放弃了投资办电的愿望。1882 年,洋人布赫海斯特(J.J.Buchheister)也致信工部局询问是否对弧光灯感兴趣。②由此,倘若能够率先占领市场,取得上海租界电力照明的经营特权,应当是一项有丰厚利益回报的投资事业。

一方面,19 世纪后期西方电力科技的重大革新与传播之路为近代上海公共租界电力照明技术的引进提供了可能。19 世纪 70 年代后期,弧光灯技术已先后在法国巴黎、美国克利夫兰等城市的公共场所投入使用。这种依靠发电机与弧光灯的电力照明系统,第一次摆脱了明火点灯的方法,以新的能源方式提供更为光亮、洁净、方便和安全的光源,在技术上取得重大革新。此后,在欧美国家,灯具(lamp)、发电(power generation)、变电(power transformation)、输电(power transmission and distribution networks)等设备与技术亦不断取得突破,向世界展示了电力照明技术的实用价值和市场前景。③

其中,布拉什弧光灯系统(Brush)是电力照明领域的先驱和代表。查理斯·布拉什(Charles Francis Brush)作为这一电力照明系统的创始人,在取得实验室成功后,迅速将产品推向市场,走上海内外商品推广和技术移植的道路。④布拉什电气公司努力拓展业务,派出技术代表奔走各地,在各地方城市推广技术,建立加盟公司,授权其使用、安装、租赁、出售布拉什弧光灯电力系统的设备及技术。至 1880 年初,布拉什电力系统获得显著成功,世界各地有近 5 000 部布拉

① [美]罗兹·墨菲:《上海——现代中国的钥匙》,上海人民出版社 1986 年版,第 81 页;徐润:《上海公共租界史稿》,上海人民出版社 1980 年版,第 33 页。

② 张芝林:《上海公共租界办电始末》,《档案与史学》1998 年第 5 期,第 77 页;孙宏良:《从上海电气公司到工部局电气处》,载上海市政协文史资料委员会编:《上海文史资料存稿汇编 8》,第 95—96 页;*The North-China Daily News*, June 3, 1879;罗苏文:《上海传奇:文明嬗变的侧影(1553—1949)》,第 162—163 页。

③ See Harold C.Passer, *The Electrical Manufacturers 1875—1900:A Study in Competition, Entrepreneurship, Technical Change, and Economic Growth* (Cambridge, Mass.: Harvard University Press, 1953).

④ See Charles Francis Brush, Some Reminiscences of Early Electric Lighting, *Journal of the Franklin Institute*, CCVI, July 1928, pp.1—11.

什发电机—弧光灯系统有效运转起来。[①]

“上电”即是与美国布拉什电气公司签订协议,取得在中国内地和中国香港使用其设备的特权,成为美国布拉什电气公司设立于上海的加盟公司,并将布拉什弧光灯电力照明技术投标于公共租界公共照明系统建设。[②]因此,就公司性质而言,“上电”属于美国布拉什电气公司下属的,在上海公共租界直接从事电力照明经营活动的分支机构。“上电”之所以采取这种企业经营模式,也正是出于减少商业投资风险的需要。

另一方面,当时沪上夜晚道路昏暗的状况亟待改善,为电力照明技术的引进提供了市场需求。19 世纪后半叶,上海租界“五方杂处、华洋混居”的局面逐渐形成。[③]作为连接世界各国与中国内地的主要贸易口岸,上海一埠人口繁茂、通商繁盛。然而,对于这座繁华的城市来说,夜晚的道路安全及火患问题却令人担忧,使得改善照明用灯问题显得尤为必要。虽然煤气路灯的推广、使用,一定程度上改善了城市道路“弄黑街阴”的状况,但即便是租界内的许多道路,在无月或是多云的夜晚,仍处于一片漆黑之中。

据统计,单就公共租界而言,至 1882 年煤气路灯的数量仅为 489 盏[④],而要使整个公共租界的道路照明效果达到令人较为满意的程度,则需近 745 盏普通的煤气路灯,这就为租界夜晚的治安问题带来很大隐患。[⑤]据资料记载,黑暗之中,“殴打”“失足”“跌毙”“受侮”“盗窃”等事屡屡发生。[⑥]居民对此颇有怨言。[⑦]不断有人上书工部局,要求改善道路照明条件,安装路灯。而火患频仍在当时是城市安全的重大隐忧,因私人使用煤油灯不慎所引发火灾的消息不时见诸报端。当时普遍采用的煤气灯虽相对安全,也不免有“煤气泄漏”“明火焚物”的隐患,这也使得改善照明用灯的安全问题显得尤为必要。[⑧]

卸任后的立德禄便是上述具有商业眼光的洋商之一。他利用与工部局熟稔

---

① See T.C.Martin, The Electric Industry in America in 1887, *Electrical World*, IX, January 29, 1887, p.50.

② 《上海租界志》编纂委员会编:《上海租界志》,第 388 页。

③ 徐公肃、邱瑾章:《上海公共租界史稿》,载《上海史料丛刊》,上海人民出版社 1980 年版,第 12—16 页。

④ 《上海公共租界工部局年报(1882 年)》,上海市档案馆藏,卷宗号:U1-1-895。

⑤ 上海市档案馆编:《工部局董事会会议录》第 8 册,第 524、548 页。

⑥ 上海市档案馆编:《工部局董事会会议录》第 7 册,第 774 页;《夜行失足》,《申报》1877 年 6 月 21 日,第 4 版;《行跌毙》,《申报》1877 年 2 月 26 日,第 2 版;《夜行遇侮》,《申报》1878 年 9 月 20 日,第 2 版;上海市档案馆编:《工部局董事会会议录》第 7 册,第 492 页。

⑦ 上海市档案馆编:《工部局董事会会议录》第 7 册,第 621 页。

⑧ 《煤灯漏气》,《申报》1879 年 3 月 29 日,第 3 版。

的关系,说服当局尝试在公用照明领域使用电力照明技术,将这种开始使用于西方市民日常生活的新能源照明方式援引到公共租界,服务于居住在租界中的外籍人士,授权“上电”经营租界公共电力照明产业特许权。1882 年 9 月 1 日,他在向工部局递交的公共照明投标书中,就极力强调了此种电力照明系统在技术上的优越性,声称它不仅得到布拉什公司代表及专家的肯定和建议,广泛运用于美国,获得了巨大成功,这项技术也将大大改善上海的公共照明状况,使整个公共租界明亮起来。投标书中同时附加了美国这种照明系统的照片。

“上电”正式向工部局递上投标书中声称:

> 公司拟采用 3 座灯塔照明系统,高 250 英尺,一座座落于南京路(Maloo)或山东路交界处,配置 8 盏到 9 盏 4 000 支光的弧光灯。另外在虹口拟建两座配备 8 盏 2 000 支光的小型灯塔,这种系统是得到布拉什公司代表及专家的肯定、建议的。它广泛运用于美国,并获得了巨大的成功。因此我们深信工部局如采纳电力灯塔照明系统将大大改善上海的公共照明状况,整个公共租界将明亮起来……附加了美国这种照明系统的照片,这些灯塔在美国加利福尼亚州(California)的圣何塞(San Jose)、达科他州(Dakota)的法戈(Fargo)、印第安纳州(Indiana)的埃文斯威(Evansville)、伊利诺斯州(Illinois)的奥罗拉(Aurora)等城市广泛快速地发展起来。从照片中我们可以看到,电力照明灯塔四个支脚占地小,完全不阻碍道路交通……不妨碍煤气灯照明系统……此外公司亦打算竖立 20 盏 2 000 支光的弧光灯或 10 盏白炽灯,在外滩或其他需要的地方……每盏灯每周收费 4 元,从黄昏燃点至午夜 12 点半,或每周 7 元燃点至凌晨。①

二、工部局的态度与经营特许权的出让

西人办电悬灯的申请与工部局服务于寓沪洋人谋求安全生活、经商场所的初衷不谋而合。正如前文所述,改善租界夜晚道路昏暗、事故连连的照明状况在当时已成必行之势。工部局站在公共租界市政管理者的立场认为,此时引进更为先进的电力照明技术符合当时租界道路建设和市民生活的现实需要,有利于改善道路照明条件,推动城市道路建设,为租界居民,尤其是纳税西人提供更好的公共照明设施和城市生活环境。此为一方面。

① 《上海公共租界工部局年报(1882 年)》,上海市档案馆藏,卷宗号:U1-1-895。

另一方面,公共租界的市政建设主要反映了居住在这个地区的西人社会的愿望,由外国侨民组成的工部局权力机关纳税人会议,与最高决策机构工部局董事会亦从心理上接受由在沪洋商创办公司,将这种成功使用于母国的照明方式援引至租界城市建设中。

其一,“肥水不流外人田”。如前所述,洋商在租界投资办电,目的就是冲着这是一项有丰厚利益回报的投资事业。而在当局看来,“上电”的股东成员主要是外侨中颇有财力的洋行老板,公司招募股本之时就拒绝了 9/10 的请求入股者,其中主要是中国人,只接收了实力雄厚的华商股东李松筠和唐茂枝的投资。[①]公司股东身份上代表公共租界纳税人会议的权益。因此,当局主观上愿意并相对放心将公共租界电力照明建设权出让给“上电”承办。尤其是公司的主事者立德禄作为工部局前总董,仕商一体的身份地位让他与当局打交道如鱼得水、左右逢源。[②]他利用自己与当局熟稔的人脉关系,将“上电”置于布拉什电气公司分公司的名目下,在履行了简单的登记和营业手续后便成立了公司。

其二,欧美国家电力照明事业的成功经验和所呈现的母国生活样式符合以纳税人会议为主体的洋人所想要的城市想象。欧美国家电力照明产业的成功经验以及产业所呈现的技术优势,也为当局发展电力照明业注入信心。沪上开风气之先,对这项新技术早有耳闻。自 19 世纪 70 年代起,欧美创设电气灯之说便已传入上海,[③]尔后,“电气灯之妙”又为人们所津津乐道。[④]布拉什弧光灯作为电力照明领域的先驱和代表,更是广受赞誉。据《北华捷报》报章评论称:

> 我们获知,电力照明在欧美迅速普及,单在纽约,布拉什电气公司 2 000 支烛光的电气路灯就已经超过一千盏,每盏彻夜燃点 8 小时,每晚收费 1 美金。在一些西方城市的街道已经全部使用了电力照明,这种趋势在迅速地向其他城市蔓延。如今已有近 100 家布拉什电气公司遍布美国各个城市。城市道路的弧光灯系统较之于煤气灯,花费更为低廉,光源更为优质。[⑤]
>
> 我们获悉,布拉什公共电力照明系统在纽约获得了巨大成功,电气公司也因此希望提高电力照明的收费,这遭到了市政府的拒绝,但反对恢复到煤气灯时代的呼声是如此的普遍,以至于城市不得不让步于照明费用上升的

---

① *The North-China Daily News*, September 1, 1882.

② 王垂芳:《上海洋商史(1843—1956)》,上海社会科学院出版社 2007 年版,第 45 页。

③ 《新创电气灯》,《申报》,1878 年 12 月 17 日,第 2 版。

④ 《述电火灯之妙》,《申报》,1879 年 1 月 20 日,第 2 版。

⑤ *The North-China Daily News*, May 12, 1882.

> 现实。纽约市长个人表示,自从使用了电力照明系统,整个城市的犯罪率下降了百分之五十,电力照明的优越性彰显无疑。[①]

于是,工部局批准了“上电”进行电气路灯试验,见证电力照明效果。1882年7月26日晚7时,试验性的15盏弧光灯在公共租界首次试行。这15盏路灯分别位于:招商局下游码头(C.M. Lower Wharf)4盏、黄浦路理查饭店(Astor House Hotel)4盏、外滩华人公园(今公家花园)3盏,分别靠近马嘉理纪念碑(Margary Monumental)、音乐亭、常胜军纪念碑(Ever Victorious Army Monumental),南京路与江西路拐角处1盏、江西路与四川路之间的南京路上1盏、四川路与南京路的拐角处1盏、“上电”门口1盏[②],向民众呈现了电气路灯“光明竟可夺月”的景观。[③]

据报载:“蜂拥而至的市民啧啧称奇,预示着‘上电’无与伦比的成功和整个租界光明夺目的未来”[④],引起很大的反响。不仅让民众亲眼见证了电力照明技术的优势所在,也让当局亲眼目睹了其对改善道路照明的前景。

很明显,较之于与煤气灯,电力照明的确更为明亮、便利、安全,具备了明显的市场应用可行性。在民众对电力照明这种新玩意知之甚少的发展初期,同时考虑到弧光灯系统聚光适合户外道路照明的特性,需要从公共照明业起步,改善煤气灯垄断下室外昏暗、事故连连的道路照明环境,无疑是一种正确的选择。

与此同时,在私人生活领域,相较于煤气灯在日常使用中“发热、散发出呛人的煤烟气味,家具经久被熏黑,以及煤气泄漏”[⑤]等弊端,电力照明亦则具有“无热…无恶气……不需空气仍光亮无碍……所照之物颜色皆可明辨如白昼……不能引动他火以致失事……不能焚物……用此火,屋内所有稠绫书画等物一概无害,并不损人目光”[⑥]等妙处。

因此,当局鉴于上述公共租界道路建设的现实需要、政商人脉关系、租界西人社会的意愿、母国电力照明业的成功经验、电力照明技术的优越性等原因,授

---

① *The North-China Daily News*, August 18, 1882.

② 上海市电力工业局史志编纂委员会编:《上海电力工业志》,第4页;中国电力年鉴编辑委员会:《中国电力发展的历程》,第10—11页;*The North-China Daily News*, June 30, 1882;《试燃电灯》,《申报》1882年7月26日,第2版。

③ 《电灯光璀》,《申报》,1882年7月27日,第2版。

④ *The North-China Daily News*, July 28, 1882.

⑤ See Linda Simon, *Dark Light: Electricity and Anxiety from the Telegraph to the X-Ray* (Orlando: Harcourt, 2004), p.73.

⑥ 《述电火灯之妙》,《申报》,1879年1月20日,第1版。

予“上电”公共租界电力照明产业经营特许权。

1882年,布拉什电气公司专门派工程师费普斯(Phipps)来沪,协助“上电”选择厂址和安装设备。①是年年底,“上电”买下了南京路江西路口的老同孚洋行院落仓库,②并安装了1台16马力(11.93千瓦)的直流蒸汽发电机组,创办了上海,也是全中国第一家电厂。③翌年2月,公司将电厂搬至西临苏州河支流的乍浦路仓库。该仓库较大,离水源很近,又在负荷中心,确实是很理想的厂址,内装2台发电机,1台16盏(800 V×9.5 A),另1台24盏(1 350 V×9.5 A),1台蒸汽机与1台锅炉。④于1883年初,正式投标马路的电力照明权。近代上海新兴电力照明产业得以正式起步。

第三节 “裁判员”:煤电竞争与公共照明双轨制的实行

一、煤电竞争举措

“上电”的成立与电力照明技术的引进,势必威胁到大英自来火房(又称“上海煤气公司”)在公共与私人照明市场中的份额。当时,煤气灯在上海发展已有近20年的历史。⑤煤气公司凭借成熟的设备,稳定的技术和相对低廉的收费,获得了租界公共照明的专营权。⑥“上电”的成立与产业的发展,动摇了上海煤气公司独占租界公共照明市场的垄断地位。煤气公司目睹自己照明权将被不断分夺的趋势,采取了一系列措施来保障公司的权益。就笔者所见,煤气公司主要采取的竞争举措有二:

其一,煤气公司鉴于工部局的态度直接决定着公共照明合同中煤气灯的市场份额,“恩威并施”同当局斡旋。公司一面历陈自己“多年来,无论是在顺利时期还是艰苦时期,为租界提供了照明,从来没有疏忽过,给公众带来了好处”的功劳和苦劳;一面又要求工部局对公司因“上电”照明权的分夺所造成的经济损失

① 孙宏良:《从上海电气公司到工部局电气处》,载上海市政协文史资料委员会编:《上海文史资料存稿汇编8》,第96页。

② 上海市档案馆编:《工部局董事会会议录》第7册,第811页。

③ 上海市电力工业局史志编纂委员会编:《上海电力工业志》,第10页。

④ 孙宏良:《从上海电气公司到工部局电气处》,载上海市政协文史资料委员会编:《上海文史资料存稿汇编8》,第97页。

⑤ 上海公用事业局编:《上海公用事业(1840—1986)》,第21—25页。《上海租界志》编纂委员会编:《上海租界志》,第373—374页。

⑥ 上海公用事业局编:《上海公用事业(1840—1986)》,第26—28页。

予以补偿。[①]甚至,煤气公司眼见无法避免公共照明权不断被剥夺的现实,竟然公然指责工部局的不是,声称自己"在任何方面都没有为公用路灯提供煤气的义务"[②],并扬言要提高煤气路灯的收费,以此来保证公司业务的发展和收益的稳定。[③]

其二,煤气公司计划对煤气的一般性收费进行周期性降价,试图以低廉的煤气售价挤垮"上电"。早在西方办电以供民用之时,上海煤气公司的董事和工程师们便预见到未来双方之间在照明领域的竞争局势,开始未雨绸缪,尽力改进煤气生产和输配供应,以节约成本,使其更经济地运行。[④]自 1881 年 1 月 1 日起,煤气公司一改近十年来拒绝降价的态度,[⑤]致函工部局,决定将公共路灯的煤气价格从原来的每月每盏 5 元降至 3.5 元。[⑥]1882 年 4 月 1 日,在"上电"成立前夕,煤气公司再一次降价,将公共路灯的月度收费从每盏 3.50 元降为 3.30 元,同时对一般的点火、熄火、清洁、维修都予以免费。公众所用煤气价降为每千立方英尺 3.00 元(0.106 元/立方米)。[⑦]

"上电"成立后,煤气公司更为积极地增添设备,改造并延伸输气网管,还提供各种优惠打折来拉拢私人用户。[⑧]与此同时实行了大大小小不下 5 次降价。其中,煤气路灯每月每盏从最初的 5 元降至了 2.7 元,降幅 46%;公众照明用气从最初的 4.5 元/千立方英尺(0.16 元/立方米),降至 2.25 元/千立方英尺(0.079 元/立方米),降幅 50%;公众烹饪用气从最初的 4.5 元/千立方英尺(0.16 元/立方米),降至 2.00 元/千立方英尺(0.071 元/立方米),降幅55.56%。[⑨]

---

① 上海市档案馆编:《工部局董事会会议录》第 7 册,第 782 页。

② 上海市档案馆编:《工部局董事会会议录》第 8 册,第 548、549 页;《上海公共租界工部局年报(1883 年)》,上海市档案馆藏,卷宗号:U1-1-896。

③ 《上海公共租界工部局年报(1884 年)》,上海市档案馆藏,卷宗号:U1-1-897;上海市档案馆编:《工部局董事会会议录》第 8 册,第 553、558、559、560、562 页。

④ 上海公用事业局编:《上海公用事业(1840—1986)》,第 32—33 页。

⑤ 上海市档案馆编:《工部局董事会会议录》第 4、5、7 册,第 788、626、583 页。

⑥ 上海市档案馆编:《工部局董事会会议录》第 7 册,第 726 页。

⑦ 《上海公共租界工部局年报(1882 年)》,上海市档案馆藏,卷宗号:U1-1-895。

⑧ 上海公用事业局编:《上海公用事业(1840—1986)》,第 33—36 页。

⑨ 这 5 次具体的降价过程是:1.1883 年 8 月 1 日,公众烹饪煤气价降为每立方英尺 2.50 元(0.088 元/立方米)。2.1884 年 5 月 1 日,在电力供应路灯之后,从试验性的 10 盏发展到 25 盏之时,煤气公司又对私人照明用气降价至 2.75 元每千立方英尺(0.097 元/立方米)。3.1886 年 4 月 1 日起,又将私人照明用气价格降为 2.50 元每立方英尺(0.088 元/立方米)。4.1888 年 7 月 1 日,煤气路灯降价为每盏每月 3.00 元;私人照明用气降为每千立方英尺 2.25 元(0.079 元/立方米),用至 1 万 5 到 3 万立方英尺之多者 95 折优惠,3 万立方英尺以上者 9 折优惠;烹饪用气降价为每千立方英尺 2.00 元(0.071 元/立方米)。5.1890 年 7 月 1 日,煤气路灯降至每盏每月 2.70 元。参见上海市专志系列丛刊编纂委员会编:《上海租界志》,第 374 页;上海公用事业局编:《上海公用事业(1840—1986)》,第 28、34—36 页;《上海自来火公司告白》,《申报》1883 年 12 月 18 日,第 4 版;《上海公共租界工部局年报(1888 年、1890 年)》,上海市档案馆藏,卷宗号:U1-1-901、U1-1-903。

此外,煤气公司尚有多元经营的应战策略。比如,公司积极发展煤气发动机、煤气烹饪等供气业务,以抵补路灯减少的损失,使业务保持上升势头。供气的煤气发动机从 1883 年的 3 台,增加至 1891 年的 16 台,煤气销售总量也从 1881 年的 98 万立方米增加至 1891 年的 180 万立方米,增长82%。①

“上电”面对煤气公司咄咄逼人的进攻,冀望依靠技术优势,辅以报章舆论、广告宣传等举措来争取当局与民众的信任,与对手竞争公共照明权。19 世纪 80 代初,15 盏电气路灯首次试行,便引发社会民众广泛关注,《申报》刊出专文《电灯详考》,向世人揭示电力照明的技术原理,进一步扩大了影响:

> 房有机两架,极为轻便。一架则为转轮,一架则为激动电气之具,联以皮条。另一间则为炉房,炉房后面及旁侧为两池,池水注于锅内。热气从管中曲折而出,注于转轮。一动其机,转轮自动,而电机激发火自机出。机之端缀以两铜线。其线视电报之线略粗。电气由线中四达,分注于各灯,而各灯顷刻皆燃矣。②

除此之外,“上电”创始人立德禄的特殊身份,亦使得这种舆论宣传变得更加猛烈。前文已提及,由立德禄担任主编的《北华捷报》,在“上电”成立之初,对公司的发展不遗余力进行追踪报道,并结合欧美国家城市电力照明系统应用的成功经验,连篇累牍为公司“加油”“称好”,盛赞电力照明的普及,及其作为新兴产业的美好现状和前景:“上海电气公司无疑将取得成功,在上海它注定将掀起照明领域中的革命……我们相信电力照明革命无疑只是时间问题,这种散热极小的优质光源是如此重大的发明,应当得到最大限度的应用。”③

诸如此类的舆论报道虽带有鲜明的立场,亦颇有中肯之处。电力照明的确在技术上具有优越性。例如,19 世纪 80 年代煤气灯的亮度为每盏 120 支烛光,④而弧光灯则可达 2 000 支烛光。因此,理论上,一盏弧光灯可替代十几只支煤气灯的照明亮度。但由于灯光随距离的加大日趋减弱的特征,以及弧光灯的

---

① 上海市专志系列丛刊编纂委员会编:《上海租界志》,第 374 页。

② 《电灯详考》,《申报》,1882 年 8 月 7 日,第 1 版。

③ *The North-China Daily News*, July 28, 1882.

④ “烛光”(candle)是照明工具发光强度的单位。在照明工程中需要定量光源和光照场地的亮度参数。当时的亮度计多以蜡烛作为参照光源,很自然就以蜡烛作为亮度测量的原级标准即亮度基准。于是一些国家建立了自己的“标准烛”,规定蜡烛火焰在水平方向的发光强度作为发光强度的单位——“烛光”。1881 年国际电工技术委员会批准“烛光”为国际标准。参杨臣铸:《发光强度坎德拉的历程》,《计量史话》2004 年第 9 期,第 45 页。

聚光性,在实际道路使用中,一盏弧光灯虽不能够达到"以一替十"的照明效果,却也至少具有"以一代四"的技术优势。表3详细显示了同一时期美国城市公共照明领域弧光灯相较于煤气灯在技术上,具有明亮、单位照明效果、价格更为物美价廉的优越性。

表3 19世纪80年代美国城市煤气路灯与电气路灯照明效果与费用比较表

对比项	纽约		旧金山
	1881年	1885年	1883年
弧光灯代替煤气灯数/盏	500	3 000	1 700
弧光灯数目/盏	22	650	210
比率	1∶22.7	1∶4.6	1∶8.1
煤气灯总亮度/支烛光	7 500	45 000	25 500
弧光灯总亮度/支烛光	33 000	975 000	315 000
比率	4.4∶1	21.6∶1	12.4∶1
每年煤气灯花费	$8 875	$53 000	$77 350
每年弧光灯花费	$7 400	$165 000	$65 520
每盏煤气灯年费用	$18	$18	$45
每盏弧光灯年费用	$336	$254	$312
每盏煤气灯单位烛光花费	$1.18	$1.18	$3.04
每盏弧光灯单位烛光花费	$0.22	$0.17	$0.21

资料来源:Harold C. Passer, *The Electrical Manufacturers 1875—1900: A Study in Competition, Entrepreneurship, Technical Change, and Economic Growth* (Cambridge, Mass.: Harvard University Press, 1953), p.49.

二、工部局的决策机制与公共照明煤电双轨制的形成

工部局对于煤电双方的竞争是抱以鼓励与支持的。如前所述,当初工部局致力于引进电力照明科技的初衷,看重的就是其技术相较于煤气灯更为安全、经济、高效。以此打破煤气公司一家垄断的局面,促成两家的竞争,无疑符合租界纳税人的利益,也是当局推动城市道路建设发展的题中之意。在这种态度指引下,工部局当然不会妥协于在致力引进、添设公共电力照明设施时,煤气公司试图以提高煤气路灯价格来维护公司利益的要求。兹举两例:

1884年1月14日,上海煤气公司致信工部局董事会,表达公司对自身公共

照明权不断被剥夺的惶恐,声称公司为维持收支平衡,打算从3月1日起对煤气路灯提价,由每盏每月3.3元提至3.75元。[①]但此举并未收效。在2月28日的工部局纳税人会议上,当即通过了新增25盏电气路灯取代99盏煤气路灯的决议,并回复煤气公司,工部局反对支付任何超过目前每灯3.3元的煤气费,如果煤气公司一意孤行,则当局可能被迫对街道照明另作安排。[②]

同年3月,煤气公司又致信工部局董事会,宣称他们愿意按每灯每月3.6元供应路灯煤气与工部局签订为期一年的合同,条件是新增的25盏电灯所取代的煤气灯数目不超过100盏。如果发现有必要重新点燃那些停用的煤气灯,他们愿意恢复到原来3.30元的收费。煤气公司在未得到工部局及时响应后,再次致信当局,声称公司董事们愿以每盏每月3.30元的价格,供应煤气路灯所需煤气,条件是工部局得与公司签订为期两年的合同。[③]但结果是,工部局只同意与煤气公司以每月每盏3.30元的价格,签订至1885年6月30日为期一年的合约。[④]

可见,在工部局乐观两家公司竞争的态度下,煤气公司尝试与当局讨价还价换取长期稳定的照明合同而不得,也未能以提价的方式,要挟工部局放弃采纳电力照明的方案,阻止"上电"在公共照明市场上的分羹之举。相反,煤气公司只能通过进一步降低照明成本,以低廉的收费和实用照明效果的做法,争取在电力照明发展初期费用相对昂贵,照明效果有待观察,且未被人们熟悉的劣势中保持竞争力,在公共照明领域中保有一席之地。

工部局本着鼓励煤电竞争的态度,在具体判定增设路灯的照明方式上,主要取决于煤电两家公司竞标方案中,"哪种更亮,哪种费用较便宜"[⑤]的性价比标准。这里所谓的"性价比",具体而言,是指照明工具的照明效果与价格之间的比例关系。

一方面,工部局对于隶属于公共事业领域的道路照明系统,需要对纳税人负责,"就各住户收取捐费,以资用度"。[⑥]因此,照明效果与费用问题,成为直接影响当局选择照明方式的考虑因素,也就是说,"物美价廉"成为道路照明方式的首选条件。

---

① 上海市档案馆编:《工部局董事会会议录》第8册,第553页。
② 上海市档案馆编:《工部局董事会会议录》第8册,第558页。
③ 上海市档案馆编:《工部局董事会会议录》第8册,第560页。
④ 上海市档案馆编:《工部局董事会会议录》第8册,第561—562页。
⑤ 上海市档案馆编:《工部局董事会会议录》第9册,第692页。
⑥ 《论租界工部局》,《申报》,1883年10月27日,第1版。

另一方面,工部局在该年公共照明预算支出允许的范围内,计划在公共租界主干道上率先采用电力照明,发挥电力照明“照耀一如白昼”[①]的效果,并相应取消这些路段的煤气路灯照明,节省开支。当局抱着对“大放光明”之日的满心期待,给予新兴电力照明产业支持。[②]工部局作为“裁判员”的这种决策机制,从如下几个煤电道路照明竞标案例中可窥见一斑。

1883 年,煤电竞争从外滩到泥城滨的南京路,从洋泾浜到华人公园的外滩,从华人公园到汇山路的百老汇路,这 3 处地区的公共照明权。相对于煤气公司新增 62 盏布雷式路灯的投标方案,工部局最终采纳了“上电”以 35 盏电灯替代 155 盏煤气灯的竞标方案,使电力照明产业赢得了公共照明市场上的第一杯羹。

表 4 1883 年“上电”与上海煤气公司竞标南京路、外滩、百老汇路地区公共照明权方案比较表

方案 方式	照明数量	分布	亮度	燃点时间	价格	照明方案
电力	35 盏弧光灯	南京路:10 外滩:10 百老汇路:15	2 000 烛光	全年通宵燃点	5 两/盏/周	取代外滩 38 盏、南京路 28 盏、百老汇路 31 盏、外白渡桥 6 盏,以及三条马路拐角处 52 盏,共 155 盏煤气灯
煤气	62 盏布雷式煤气灯	南京路:16 外滩:22 百老汇路:24	120 烛光	从黄昏至午夜	8.5 元/盏/月	新增 62 盏布雷式煤气灯

资料来源:1. 上海市档案馆编:《工部局董事会会议录》第 8 册,第 489、491、495、505—506、522 页。

2.《上海公共租界工部局年报(1883 年)》,上海市档案馆藏,卷宗号:U1-1-896。

从中可以看出:在投标照明的 3 个地区,35 盏电气路灯每周需要 175 两,即每年 9 100 两,投标新增 62 盏布雷式煤气灯每年花费 6 324 元,即 4 679 两,电力照明每年花费是煤气灯的将近两倍。而试图取代的 155 盏煤气路灯,每盏每月需 3.3 元,全年也只需 6 138 元,相当于 4 542 两。可见,采用电气路灯比原来的照明计划,每年至少多花费 3 748 两。一言以蔽之,上述竞标方案中电气路灯每

---

① 《改用电灯》,《申报》,1882 年 9 月 19 日,第 3 版。

② 《光明不远》,《申报》,1883 年 6 月 5 日,第 3 版。

盏每年 260 两的单价要比煤气灯每盏每年 52 两的均价昂贵太多。[①]

然而，就每盏电气路灯 2 000 支烛光的照明效果来看，却要比普通煤气灯 80 支烛光，以及布雷式煤气灯 120 支烛光的性能要高得多，且电力照明的这种性能优势在宽阔的大马路上更为明显。“上电”正是试图凭借电力照明的技术优势，提出了以 35 盏电气路灯取代相当于 245 盏普通煤气路灯这种“以一代七”的竞标方案，从而弥补了电气路灯单价昂贵的不利因素。加上电力照明“共明月以争辉”[②]的直观效果以及整年通宵点亮的优惠举措，使得“上电”竞标方案的“性价比”要比煤气公司的明显高出一筹。

工部局也正是看到了电力照明的技术优势下得以呈现出的经济成本优势，考虑到 35 盏电气路灯每年 9 100 两与煤气灯照明方案合计所需的 9 221 两费用在财政开支上不相上下，纳税人会议随即通过了“上电”的竞标方案。[③]正如当时《申报》所记载的那样，“工部局议事……其大马路、黄浦滩、虹口至下海浦三处地方或用电灯或用地火均当议定。此三处皆系要道，往来繁多，自宜格外焜耀，即电灯价目与地火相载相去亦属无机，倘能用电灯则便益，为何如耶”。[④]即电力照明方案在省却原本 150 多盏煤气灯每年 4 500 余两花费的同时，可以“共明月以争辉”[⑤]之照明效果与竞标的 62 盏煤气灯媲美。加上“上电”整年通宵点亮，改善夜间道路照明方案，最终赢得了工部局纳税人会议的支持。

继而，1884 年工部局又授权“上电”分别在广东路、福州路、汉口路、九江路、南京路、宁波路、北京路新增 25 盏电灯。[⑥]这 25 盏电气路灯分别位于广东路 4 盏、福州路 6 盏、汉口路 3 盏、九江路 3 盏、南京路 2 盏、宁波路 3 盏、北京路 4 盏，从而替代了 99 盏煤气灯，[⑦]于该年 7 月 7 日启用，从黄昏点亮至黎明，以每

---

① 上海之习惯，记账两、元并行。1858 年，九八规元(100 两规元银＝98 两纹银)正式成为上海地区一切往来账目结算的标准，一直到 1933 年废两改元为止。参汤国彦主编：《中国历史银锭》，云南人民出版社 1999 年版，第 125—126 页；中国人民银行总行参事室金融史料组编：《中国近代货币史资料(第一辑)》，中华书局 1964 年版，第 592—595 页；1883 年银元折合成银两(规元)的比价洋厘最高行市约为 1 银元＝7 钱 3 分 9 厘(合约 0.74 两)。参中国人民银行上海市分行编：《历年上海洋厘和日拆行市统计》，载《上海钱庄史料》，上海人民出版社 1960 年版，第 609 页。

②⑤ 《试燃电灯》，《申报》，1883 年 6 月 11 日，第 3 版。

③ 上海市档案馆编，《工部局董事会会议录》第 8 册，第 496 页；《上海公共租界工部局年报(1883 年)》，上海市档案馆藏，卷宗号：U1-1-896。

④ 《重灯复燃》，《申报》，1883 年 2 月 23 日，第 2 版。

⑥ 《上海公共租界工部局年报(1884 年)》，上海市档案馆藏，卷宗号：U1-1-897。

⑦ 上海市档案馆编：《工部局董事会会议录》第 8 册，第 567 页。

周每盏 5 两的费用为公共租界提供电力照明,①使 2 000 支烛光的电气路灯总数增至 60 盏,总计年收费 15 000 两。②

表 5　1884 年至 1888 年上海公共租界电气路灯分布表

地　　点	数量	地　　点	数量
外滩(Bund)	10 盏	百老汇路(Broadway)	15 盏
广东路(Canton)	4 盏	福州路(Foochow)	6 盏
汉口路(Hankow)	3 盏	九江路(Kiukiang)	3 盏
南京路(Nanking)	12 盏	宁波路(Ningpo)	3 盏
北京路(Peking)	4 盏	**总计:60 盏**	

资料来源:《上海公共租界工部局年报(1885 年)》,上海市档案馆藏,卷宗号:U1-1-898。

由此可见,在电力照明创设之初,电价相对于煤气在费用方面的昂贵问题尤为突出。仅就上述 25 盏弧光灯而言,每盏每年 260 两的单价,每年就需花费 6 500两,而其所代替的煤气灯只需要 2 790 两。即便如煤气公司扬言要提价到每盏每月的 3.75 元,也只需 3 216 两。③

在照明成本颇巨的情况下,工部局仍采纳电力照明方案,所倚重的就是电力照明的技术优势对改善租界道路照明的现实需要,及其发展前景。尤其是上述路段皆为公共租界的主干道,往来人车繁多,相较于煤气灯,添设电力照明设施对改善道路照明环境成效更为显著。加上"上电"给予 60 盏电气路灯总价适当优惠的条件下,工部局属意在这些要道上率先采用电力照明方式,逐步替代煤气路灯照明。因此,虽然电价相对昂贵,但就单位照明效果的费用,电力照明 0.13 两/烛光与普通煤气照明 0.4 两/烛光相较并不为过。可见,技术优势下所呈现的照明效果与发展前景,是物有所值且值得期待的。

1889 年工部局又一次选择"上电"在熙华德路段的投标方案亦是一显例。当时,从外白渡桥到汇山路地段长约 2 550 码的熙华德路上,仅有 2 盏电灯。④随着该地区道路与房屋的扩建,居民们纷纷致信工部局,申请增设路灯,以改善糟糕的道路照明条件。1889 年 4 月间,在熙华德路和密勒路之间的 5 家居民署名

---

① 《工局会议》,《申报》,1884 年 2 月 29 日,第 3 版。

② 上海市档案馆编:《工部局董事会会议录》第 8 册,第 552、555、558、567 页;《上海公共租界工部局年报(1884 年)》,上海市档案馆藏,卷宗号:U1-1-897。

③ 上海市档案馆编:《工部局董事会会议录》第 8 册,第 553 页。

④ 上海市档案馆编:《工部局董事会会议录》第 9 册,第 692 页。

致信工部局,声称他们住宅的弄堂夜间情况很危险,那里根本没有路灯,要求工部局在那里安装几盏煤气路灯,以防止发生事故;6 月,伊文斯先生致函工部局,要求为他新近建造的 4 幢洋房和租户的安全和方便,向熙华德路和赵丰路提供照明。①

煤气公司和“上电”都向工部局提交了竞标方案。为此,工部局派出测量员进行实地调查,建议将熙华德路的照明延伸至公平路,并交托工务委员会,就电气公司和煤气公司对从西交百老汇路,东至公平路段的熙华德路,及其中间横路的元芳路、华记路、兆丰路、邓脱路的照明方案,包括照明效果、每盏灯的平均距离和费用,进行详细比较。②最终,比附煤气公司间隔 70 或 80 码安装一盏路灯,总共安装 41 盏煤气路灯,年收费 1 120.95 两的投标方案,“上电”采取低价竞标,以间隔 200 码一盏,共安装 12 盏,一年总计 1 200 两,即每盏每年仅 100 两的投标价击败煤气公司。③公司于 1889 年 8 月 15 日正式开启这些灯,灯光亮度令人满意。④

由此可见,工部局之所以又一次选择在熙华德路增设电气路灯的照明方式,主要原因就在于:其一,就“性价比”而言,在当局看来,要给该路段提供有效的照明,至少需要 50 盏煤气路灯才能媲美 12 盏电气路灯的效果,这样就要花费1 368.70 两。⑤两相比较,使用电力照明无疑更为经济、实用。其二,两家的竞标价格均在当局该年公共照明用度允许的范围之内,且相差无几,在熙华德路这条主干道上,当局倾向于使用电气路灯以显著改善道路照明环境。

综上,近代上海公共租界公共照明市场中,“上电”是一个后来加入公共路灯投标的公司,相应与煤气公司早在 19 世纪 60 年代就开始设置煤气路灯而言,其间交织的煤气与电力的竞争,不是单纯相互取代的关系。这之中,工部局充当了“裁判员”的角色,按年与两家公司签订公共照明合同,决定道路照明归属方式,在公共租界实行了公共路灯煤电双轨并存机制,形成了煤电并行的照明

① 上海市档案馆编:《工部局董事会会议录》第 9 册,第 725、718 页。

② 上海市档案馆编:《工部局董事会会议录》第 9 册,第 725、727 页;《上海公共租界工部局年报(1889 年)》,上海市档案馆藏,卷宗号:U1-1-902。

③ 上海市档案馆编:《工部局董事会会议录》第 9 册,第 729 页;《上海公共租界工部局年报(1889 年)》,上海市档案馆藏,卷宗号:U1-1-902。

④ 上海市档案馆编:《工部局董事会会议录》第 9 册,第 741 页;《上海公共租界工部局年报(1889 年)》,上海市档案馆藏,卷宗号:U1-1-902。

⑤ 上海市档案馆编:《工部局董事会会议录》第 9 册,第 732 页;《上海公共租界工部局年报(1889 年)》,上海市档案馆藏,卷宗号:U1-1-902。

格局。

诚如前文所述,在城市公共照明事业建设过程中,工部局本着“性价比”标准,支持“上电”率先在公共租界主干道上创设电力照明系统。与此相应,“上电”则在竞标方案中突出电力照明技术优势下所呈现的经济成本优势,同时结合降低部分路灯价格的优惠措施,以迎合当局的决策机制,从而在数次公共道路竞标中击败煤气公司,奠定了电力照明产业的最初规模(参见表 5、表 6)。

表 6 “上电”经营时期煤电竞标方案中照明设施“性价比”比较表

电气路灯:煤气路灯	1883 年投标方案	1884 年投标方案	1889 年投标方案
照明效果	7:1	4:1	4:1
价格	5:1	7.7:1	3.6:1
性价比	1.4:1	0.5:1	1.1:1

表 7 1893 年“上电”出售前上海公共租界电气路灯分布表

地点(localities)	数量	地点 (localities)	数量
外滩(Bund)	11 盏	静安寺路(Bubbling Well)	1 盏
宁波路(Ningpo)	3 盏	华人公园(Chinese Garden)	2 盏
广东路(Canton)	4 盏	外白渡桥(Garden Bridge)	1 盏
福州路(Foochow)	7 盏	百老汇路(Broadway)	16 盏
汉口路(Hankow)	3 盏	熙华德路(Seward)	12 盏
九江路(Kiukiang)	4 盏	汉璧礼路(Hanbury)	2 盏
南京路(Nanking)	14 盏	**总计:84 盏**	
北京路(Peking)	4 盏		

资料来源:《上海公共租界工部局年报(1893 年)》,上海市档案馆藏,卷宗号:U1-1-906。

说明:电力照明产业的拓展过程主要是上述竞标方案中“上电”所创设的 72 盏电气路灯。此外,1889 年后零星增设了数盏,分别是:1890 年在华人公园新增 2 盏,年收费 150 两,外白渡桥 1 盏,年收费 220 两;1891 年在九江路和湖北路交界处新增 1 盏、外滩增设 1 盏,年收费 210 两;1892 年在南京路增设 3 盏、福州路增设 1 盏,每盏每年收费 180 两;1893 年在汉璧礼路增设 2 盏。

而对于煤气灯的公共照明权,当局则一面在公共租界主干道上,因使用电气路灯,取消了若干煤气路灯的燃点,使得煤气路灯数量相应减少,从 1882 年的 530 盏,降至 1893 年的 483 盏,其中照明份额最少的时候只有 307 盏;另一方面,按照“性价比”的原则,在小马路和街道的拐角继续使用并添设煤气路灯。尽管电力照明的效果更为明亮,但在此类地段往往安装一两盏煤气路灯就已足够,主干道使用电照明"以一代四"的技术优势难以得到体现,电价昂贵的弊端也因此而尤为突出,显然煤气路灯更为经济、实用。

在工部局对于公共照明实行煤电双轨并存的机制下,伴随着公共路灯筹设范围的扩大,当局逐年递增了公共照明领域的建设投入。至 1893 年"上电"出售前,上海公共租界的道路照明形成了在主干道大约 9 英里的街上遍用电力照明,小路及道路拐角约 20 英里的街道使用煤气灯,剩余 14 英里无照明设施的基本格局(参见表 8)。

表 8 近代上海公共租界公用路灯数量及费用统计表(1882—1893 年)

年份	煤气路灯		电气路灯	
	数量(盏)	价格(两)	数量(盏)	价格(两)
1882	530	15 387.69	10	305.38
1883	398	13 610.99	35	4 544.13
1884	307	10 464.41	60	11 827.89
1885	311	9 594.09	60	14 899.80
1886	314	9 624.98	60	15 175.76
1887	317	9 655.68	60	15 152.97
1888	324	9 344.90	60	15 090.88
1889	342	9 199.49	72	15 254.14
1890	391	9 351.95	75	16 204.97
1891	410	9 820.56	77	16 487.40
1892	483	11 305.95	81	16 617.37
1893	483	11 128.81	83	11 448.78

数据来源:《上海公共租界工部局年报(1882—1894 年)》,上海市档案馆藏,U1-1-895～U1-1-907。

工部局如此安排公共照明建设方案的意图,既是通过经济手段,激励"上电"与煤气公司在市场范围内竞争,又是按照价值规律办事,以使竞争的结果有利于改善租界道路照明环境的同时,为租界纳税人提供更为经济、高效的公共道路照明选择。但在电力产业发展长达 12 年的时间中,电力照明非但未能反客为主,大范围取代煤气灯,且在有着较大市场空间的前提下,实现产业规模与照明领域电气化水平相当有限,原因何在?

第四节 “执法员”:工部局的监管与电力照明产业的停滞

一、“上电”实际营运缺憾

基于上述工部局的决策机制,电力照明在近代上海扎下根来。尤其是在创设的头两年时间里,产业发展颇为顺利,形势对“上电”一片大好。然自此之后,直至1888年的4年多时间里,“上电”的公共电力照明份额却就此停滞不前,此后数年业务发展也颇为缓慢。公司本身也几易其首,先后经历了1888年的改组和1893年的最终出售。究其缘由,学界研究一般将其归结为是“电灯照明耗电多,成本高,难以普及,故无法和煤气照明抗衡”①;“弧光灯耗电多,成本高,一时还未能取代煤气在照明方面的统治地位”②。“上电”使用的弧光灯成本固然高昂。这是产业发展初期的固有特点与客观现实。根据前文表8的数据,计算得表9如下:

表9 煤气路灯与电气路灯每盏平均营收(1882—1893年)

(单位:两/盏)

年份	1882	1883	1884	1885	1886	1887	1888	1889	1890	1891	1892	1893
煤气路灯	29	32	34	31	31	30	29	27	24	24	23	23
电气路灯	31	130	197	248	253	253	252	212	216	214	205	140

说明:1. 1882年7月26日电气路灯开始试运营,此年电气路灯的数据只有半年营收,且非全日营运。

2. 1893年电气路灯的资料是9月1日工部局正式接管“上电”前的营收。

诚如前文所述,在当局的决策思考与选择下,电力照明技术仍不惜成本被引入上海,并切实投入公共照明的使用。煤气公司几次三番与当局的交涉,也都未阻挠到电力照明权的扩充。因而,电力照明高昂的费用并非是阻碍产业发展最直接的绊脚石。事实是,正是公司实力及其所承建的照明工程质量成为制约产业发展的关键所在。

就笔者所见,制约“上电”及其电力照明产业发展的桎梏至少可以表现为以下两个方面:

其一,公司人单力薄,建制很不完善。主要表现在:公司人事组织散漫,股东投资人的松散且不稳定,公司也缺少合格的技术人员在电机设备损坏、电灯不亮

① 熊月之主编:《上海通史》第8卷,上海人民出版社1999年版,第171—172页。

② 熊月之主编:《上海通史》第9卷,第5页。

的问题出现时进行及时维修处理。[①]公司甚至不能作为独立的企业法人与工部局订立契约合同,更不用说制定一套成熟的企业经营管理制度了。总之,"上电""资金不足,严重阻碍了公司的业务"。在经营方面,"如果由行内人经营,这企业绝不致弄到今天的情况。"[②]

当初"上电"的成立,可以说完全是由立德禄牵线搭桥,股东投资人皆是闻风逐利而来,根本不参与公司的实际管理,不对公司的业务状况负责。公司改组前的业务,包括照明设备的引进、安装、检测,以及与工部局照明合同的签订,都由公司秘书立德禄个人出面打理。除此之外,有的只是几经变更的股东投资人。

事实上,"上电"作为布拉什公司的分公司,在法律上、经济上没有独立性。第一,公司不具有企业法人资格,不独立承担民事责任;第二,公司没有独立的财产,营运的设备、技术资产都是总公司的一部分;第三,公司没有自己的章程,没有董事会等形式的经营决策和业务执行机关。因此,"上电"当初选择这种企业经营组织模式,以规避商业投资风险的同时,也就决定了公司无力对产业发展的质量与规模负责。

"上电"的这种经营状况也必然会降低当局对公司的信任度。1883 年工部局与"上电"第一次签订公共电力照明合同时,工部局法律顾问就指出,该公司不能以法人资格与工部局订立契约。虽然此后的电力照明合同都是以"上电"的名义签订的,但是如果工部局与该公司之间发生诉讼,就会使人感到很不方便。此后,工部局在与"上电"签订照明合约或续约时,都遇到了同样的质疑:"该公司是否有董事,是否有任何一位在法律上有资格代表该公司的董事能在一旦决定续订合同时,能在现行合同上签署。"由于在与工部局签署照明合同时,需要由两名董事签署,但"上电"每次派出的董事成员皆不相同,以至于无人知晓这家公司的董事到底是哪些人。[③]例如,1883 年是由魏特摩和狄斯出面与工部局签订照明合同;1884 年协议新的照明协议时又由立德禄和波特负责;至 1885 年续约照明合同时,公司又声称现任董事为唐茂枝和立德禄。[④]

其二,技术故障迭出,事故连连。"众目昭彰"下,不仅电灯光线"不能十分光耀"[⑤],

---

① 罗苏文:《上海传奇:文明嬗变的侧影(1553—1949)》,第 168 页。

② 孙毓棠:《中国近代工业史资料》第 1 辑,科学出版社 1957 年版,第 195 页。

③ 上海市档案馆编:《工部局董事会会议录》第 8 册,第 509、510、632、635 页,第 9 册,第 563 页。

④ 《上海公共租界工部局年报(1883—1885 年)》,上海市档案馆藏,卷宗号:U1-1-896～U1-1-898;上海市档案馆编:《工部局董事会会议录》第 8 册,第 520、634 页。

⑤ 《电灯近闻》,《申报》,1883 年 7 月 15 日,第 3 版。

道路“两边或转弯地方或有不及”①,还经常出现故障,一般一两盏灯通宵不亮亦是常事②,而出现故障后往往需要相当长的时间修复。更有甚者,公司电力设备的简陋到根本不足以支撑60盏公共路灯的照明,致使夜晚整条线路的电灯不亮,道路陷入一片黑暗之中。③

据不完全统计,自1883年7月1日“上电”与工部局签订第一份公共电力照明合约起,至1888年电气公司被迫改组期间,照明事故频仍。仅因发电机的轴承、线管、转子烧毁而导致整条电力照明系统崩溃的事件就不下10起。④此外,电线断裂、锅炉水泵爆裂、施工不慎引发的事故,弧光灯质量低劣等造成停电的状况亦时有发生。且就当时一般情况而言,电灯的光亮度“忽明忽暗,至夜半时有一两盏忽然隐熄,殊不甚佳”⑤,照明效果颇不稳定(参见表10)。

表10 上海公共电力照明事故统计表(1883—1888年)

时 间	事 故	故障原因
1883年8月26日	全部电灯熄灭一刻钟	发动机的轴承过烫,需要冷却
1884年9月13、14、15日	整条电力照明系统,包括31盏电灯完全瘫痪	发电机的转子出现故障,却没有应当准备好的备件替换
1884年10月4日	整条电灯线路瘫痪	发电机转子失灵
1884年10月6日	整条电力照明线路瘫痪	发电机转子故障
1884年10月17、18日	整条线路瘫痪	发电机线路的绕线管爆裂
1884年10月30日	整条照明系统崩溃	锅炉给水泵爆裂
1884年11月26日	整条线路瘫痪	发电机转子的另一绕线管烧毁,转子备件换上后又不得不在使用一小时后停电冷却
1884年12月16、17日	整条电力照明线路崩溃	发电机的转子再次烧毁,备件转子装上去后不起作用,而备用发电机所需的滑轮未能运到
1885年6月间	不断有电灯不亮	电灯受潮热天气影响

① 《电灯述闻》,《申报》,1883年7月26日,第3版。

② 上海市档案馆编:《工部局董事会会议录》第8册,第519、525页。

③ 上海市档案馆编:《工部局董事会会议录》第8册,第589、595、597页;《上海公共租界工部局年报(1884年)》,上海市档案馆藏,卷宗号:U1-1-897。

④ 上海市档案馆编:《工部局董事会会议录》第8册,第529、589、592、594、597、600页;《上海公共租界工部局年报(1883、1884年)》,上海市档案馆藏,卷宗号:U1-1-896、U1-1-897。

⑤ 《工局议事》,《申报》,1883年8月23日,第2版。

（续表）

时　　间	事　　故	故障原因
1885 年 9 月 15 日	整条线路的电灯熄灭	电线折断
1885 年 11 月 27 日	整条电路延时放明	修理工重新安装电灯后未将箍圈完全接合
1887 年 10 月 17 日	虹口线路路灯熄灭	百老汇路上倒数第二盏路灯电线折断

资料来源:1. 1883 年至 1887 年《工部局董事会会议录》,第 8、9 册内容摘录。

2.《上海公共租界工部局年报(1883—1887 年)》,上海市档案馆藏,卷宗号:U1-1-896～U1-1-900。

说明:1. 本表所列事故覆盖的时间范围,是为电气公司自 1883 年 7 月 1 日后执行第一次照明合同开始,至 1888 年 11 月 1 日“上电”改组前夕。

2. 本表所列事故均为情况较为严重,一般是整条电力线路发生故障。故在相关文献中有较为详细的事故记载。此外,一些电力照明系统不断出现的小故障,比如,1883 年 7 月 1 日至 1884 年 1 月 31 日这 6 个月间,出现过停电事故 3 次,每次 5 分钟左右;1884 年 3 月间不止一次出现 4 盏以上的电灯熄灭故障;1885 年 7 月 21 日至 24 日,就有 39 盏灯出现过停电事故,每盏灯平均熄灭 4 小时左右等诸如此类事故未具体列入。

二、工部局的监管与电力照明产业的停滞

“上电”在实际经营中单薄的实力,以及由此造成的种种技术的故障,致使公共照明环境不甚理想。针对电力照明的缺陷,不断有市民致函工部局,提出种种诉求,要求恢复或新增煤气灯,改善夜晚道路,尤其是与 3 条主干道交叉的小路昏暗问题,减少交通事故的发生。

1883 年 8 月间,公平洋行致信工部局声称,住在附近的租户抱怨闵行路和武昌路、熙华德路相交处漆黑一片,要求重新点燃先前的煤气灯。A.E.亚伯拉罕致信工部局,抱怨在南京路和宁波路之间的江西路上没有路灯,因此在一天夜里,他的马车撞在一辆人力车上,把它撞翻了,坐车人也受伤了。他因此要求董事会把那盏由于使用电灯而省却了的煤气灯重新点燃。测量员向工部局报告,同 3 条主要街道交叉的小路(劳动路、河南路、黄浦路、武昌路、闵行路、南浔路、华记路),因省却煤气灯而明显照明不足,建议重新点燃这些路上的 10 盏煤气灯。

1884 年 7 月,莫布斯拜先生来信抱怨兆丰路上夜间无灯,要求工部局在进口处重新点燃那盏煤气灯,因为拐角上的那盏电灯离该处有一段距离,其光线不能照到这条马路。同年 8 月,赫斯布鲁纳先生要求工部局重新点燃泗泾路河南路路口的煤气灯,因为在广东路河南路路口的那盏电灯的光线照不到泗泾路。

9月，伯奇医生请求在平和码头的栈桥尽头装一盏煤气路灯。11月，雷氏德先生提出，虹口滨以西的熙华德路没有路灯，要求工部局予以解决，因为路附近人口众多，迫切需要路灯。12月，J.D.乐凯和比尔菲尔德先生要求在其住宅入口附近的广东路上安装一盏煤气灯，因该路的照明情况很不完善。

1885年2月，文监师路地区居民要求为该地段解决照明问题。虽然该路段不是大马路，但交通十分繁忙，因为它是南浔路和文监师路之间的主要通道。同年7月，郝富理先生，来信提请工部局注意，在圆明园路和北京路交叉处必须安装一盏路灯，因转角处很暗，已发生过几起交通事故，虽然在四川路转弯处和圆明园路路口已有两盏电灯，但该地点即使电灯发光正常时光线也很暗。10月，工部局注意到福州路与广东路之间的江西路没有路灯，决定通知煤气公司重新点燃马卡利坊对面的路灯。12月，礼和洋行来函要求工部局在九江路该行到亨力洋行堆栈之间的交通要道上安装一盏煤气灯。

1886年5月，居民提出在静安寺路眼下没装煤气灯的地方安装路灯。1887年4月，布西先生提请注意黄浦路缺少路灯，工部局决定在闵行路和南浔路之间安装一盏煤气灯。1888年1月，雷氏德先生要求在天津路(浙江路与广西路之间)增加两盏煤气路灯。同年3月，密勒路13位居民来信，要求工部局在闵行路与文监师路之间的密勒路上安装一两盏煤气路灯。①

煤气公司更是为自己所遭受的不公正待遇而愤愤不平，致信工部局称："当局为成就电力照明而省却煤气灯，要他们在牺牲自己利益的情况下，随时准备重新点燃煤气灯，来帮助一个和他们竞争的，并且在路灯照明方面还存在困难的公司。"②

工部局作为公共租界市政建设、治安与秩序的承担者，对于隶属于公共事业领域的道路照明系统，更多的是站在政府管理者的立场，"就各住户收取捐费，以资用度"③，希望为租界居民，尤其是纳税西人提供更为安全、经济、规范、高效的公共照明设施。一方面，打破煤气公司一家垄断的局面，引进更为先进的电力照明技术来推动城市道路建设的发展，这无疑符合纳税人的利益；另一方面，工部局眼见承建电力照明工程的"上电"实力欠佳，营运事故接连不断，不会冒险将整个租界公共照明的重任托付给一个产业经营能力薄弱的公司，更不愿意花费不

---

① 上海市档案馆编：《工部局董事会会议录》第8册，第524、529、530、579、580、590、597、600、609、627、647、653、675页，第9册，第575、630、637页；《上海公共租界工部局年报(1883—1888年)》，上海市档案馆藏，卷宗号：U1-1-896～U1-1-901。

② 上海市档案馆编：《工部局董事会会议录》第8册，第525页。

③ 《论租界工部局》，《申报》1883年10月27日，第1版。

必要的额外支出去添设不合格的照明装置。

在这种态度指引下,工部局当然也不愿意倒退回煤气灯垄断时代,因此,当局不会接受因"上电"执行电力照明合同出现明显技术故障时,煤气公司重新为整个公共租界提供煤气灯照明的提案。1883 年 7 月 1 日,上海电气公司执行第一次公共照明合同后,针对电力照明效果不能令人满意的缺陷,就有市民致函工部局,要求恢复煤气路灯。煤气公司于 1883 年年底致信工部局,提议双方签订一项为期 5 年的合同,为整个公共租界提供照明装置。公司计划在公共租界的 3 条主要马路,静安寺路以及所有重要街道的路口装置布雷式专利灯,一共约 115 盏,同时在其他街道装置 400 盏普通的煤气灯,总计 515 盏,费用为每年 16 500 两。

尔后,自 1884 年 7 月 1 日起,"上电"开始执行第二次电力照明合同,几个月时间便出现接连不断的电力照明事故,工部局于是年年底打算终止与电气公司的照明合同。煤气公司再次乘虚而入,于 1885 年初再次提交了为整个租界安装 115 盏布雷式路灯和 400 盏普通路灯、每年 16 600 两、为期 3 年的合同提案。而以上两次尝试,均被工部局以与上电的照明合同尚未到期,纳税人会议尚未做出明确决议为由婉拒。①

另一方面,"上电"作为商业股份公司,企业盈利以及规避风险的诉求,致使公司在经营中对设备和技术的投资相当有限,因此产业的经营能力十分薄弱。这也与当局发展公用事业建设的意图两相抵触,不能给工部局以及纳税人以足够的信心,放手让电力照明取代煤气灯,执行为整个公共租界地区照明的任务。在公用事业建设领域,工部局需要对纳税人负责,发挥"执法人"的作用,虽不插手"上电"内部经营运作,但对电力照明质量进行着严格的监督和把关。

从 1882 年工部局计划对电灯进行合理性试验阶段开始,便是以公共安全为首要,在与"上电"所订立的照明协议中,对电力照明设施从发电、输电、配电工程有着明文的规定和要求。且在每次考虑与"上电"签订照明合约前,工部局都会详细询问价格、技术条件、设备安排等情况,通过纳税人会议的裁决后订立合约,执行照明协议。工部局在与"上电"签订的照明合同中明确提出了下列条款:

> 1. 所有的电线杆和电线均应在工部局测量员的监督之下进行安装架设,变更位置也应受到工部局的批准。

---

① 上海市档案馆编:《工部局董事会会议录》第 8 册,第 548、604 页;《上海公共租界工部局年报(1883 年、1885 年)》,上海市档案馆藏,卷宗号:U1-1-898、U1-1-899。

2. 电线高度不低于 20 英尺,不得妨碍交通。

3. 所有电线应是铜线,且必须安装牢固,不得妨碍公共安全。

4. 公司的任何设备若是让工部局觉得造成了公共危害,而公司没有立即有效地修复,工部局有权命令其拆除,公司自己承担费用。

5. 电灯安装必须以其标准高度,从黄昏至天亮持续有效照明,在电灯影响居民住户日常生活时,应在工部局监督员的指导下加盖灯罩。

6. 公司应有备用设备以防止现用设备在出现常规故障后停电,但若发生故障致使整个照明区停电的话,工部局有权终止与公司之间的照明合同,并且不会对公司进行任何补偿。

7. 若任何电灯在夜晚因故障停止照明半小时以上,每盏灯每晚罚款 1 墨西哥元。

8. 工部局随时有权根据市政规划的需要,要求公司对灯具、电线安装的位置、地点进行变更,费用由当局承担。

9. 双方对工程建设方案有异议时,提请仲裁人裁决。①

因此,按照合约中的明文规定,工部局以安全为由驳回"上电"请求将灯安装在道路中心,以便更有效地照明的请求。②当局针对弧光灯照明的聚拢性,要求"上电"立即安装电灯灯罩,以防止因灯光照进附近房屋而妨碍居民生活的安宁。③工部局还专门聘请了电气技师毕晓普(Joseph W. Bishop)来监督电气照明的质量,每星期从 60 盏电灯中随意挑选 15 盏灯进行测试,以确保每盏灯每月测试一次。④为了公众的安全,工部局要求"上电"对所有电线需要承受斜角张力的地方装上铁的防护装置,同时采用焊合的电线接头和优良的绝缘体⑤,并于 1884 年初第一次向上电提出了将全部电线埋入地下的要求。⑥

工部局在面对电力照明线路出现故障时,更是勒令"上电"立即修复技术故障,更换不合格的设备装置,并有意放缓了电力照明事业的建设步伐,增加煤电双轨制中煤气路灯的照明份额来保证道路的照明质量。正如表 10 所示,1884 年整个下半年,由"上电"所承建的一整条包括 31 盏电灯的电力照明线路屡屡陷

① 《上海公共租界工部局年报(1883 年、1884 年)》,上海市档案馆藏,卷宗号:U1-1-896、U1-1-897。
② 上海市档案馆编:《工部局董事会会议录》第 7 册,第 800 页。
③ 上海市档案馆编:《工部局董事会会议录》第 8 册,第 506 页。
④ 上海市档案馆编:《工部局董事会会议录》第 8 册,第 568 页。
⑤ 上海市档案馆编:《工部局董事会会议录》第 8 册,第 578 页。
⑥ 上海市档案馆编:《工部局董事会会议录》第 8 册,第 553 页。

于崩溃的窘境。

当时事情的原委是,“上电”于 1884 年 2 月致信工部局,声称“除非工部局设法大大增加电灯的数量,否则他们将不能继续执行仅为租界部分地区照明的协议”[①],并信誓旦旦地保证公司将接受布拉什电气公司的财政援助,具备双份的供电设备以确保新增的电气路灯工作万无一失[②],以此得到了从该年 7 月起为期一年增设 25 盏电灯的合约。

但实际上,公司根本没有两组完备的发电装置[③],只有两台可为 40 盏电灯供电和一台可为 16 盏电灯供电的发电设备,且机器已满负荷工作,并且已有相当程度的折旧和损耗。一台发电机的转子被烧毁,根本没有备用机器可以替换。由此导致一组发电机出现故障时后,整个电力照明系统屡屡陷于瘫痪的窘境。

工部局得知后,责令“上电”立即安装新的发电设备[④],否则当局有权“不能遵奉合同,拟于年终为止,不复燃点”,即按照合约规定终止与公司的照明合同,停止电气路灯的使用。[⑤]同时,当局要求煤气公司重新装配原先省却的煤气路灯配件,随时准备重燃。并按照市民反映的情况,恢复添设了些许煤气灯。据统计,1884 年工部局为重新安装先前省却的 200 盏煤气灯部件支出资金 71.26 两。[⑥]

在工部局的安排下,从 1884 年至 1888 年的 4 年时间里,电力照明系统因技术故障暂缓建设,而煤气路灯数量则出现小幅增长,从 1884 年的 307 盏增至 1885 年的 311 盏[⑦],1886 年的 314 盏[⑧],进而是 1887 年的 317 盏[⑨],1888 年的 324 盏[⑩],以暂缓道路照明的糟糕境况。

---

① 上海市档案馆编:《工部局董事会会议录》第 8 册,第 552 页;《上海公共租界工部局年报(1884 年)》,上海市档案馆藏,卷宗号:U1-1-897。

② 上海市档案馆编:《工部局董事会会议录》第 8 册,第 558 页;《上海公共租界工部局年报(1884 年)》,上海市档案馆藏,卷宗号:U1-1-897。

③ 上海市档案馆编:《工部局董事会会议录》第 8 册,第 590 页;《上海公共租界工部局年报(1884 年)》,上海市档案馆藏,卷宗号:U1-1-897。

④ 上海市档案馆编:《工部局董事会会议录》第 8 册,第 594 页。

⑤ 《电灯近闻》,《申报》,1884 年 12 月 30 日,第 3 版。

⑥ 上海市档案馆编:《工部局董事会会议录》第 8 册,第 580 页;《上海公共租界工部局年报(1884 年)》,上海市档案馆藏,卷宗号:U1-1-897。

⑦ 1885 年新增的 4 盏煤气灯分别位于福州路和广东路口的江西路、上圆明园路(Upper-Ming-Yuen)和北京路交界口、文监师路(Boone)、文监师路和南浔路(Nanzing)拐角。参见《上海公共租界工部局年报(1885 年)》,上海市档案馆藏,卷宗号:U1-1-898。

⑧ 《上海公共租界工部局年报(1886 年)》,上海市档案馆藏,卷宗号:U1-1-899。

⑨ 《上海公共租界工部局年报(1887 年)》,上海市档案馆藏,卷宗号:U1-1-900。

⑩ 《上海公共租界工部局年报(1888 年)》,上海市档案馆藏,卷宗号:U1-1-901。

在这种情势下,迫使"上电"不得不按照工部局的要求,紧急从国外订购并安装新的发电装置,证明自身具备充足实力;另一面以各种理由——"租界大多数纳税人支持电灯的使用;公司为了更好地提供电力照明,正尽力购买安装新的设备;相对于煤气灯,电灯的优越性显而易见;放弃电灯无疑是一种科技、社会的倒退;公共电力照明在英美国家的广泛应用与成功现状;任何新技术都需要时间和耐心去克服发展初期的困难"①,安抚工部局董事会和纳税人会议,试图打消其终止照明合约的意图。

为此,工部局于 1885 年初召开纳税人会议,以 150 比 126 的反对票,决议至同年 6 月 30 日电气公司的照明合同到期后,便停止电灯的使用。"上电"眼见情势迫在眉睫,随即致信工部局,对投票议案提出质疑:"我们认为,许多支持使用电灯的纳税人未能进入会议室投票。我们要求尽早召开特别纳税人会议,重新审议公共电力照明合约。"②此次抗议终有成效,在 1885 年 4 月 2 日召开的特别纳税人会议上,公司艰难地获得了 151 比 145 的支持票,暂缓取消照明合约的决定。③

与此同时,纳税人特别会议上通过决议,指示工部局自 6 月 30 日以后,将"上电"在过去一年中执行合同的情况,以及如果合同续期一年,该公司是否有能力使租界一些主要街道的照明情况让纳税人感到满意,做一份报告,并致函该公司,询问他们:第一,公司现在是否已备有两部蒸汽机以及完全配套的两部发电装置,以便其中一部出现故障时可使用另外一部;第二,对工部局电气工程师所建议的要改换接头和绝缘器是否已完成;第三,公司是否准备了必要的设备以进行检验,同时公司是否能保证每一盏电灯能发出相当于 2 000 支蜡烛所发的光。纳税人会议决定必须在得到工部局工作人员所提出的一份肯定的报告的前提下,才会考虑续约现行合同。④

按照工部局的要求,为了证明自身已具备充足实力,"上电"不得不按照工部局的要求,新添了设备,才在 1885 年 6 月电力照明合约到期前夕,向工部局证明:"电厂已安装好两台发动机,运转正常,其中一台已使用了一些时候,它承担着发电所需的全部工作;一台性能充足且良好的锅炉,也已和备用发动机连接在一起。在院子内还装有一台 36 匹马力的旧发动机,可为一部分灯临时供电的旧发动机,两台每台可为 40 盏路灯提供相当于 2 000 支光电力的发电机,以及两

① 《上海公共租界工部局年报(1884 年)》,上海市档案馆藏,卷宗号:U1-1-897。

②③ 《上海公共租界工部局年报(1885 年)》,上海市档案馆藏,卷宗号:U1-1-898。

④ 上海市档案馆编:《工部局董事会会议录》第 8 册,第 624 页。

台小型发电机,每台可为 16 盏灯供电。电线已重新刷上绝缘漆,老式的铜接头已被新式的焊接接头所取代”①,方才勉强保住了此后一年 60 盏电气路灯的续约资格。②

然而“上电”无法人资格与当局签订照明合约等企业建制问题仍然存在。因此,工部局决定,保有现行照明合同,但不再与公司签订新的照明合约,增加电气路灯的数量,如若再次出现重大照明事故,立即取消与公司的照明合同。③电力照明产业份额因此停滞不前。

在此情势下,“上电”公共照明的业务空间难图发展,面对无利可图的企业,股东们打起退堂鼓,董事会成员间产生意见分歧,企业内部动荡不稳。立德禄本人也于 1888 年 7 月 31 日后正式离职,董事长魏特莫(W.S.Wetmore)却希望把公司继续办下去,于是“上电”被迫重新招募股本,以 2 万银两收购原公司,改组为新申电气公司(New Shanghai Electric Company),7 月 27 日登报招股 4 万两银,额定资本 10 万两,每股 100 两,最初实缴 3 万两银④,由凯姆浦贝尔(R.M.Campbell)出任董事长,入局主持公司事务,10 月 25 日正式办理移交手续,11 月 1 日起继续履行与工部局签订的现行路灯合同。⑤

综上所述,“电业为一种独占性之公用事业,故其业务上之职责第一为公众社会服务,以供电安全为主要条件”。⑥而“上电”作为商业股份公司,有它企业营利以及规避风险的诉求,在独占公共租界电力照明产业经营权的有利环境下,公司寄望取得市占之后再图发展,但是公司本身人单力薄,建制很不完善,股东们把经营策略放在以有限的设备和技术的投资降低发电、输电成本上,致使企业营运能力低下,产业基础薄弱,照明质量欠佳。这与当局发展公用事业建设的意图两相抵触,不能给工部局以及纳税人以足够的信心,让电力照明执行为整个公共租界地区照明的任务。因此,在工部局一丝不苟的市政监管措施中,同时坚持煤电两家竞争,以便促使公用照明费用不断降低,给租界纳税人提供优质照明服务的宗旨下,“上电”图划通过扩大供电需求来降低发电、输电成本的算盘落空,电力产业营运步履维艰。

---

① 上海市档案馆编:《工部局董事会会议录》第 8 册,第 625 页。

② 《上海公共租界工部局年报(1885 年)》,上海市档案馆藏,卷宗号: U1-1-898。

③ 上海市档案馆编:《工部局董事会会议录》第 8 册,第 635 页。

④ 《新上海电气公司》,《申报》1888 年 8 月 14 日,第 10 版。

⑤ 《上海公共租界工部局年报(1888 年)》,上海市档案馆藏,卷宗号:U1-1-901。

⑥ 朱大经:《十年来之电力事业》,载谭熙鸿主编:《十年来之中国经济(1936—1945)》,第 53 页。

第五节 从“管理者”到“经营者”:政企论战与“上电”的公营道路

在工部局坚持煤电市场竞争与严格监管照明工程、质量的态度下,“上电”生存面临着严峻的形势。首先,企业因历年来的照明故障罚金,①设备的添设,②以及停滞不前的照明份额,亏损连连。仅1883年一年时间,公司股价就从年初的70两跌至岁末的30两,全年800股亏损竟达3.2万两之多。③至1888年,刚上市时面值100两,市值达160两的股票,④只剩下3.5两,形同废纸。⑤股东投资的热情也因此减淡,改组后的新申电气公司的股票已不再炙手可热,计划先集400股,由内部申购210股,余下190股向社会公开发行,结果都未能募齐。⑥

其次,“上电”的盈利空间和产业发展空间受到煤气灯竞争的挟制。一方面,公司改组前受到煤电竞标挟制,盈利空间小,已造成营收不足。新申公司成立后,作为竞争对手的煤气公司,仍秉持着对煤气一般收费进行周期性减价的惯例。1889年12月19日,煤气公司再度提出降价,以每盏路灯每月2.7元的固定收费,与工部局签订了从翌年7月1日起至1893年6月30日止为期三年的公共照明合约。此后,又于1890年9月,以13盏煤气路灯每年仅412元的价格优势,成功投标在四川路、乍浦路、文监师路及昆明路等延伸路段的公共照明权。这13盏煤气路灯可媲美5盏电气路灯照明效果,年费却只有电灯所需费用的三分之一。⑦

煤气公司的降价举措,迫使“上电”也不得不向工部局提供照明价格优惠来

① 据载,“上电”于1883年7月起执行照明合约1个多月,就因照明质量不佳,不能完全省却煤气灯,35天电费875两就被工部局扣掉75两银。见《工局议事》,《申报》1883年8月23日,第1版。另据统计,从1884至1888年公司改组前,工部局历年的公共电力照明支出分别为11 827.89两、14 899.80两、15 175.76两、15 152.97两、15 090.88两,60盏灯一年约为15 600两,可见每年的电力罚金要达几百两之多。参见《上海公共租界工部局年报(1882—1928年)》,上海市档案馆藏,卷宗号:U1-1-895~U1-1-941。

② 1884年11月27日,电气工程师毕晓普向工部局报告了“上电”所需添设的电气设备和费用:2台每台可供16盏电灯的发电机及其附件3 520两;1台100匹马力的蒸汽机4 400两;电光测试仪器800两;电钻等工具600两;电线接头和绝缘器1 500两;房屋转换装置260两,总计11 080两。参见《上海公共租界工部局年报(1885年)》,上海市档案馆藏,卷宗号:U1-1-898。

③ 《各公司名目》,《申报》,1884年1月23日,第8版。

④ 《1882年6月8日各股市价》,《申报》,1882年6月9日,第9版。

⑤ 《1887年1月9日各股市价》,《申报》,1887年1月13日,第9版。同时参见附表《上海电气公司股价一览表》。

⑥ 《新上海电气公司》,《申报》,1888年8月14日,第12版。

⑦ 上海市档案馆编:《工部局董事会会议录》第10册,第680、683、699页。

换取新的照明合同。1891 年,“上电”被迫以每盏电气路灯原本 220.93 两的年平均收费降为 210 两,来换取从 1891 年 7 月 1 日起至 1893 年 6 月 30 日止为期两年的照明合同。①

另一方面,在“上电”履行了 6 年公共电力照明合同期间,电气路灯在大马路上的照明效果并不能如“上电”投标方案所述,体现出“以一代四”的技术优势,尤其是与主干道交叉的小路拐角,因省却了原先的煤气灯而昏暗不已,工部局由此恢复了煤气公司在此类地段的照明权。自 1889 年,工部局又陆续安排煤气公司在北四川路、北江西路、乍浦路、崇明路、武昌路、礼查路、广东路和福州路的一段、兆丰路和邓拓路转角的熙华德路、北河南路、文监师路、伯顿路等路段分别增添了煤气路灯②,使其数量迅速增至 1889 年的 342 盏③、1890 年的 391 盏④、1891 年的 410 盏⑤以及 1892 年的 483 盏。⑥

在此不利情势下,新申电气公司董事长凯姆浦贝尔(R.M.Campbell)在 1889 年工部局纳税人会议上据理力争,终于说服当局与公司签订了一年电力照明的新合同,将电气路灯总数从 60 盏增加到 72 盏。⑦同时,1890 年 2 月,新申公司从英国引进新式户内交流白炽灯设备获得成功,公司业务可借此打入民用市场,为企业发展带来生机。此灯使用方便,灯泡寿命长达 1 000—2 000 小时,亮度由用户选择,而且不按灯头收费,仅按耗电量计价,一经推出就受到欢迎,申请安装的

---

① 上海市档案馆编,《工部局董事会会议录》第 10 册,页 762;《上海公共租界工部局年报(1891 年)》,上海市档案馆藏,U1-1-904。

② 上海市档案馆编:《工部局董事会会议录》第 9 册,第 739 页,第 10 册,第 767、773、780、785,第 11 册,第 539 页。

③ 1889 年新增的煤气路灯分别位于:北江西路 3 盏、北四川 1 盏、乍浦路 3 盏、崇明路 4 盏、浙江路 6 盏。参见《上海公共租界工部局年报(1889 年)》,上海市档案馆藏,卷宗号:U1-1-902。

④ 1890 年在汇山路(Wayside)和军营路(Camp)之间的杨树浦路(Yangtsze-Poo)新增 33 盏煤气路灯,新近并入华人公园的滩地新增 3 盏煤气路灯,四川路、乍浦路、文监师路及昆山路等延伸路段新增 13 盏煤气路灯。参见《上海公共租界工部局年报(1891 年)》,上海市档案馆藏,卷宗号:U1-1-904;上海市档案馆编:《工部局董事会会议录》第 10 册,第 683、699 页。

⑤ 《上海公共租界工部局年报(1891 年)》,上海市档案馆藏,卷宗号:U1-1-904。

⑥ 1892 年煤气公司在英租界(English Settlement)新增 44 盏煤气路灯,包括外滩 1 盏、广东路 1 盏、浙江路 2 盏、福州路 1 盏、福建路 5 盏、湖北路 3 盏、广西路 2 盏、贵州路 3 盏、南京路 1 盏、宁波路 1 盏、北京路 2 盏、山西路 2 盏、山东路 2 盏、松江路 6 盏、四川路 1 盏、天津路 1 盏、西藏路 4 盏、芜湖路 2 盏、无锡路 1 盏、云南路 3 盏,共 44 盏;在虹口区新增 24 盏煤气灯,包括乍浦路 1 盏、狄斯威(现栗阳路)1 盏、汉璧礼路 8 盏、玛礼逊路(Morrison)2 盏、熙华德路 3 盏、北山西路 4 盏、天潼路 2 盏、武昌路 1 盏、吴淞路 2 盏,共 24 盏;加上静安寺路的 5 盏,总计新增 73 盏。参见《上海公共租界工部局年报(1892 年)》,上海市档案馆藏,卷宗号:U1-1-905。

⑦ 孙宏良:《从上海电气公司到工部局电气处》,上海市政协文史资料委员会编,载《上海文史资料存稿汇编 8》,第 100 页。

用户连续不断,在公共租界的洋行、公司、会所、领事馆、办公场所及私人公寓推广使用,使公司利润不断上升。①

可惜好景不长,1892年煤气公司董事长珀尔登(J.G.Purdon)当选为工部局董事会董事长,在政策上有所倾斜,使工部局与"上电"的关系演变成为煤电竞争中的另一政治战场。珀尔登抓住电线杂乱无章的问题大做文章,特别强调自1890年"上电"正式引入室内白炽灯电力照明线路后,造成架空电线格局更为混乱不堪的情况,声称这不符合标准,且威胁公众人身安全,要求"上电"尽快将输电线改成地缆,以挟制公司业务的发展。②这对企业的生存可谓是雪上加霜,终成压垮公司的最后一根稻草。

鉴于上述情况,工部局特别委派了工务委员会的测量员检测、报告电线的架设情况:电报线、电话线、电灯线彼此之间使用共同的电线杆架设,且相互紧靠,非常危险;租界道路狭窄,人行道或有或无,致使在过于狭窄的街面,电线与房屋靠得很近;建议工部局授意各公司就电线位置的调整问题进行协商,以保证公众的安全和方便。③

然而,调整变更电线的位置,所需费用十分庞大,这关系到电报、电话、电气几家公司的切身利益,各家均不愿让步。1890年年底,沪上几家电报公司抢占先机,致信工部局,声称:"电灯线紧靠着他们的电报线,导致他们的电报线和贵重器材等遭到了严重损坏"④,"自己架设电线是经工部局批准,对公众和个人的安全和方便都没有影响。而其后架设的电灯线因与电报线过于靠近,是不断造成危险的原因。因此,电气公司理应对必须进行的迁移负担全部费用"。⑤

大北电报公司(Great Northern)和德律风公司(Imp. Chinese Telegraph)的经理们更是致信工部局就安全问题提出控诉:"电力照明强大的电流已严重干扰了电报线路的工作。特别是在电灯线、电报线交接后,电流沿着电线流入电报站,危及操作人员的生命安全,损坏器材并易引发火灾。不久前就差点因为两线接触而酿成大祸,所幸当晚电报线并没有在工作。"并一再要求工部局对架设电灯线作出相关规定,以保护电报公司的人员和财产。⑥

---

① 孙宏良:《从上海电气公司到工部局电气处》,载上海市政协文史资料委员会编:《上海文史资料存稿汇编8》,第101页。

② 孙宏良:《从上海电气公司到工部局电气处》,载上海市政协文史资料委员会编:《上海文史资料存稿汇编8》,第101页。

③ 上海市档案馆编:《工部局董事会会议录》第10册,第712、714页。

④ 上海市档案馆编:《工部局董事会会议录》第10册,第708页。

⑤ 上海市档案馆编:《工部局董事会会议录》第10册,第715页。

⑥ 《上海公共租界工部局年报(1892年)》,上海市档案馆藏,卷宗号:U1-1-905。

由此,以珀尔登为首的工部局董事会抓住机会,将“上电”铺设地下电缆问题提上了议事日程。自1892年年初至7月的大半年中,工部局董事会同“上电”一直在就架空电线埋入地下事宜进行论战。事实上,早在1884年2月,工部局曾提出过铺设地下电缆的要求。这一要求在当时,曾被电气公司以世界地下电缆技术尚不成熟,以及在上海难以付诸实践为由拒绝。

> 地下电缆的实现有相当大的困难。到目前为止,根本没有成熟的地下电缆设施能够适合像印度一样的气候,夏季,地下积聚了大量的热气……在孟买,从六月到九月的大雨天气,导致配电盒中注满了雨水,绝缘体失效。而在上海面临着比孟买更为巨大的困难,土地因常年积水造成的盐碱化问题,以及夏季经常发生的暴雨天气,致使配电盒不能免于雨水的浸湿……这亦将危及正常的输电、供电……即使改进完善了一套适合上海情况的地下电缆设备,费用也异常昂贵,公司无力支付,更何况上海道路下管道(下水道、排水管、煤气管道)林立,将电线铺设地下情况就更为复杂。①

时至8年之后,英国商务部(the English Board of Trade)已明确规定禁止在人口密集的城市使用架空电线。②鉴于上海每英亩(acre)214人的高人口密度③,以及道路的狭窄状况,为了公众的安全和城市的建设,所有的架空电线理应均埋入地下。而在现实操作层面,美国电气工程师们也已纷纷证实地下电缆无论在技术上,还是经济价值上都具有可行性,推翻了先前“上电”列陈地缆铺设困难的说辞。

> 第一次铺设地缆的费用也许要远高于架空电线,但地缆使用的年限要更久,且无须经常维修,因此长远看来经济实用许多……雨水并不会损坏规范安装的电缆,反而能延长特定种类地缆的寿命……地下湿气对于地缆绝缘装置影响微乎甚微,不会阻挠其正常工作……高压电流电缆完全能在地下工作自如……酸性物质、有害气体,甚至土地的盐碱化问题,对于地缆的实际工作并无大碍。④

---

① 《上海公共租界工部局年报(1884年)》,上海市档案馆藏,卷宗号:U1-1-897。

② *Electrical Review*, December 11, 1891.

③ 相较而言,伦敦(London)每英亩53人、巴黎(Paris)121人、柏林(Berlin)83人、布鲁塞尔(Brussels)76人。《上海公共租界工部局年报(1892年)》,上海市档案馆藏,卷宗号:U1-1-905。

④ 《上海公共租界工部局年报(1892年)》,上海市档案馆藏,卷宗号:U1-1-905。

针对此种情况,1892 年 1 月 21 日,工部局正式表态,坚持不准架空电线再予延伸,并要求公共租界内的道路,除外滩外,所有从外滩开始的横路或正道的照明电线、电缆均必须埋入地下。而目前已批准架设的电线亦必须在一年内埋入地下。①

工部局出示的态度对“上电”来说不啻为严重一击,不仅危及它现实的经营、利益,更对其生存产生影响。在紧接着的半年中,“上电”就地缆铺设的可行性问题与当局进行了持久论战,表示对工部局拟将采取的措施深感为难,并提出种种理由来捍卫架空电线继续存在和延伸的权利:

首先,电气公司认为,英美国家公认的电气权威对铺设地缆问题也是意见不一的。②英国最新报道就指出,地缆的铺设无疑加剧了对人身和财产的危险程度。而其地缆的铺设,从根本上说源于不同的发电中心对密集的居民住宅提供不同的照明线路,从而使得电线的数量和分布繁复交错。而上海只有一个发电中心,居民住址亦相去甚远,不存在英美城市在电力线路方面的问题。

法律上,伦敦市政府于 1891 年 12 月草拟了相关法案,也并未明令禁止架空电线的使用。英国商务部亦于 1892 年 1 月 4 日,准许在特定地区设置架空电线,以满足公众现实生活的需要。③

其次,就架空电线本身的安全性方面而言,也许架空电线本身存在一定的安全隐忧,但公司在过去 11 年中,并未发生因电线架空而导致的事故。因为沪上道路虽然狭窄,但在白天交通拥挤之时电灯线是完全停止工作的,只有到夜晚人流稀疏之时才开始通电工作。且公司将严格遵守英国商务部的规定,禁止在靠近任何建筑物 6 英尺内架设电线,以保证公众人身、财产的安全。④在沪侨民更无反对架空电线之意。⑤为证明这点,1892 年 2 月,“上电”还特意在与工部局商议架空电线的架设事宜的书信中,附上了九江路居民与企业主赞成使用架空电线的联合签名书。⑥

再次,“上电”与工部局之间存在着照明协议。新公司成立伊始,工部局及绝大多数纳税人表态支持电力照明的发展和普及,公司亦一直恪尽职守地履行着为公共租界提供电力照明的职责,且于 1890 年成功引进了白炽灯照明系统,⑦

① 上海市档案馆编:《工部局董事会会议录》第 10 册,第 791、795 页;《上海公共租界工部局年报(1892 年)》,上海市档案馆藏,卷宗号:U1-1-905。

② 上海市档案馆编:《工部局董事会会议录》第 10 册,第 793 页。

③④⑥ 《上海公共租界工部局年报(1892 年)》,上海市档案馆藏,卷宗号:U1-1-905。

⑤ 上海市档案馆编:《工部局董事会会议录》第 10 册,第 797 页。

⑦ 《上海公共租界工部局年报(1893 年)》,上海市档案馆藏,卷宗号:U1-1-906。

为私人用户提供更好的电力照明服务,并努力将公共照明收费降低了16%,对租界的照明事业作出了巨大贡献。现今,公司正在租界普及、完善白炽灯照明系统的应用,而地缆的铺设将打乱这一进程,并使公司损失一大笔钱财和物资。①

最后,公司本身无力实现地缆的铺设任务。根据当时的估计,将现有电线埋入地下,约耗资80 000两白银,超出了公司实收股本的一倍半。如果硬是要进行地缆的铺设工作,将意味着电气公司不复存在。否则,公司不得不极大提高照明价格,而这会使得公司在公用照明或私人照明领域无法与煤气公司竞争。②

“上电”以英国现行规定为依据,加上经过实测并用部分使用者的联合证明据理力争,使得以珀尔登为首的工部局董事会面对此等申诉一时无以应对,只得作出暂缓执行的决定。③工部局考虑到架空电线的继续存在并非不可调和的矛盾,更何况“上电”着实无力承担将电线埋入地下的费用,逐渐放宽了口径。先是在1892年5月不再坚持将现有的电线埋入地下,只保留要求铺设地缆的权力④,而后又批准了“上电”在北四川路和昆山路拐角处新房,架设连接房屋的架空电线。⑤同年7月,工部局正式表态,不再拘泥于从前的决定,准许在遵守英国商务部规定的前提下,继续延伸架空电线。⑥“上电”据此又相继取得了为上海公济医院新建边房架设电线,提供照明的许可。⑦

综观“上电”在此阶段的发展,可谓费尽周折。“上电”本想借着发展白炽灯再图出路的战略方针再度受挫,公司出路渺茫。改组前公司受竞标挟制,营收不足。同时,公司在技术应用初期,为适应上海地方的建设条件,需要大量的试验工作,难免过程迂回、重复建设,这之中又需要耗费大量的时间和资金,面对地缆化所需的庞大资金,设备、财力、人力、物力上皆捉襟见肘,根本无力承担;后期再图发展却又受到当局政策的直接阻挠,终究无力回天,而地缆化又将是大势所趋,对此股东们也不愿意再承担产业发展“投资高,回报小”的压力。

此时如果政府不出面支持和保障,产业将难以为继。1893年3月的工部局纳税人会议上,华德·霍尔医生(Dr.Ward Hall)提出收购新申的议案,建议当局效仿英国大城市将电力业控制在政府手中的经营管理模式,同时能给租界公众提供更好的电力照明服务,收购“上电”。但以珀尔登为首的反对派极力反对当

① 《上海公共租界工部局年报(1892年)》,上海市档案馆藏,卷宗号:U1-1-905。

②④ 上海市档案馆编:《工部局董事会会议录》第10册,第809页。

③ 孙宏良:《从上海电气公司到工部局电气处》,载上海市政协文史资料委员会编:《上海文史资料存稿汇编8》,第101页。

⑤ 上海市档案馆编:《工部局董事会会议录》第10册,第812页。

⑥ 上海市档案馆编:《工部局董事会会议录》第10册,第825页。

⑦ 上海市档案馆编:《工部局董事会会议录》第10册,第821页。

局接收这样一家无人愿意经营的烂摊子。最后由纳税人集体投票，才以61对59票通过这项议案。①

收购计划随即于1893年4月被摆上桌面。4月中旬，工部局正式致信电气公司，征询“他们是否准备把所有房地产、设备和相关业务出售、移交给工部局，如果是那样，按什么价格和条件”。电气公司回信表示已做好出售准备，愿意以合理的价位出售，并准备建议他们的股东按股票票价加上从1892年12月31日直至支付日期为止7%的利息，售出股票。②

当局仔细分析了由工部局工程师和会计师递交的电气公司财产、负债、业务方面的报告③，提出并研究购买的可行性方案，交由纳税人会议通过。④同年6月，工部局对“上电”的收购计划正式提上日程，授权工务委员会对电气公司的收购事宜作出必要的安排。⑤

实际上，早在1884年12月20日，在“上电”因无力担负发展电力技术庞大资金、设备投资而陷入经营危机之时，该公司曾以公众利益为由，致信工部局董事会，提出过政府收购计划，建议当局买下公司为租界提供照明的发电厂和机械设备。当时，工部局董事会权衡再三，一方面致信煤气公司，询问该公司承担整个租界照明的可能性。另一方面咨令毕晓普估算收购设备、营运电厂所需费用。⑥1885年2月5日，毕晓普回复工部局，指出以电厂当时的设备，只能为60盏电灯供电，而要供应整个租界的照明则需要160盏电灯。同时他还列出了详细的费用估价，约莫91 220两设备投资。其中电厂现有设备25 000两，需添设设备39 170两，每年营运费用22 550两，设备折旧费为7%计4 500两。⑦

鉴于电力照明的高昂成本，并与煤气公司以115盏布雷式路灯每年1 700两的公共照明提案作了比较之后，董事会认为收购时机尚不成熟，遂拒绝了“上电”的请求。⑧

---

① 孙宏良：《从上海电气公司到工部局电气处》，载上海市政协文史资料委员会编：《上海文史资料存稿汇编8》，第101—102页。

② 上海市档案馆编：《工部局董事会会议录》第11册，第543页。

③ 上海市档案馆编：《工部局董事会会议录》第11册，第547、549页。

④ 上海市档案馆编：《工部局董事会会议录》第11册，第551页。

⑤ 上海市档案馆编：《工部局董事会会议录》第11册，第555页。

⑥ 上海市档案馆编：《工部局董事会会议录》第8册，第600页；《上海公共租界工部局年报(1885年)》，上海市档案馆藏，卷宗号：U1-1-898。

⑦ 上海市档案馆编：《工部局董事会会议录》第8册，第607页；《上海公共租界工部局年报(1885年)》，上海市档案馆藏，卷宗号：U1-1-898。

⑧ 上海市档案馆编：《工部局董事会会议录》第8册，第604页；《上海公共租界工部局年报(1885年)》，上海市档案馆藏，卷宗号：U1-1-898。

事隔多年之后,电力作为一种新的能源方式,为人们生产、生活提供光源的前景显而易见。由政府当局统一管理经营,在城市电力照明事业发展初具规模却尚未普及的态势下,不失为一种有效的经营模式。一来可由政府担保,统一发行债券筹款,解决电力设施建设初期巨大的设备及资金投入;二来可由政府全力监督,在公私照明服务中尽可能保障纳税人的权益;三来,在由电气公司经过10年的摸索、尝试、反复实践阶段,已证明电力照明满足现实需求、经营的可行性,并为政府节省了相当费用,而今后的此项收益亦有相当可观的前景。可谓对当局和租界纳税人是一个双赢的选择。基于此,工部局在事隔9年后,主动提出了收购电气公司,以60 765两白银的收购价,于1893年9月1日正式接管“上电”,成立了工部局电气处(Electrical Department of Municipal Council),开始了为期近36年自营公共租界电气事业的历史。①

小 结

综观近代上海电力照明产业起步的历程,是在公共租界内由英籍商人牵头创办,从英美引进技术,并由工部局以管理市政建设的方式建设起来的,从而明显打上了“西方印记”。在这个过程中,产业的发展受到一定的政治、经济、社会环境等诸多因素的影响。例如,“上电”草创之初,正逢上海发生金融风潮,银根奇紧,商号告贷无门,企业的生存遭受严峻打击,企业股票价格狂落,“上电”亦受到影响。②又如,中外局势对企业经营发展的影响。1884年,中法战争爆发,鉴于中法交恶有可能造成的骚乱局势,工部局为保周全,要求煤气公司重新安置和检查已经省却的煤气灯,准备在有需要时随时重新点燃。③再如,前文所述的煤气公司“恩威并施”同当局交涉,试图得到稳定长期的照明合约,阻碍到电力照明份额的扩充。但应该说,一时的经济萧条、社会动荡、权益争斗并未成为影响近代上海电力照明产业起步的决定性因素。

与此同时,民众的态度,也并非上海电力照明业的阻碍力量。一方面,民众对于电这种“神秘”的能源形态,从排拒到接受这种自然的心理过程,是对待新事物所持的普遍态度,亦是伴随着电力照明技术从不成熟走向日渐完善的必然过

---

① 上海市档案馆编:《工部局董事会会议录》第11册,第563、571页;《上海公共租界工部局年报(1893年)》,上海市档案馆藏,卷宗号:U1-1-906。

② 刘广京:《一八八三年上海金融风潮》,《复旦学报(社会科学版)》1983年第3期;洪葭管:《一八八三年上海金融风潮》,《中国金融》1987年第5期。

③ 《上海公共租界工部局年报(1885年)》,上海市档案馆藏,卷宗号:U1-1-898。

程。一种新的科技文明的出现，必将经过报刊、教育宣传，以及现实推广，潜移默化中为人们日常生活所习惯。中西皆是如此。仅就英国为例，电力照明初创之时，人们对其功用就深感质疑，有打油诗云：

Twinkle, twinkle little arc,
Sickly, blue uncertain spark;
Up above my head you swing,
Ugly, strange expensive thing!
Cold, unlovely, blinding star,
I've no notion what you are,
How your wondrous "system" works,
Who controls its jumps and jerks.①

另一方面，就近代上海而言，报章评论、新闻报道更多反映出的“民意主流”是对之浓厚的兴趣与欣然接纳，抵制情绪甚微。甚至可以说，电力照明技术的引进一定程度上是民众现实生活所需的结果。兹举几例：“上电”草创之初，私用电力照明便推行益广，“一品香总会，英法租界各烟馆皆次第试点”②，“华人所开之店铺装点者亦不乏人”。③1883年，“上电”引进布拉什白炽灯系统后，首批天鹅牌白炽灯就在外滩附近的一些办公室使用。1884年1月，公济医院就装上白炽灯，此后业务逐步扩展。此外，自该年起，“上电”的业务还包括“出售布拉什电气机、大小各种电气灯，并可定包城乡码头装设电灯，无论大小房屋，亦均可来定”。④

再者，期间沪上对电力照明称羡之词更是比比皆是。诸如：“阴阳相薄电光凝，参透元机引作灯。白昼不明空仰望，黄昏有焰竞趋承……电灯高下灿檐端，耿耿辉光照夜阑。皓月繁星弥望是，往来人当月宫看……无际无端献玉盘，雨中犹见月团团。万家灯火无颜色，疑是明皇入广寒……电灯装设有公司，各式琉璃罩亦奇。制器广通传气线，一经开放火如丝……租界高悬电气灯，照人浑讶月华

① Quoted in Ido Yavetz, *A Victorian Thunderstorm: Lightning Protection and Technological Pessimism in the Nineteenth Century* (Yaron Ezrahi et al., Amherst: University of Massachusetts Press, 1994), p.68.

② 《广置电灯》，《申报》，1882年10月7日，第2版。

③ 《饬查电灯》，《申报》，1882年11月1日，第3版。

④ 《上海电气公司告白》，《申报》，1884年1月1日，第8版。

升。天工巧被人工夺,到此城宜不夜城……陨落银河万点星,电灯地火烛宵征。笑渠碧海青天月,似畏灯光不敢明……天气新灯十里明,瀛寰各岛尽知名。紫明供奉今休羡,自有通宵彻夜檠……辉煌会否金蛇掣,炫耀争如玉兔升。信是气中藏霹雳,消除乖戾现祥征。”①

可以说,正是来源于民众“自下而上”的生活所需,商人才会投资办电,再经由当局监督、推广,民众对电力照明渐渐熟悉,产业才能普及,进入寻常百姓的生活。

正是工部局的产业政策与市政管理方法,对近代上海电力照明产业的兴起与初期发展起着至关重要的作用。综观前文所述欧美各国悬灯办电的经验,亦有此特点。这也是学者们在既往研究中相对忽视的因素。

近代上海电力照明产业兴起与初期发展过程中始终贯穿着“上电”与“上海煤气公司”这两个英国人的产业经营之战,工部局则扮演了“裁判员”“执法员”,从“市政管理者”到“经营者”的角色,规划与协调着公共照明领域电力照明产业的规模、质量及其进程,对产业以及承建电企本身起着至关重要的影响。应该说,工部局所代表的是公共租界纳税人,特别是在沪洋商的权益,这种身份与由英商投资兴办的“上电”的产业经营、发展有相互博弈的关系。

其一,工部局的态度成为产业兴办与否的先决条件。应当看到,电力照明技术虽然进步,但并不代表它能取代传统照明工具,更何况是在技术尚待成熟完善的发展初期,没有掌权者的首肯与支持,电力照明产业难以为继。“上电”成立与公共电力照明特权的获得首先是得益于企业兴办人的政商身份与人脉;改组后的新申公司的产业发展再次陷入困局,也与竞争对手政商权力的挟制有一定程度的关联,及其由此出台的政府产业政策的影响;最终,在“上电”实在无力承担电力事业发展初期“投资大,回报小”的压力时,还是由当局挑头,续写产业发展篇章。

其二,工部局在公共租界道路照明方式上具有决策权。为此,煤电两家公司都是集中精力与当局交涉,在当局的批准下取得公用照明市场份额。而当局主要是运用经济手段,鼓励煤电市场竞争,自己则充当“裁判员”,依照“性价比”标准决定道路照明方式,促成公共租界路灯双轨制照明格局的形成。因此,“上电”曾一度在竞标方案中突出电力照明技术优势下所呈现的经济成本优势,同时结合降低部分路灯价格的优惠措施,以迎合当局的决策机制,从而在数次公共道路

① 顾炳权主编:《中华竹枝词全编》,第二卷·上海卷,北京出版社 2007 年版,第 11、167、273、254、259、437 页。

竞标中击败煤气公司，奠定了电力照明产业的最初规模，却也因此造成低价竞标营收不足，产业发展陷入恶性循环。

其三，工部局对公用事业负有监督与管理的责任。工部局管理公共租界电力照明产业的具体决策主要是通过工部局董事会与税人会议决议，两者都是由在公共租界生活的按章纳税的外国侨民代表组成，反映了居住在这个地区的西人社会的愿望。当局公共照明建设意图归根结底是为租界纳税人，尤其是纳税西人提供更经济、高效的道路照明服务。因此，当煤气公司和电气公司，在为了自身盈利需求而与当局公用事业建设意图有所抵触时，无论是煤气公司的"恩威并施"，还是"上电"的技术不过关，当局都没有妥协，而是以"执法人"的身份对照明质量进行严格的监督和把关，并坚持奉行煤电双规制来保障公共照明系统与照明质量的稳定。也因此，本身存在经营缺憾的"上电"无利可图，产业步履维艰。

此外，从经营产业本身的"上电"来看，正是该企业承办的电力照明工程的质量与技术问题，成为工部局所持态度与进行监管的关键。科技本来就是产业发展的基础，也是产品市场竞争的决定性因素。然而，"上电"从 1883 年乍浦路新厂正式投产时，设备就始终无法正常运行。当时工部局就试图恢复三马路的煤气路灯，并提出停止与"上电"的执行合同。公司不得不电告布拉什公司，请求派电气工程师来沪查明原因，才解决了设备的技术问题。①如此，即便是"上电"在独占公共租界电力照明资源相对优越的环境中，仍不免缺少源源不断的技术支持，能及时解决现实运营中的故障。此后，企业在资力方面的薄弱，在技术及科技人才方面的匮乏，以及洋商逐利的经营方法与心态，成为产业发展困局的关键所在。

这也使得近代中国电气事业的发展轨迹，与英美国家投资办电，从实验室成功走向商品化和技术移植的道路不同。殖民地的文化土壤使得"上电"能够在当局支持下，有效地引进国际先进技术成果，并凭借其技术优越性在租界照明份额中占据一席之地。但电力照明科技从直接引进到实际运作，都缺失了科学技术原创的一环，完全依靠从国外舶来设备、灯具②，随着英美发电悬灯的经验亦步亦趋。正如德国电气工程师、西门子的创始人西门子(Werner von Siemens)写的那样："科学研究是技术进步坚实的基础，一个国家倘若不能走在科研的前端，

① 孙宏良：《从上海电气公司到工部局电气处》，载上海市政协文史资料委员会编：《上海文史资料存稿汇编 8》，第 98 页。

② 上海市档案馆编：《工部局董事会会议录》第 9 册，第 735 页。

产业发展是不能站在国际领导地位的,亦无力支撑本国工业经济的发展。”①

总之,工部局的决定不仅催生了电力照明产业在近代上海的诞生,也影响着电力照明产业建设的每一步进程,此后电气处自营公共租界电气事业的历史自不待言。正是工部局在公共照明领域的现实建设和推广中,电力照明潜移默化被居民日常生活所习惯和接受。这也促使近代上海公共租界的电气事业建设能够紧跟英美步伐,且相较于国内其他省市遥遥领先,后在工部局和美国摩根财团的相继经营下,建成中国国内规模最大,设备容量及发电量“远东第一”的电力公司。

① The founder of Siemens & Halske, Werner von Siemens once wrote, “Research is the firm foundation of technological progress. A country's industry has no hope of attaining an international, leading position and sustaining itself unless it is in the forefront of scientific research.” quoted in Sigfrid von Weiher, *Werner von Siemens: A Life in the Service of Science, Technology and Industry* (Eng, trans., Göttingen: Musterschmidt, 1975), p.73.

第二章 “经营者”:工部局与近代上海电力照明产业的规模化之路

自1893年起,工部局接管“上电”,直至1929年间,工部局电气处作为经营者,全面推动上海公共租界的电力照明产业走向规模化之路。一方面,工部局电气处垄断了上海公共租界电气事业,并着手逐年统一发行债券筹款,以解决电力工业建设初期巨大的设备及资金投入;另一方面,工部局电气处着手引进英美先进的电力照明技术,全面推进公、私照明领域电气化的进程。其中,从1893年工部局计划收购“上电”,至1896年斐伦路电厂投产使用,完成了政府对企业的榫接,电力照明产业的市场份额稳步扩大。从1896年斐伦路电厂正式投产发电,至1912年间斐伦路主电厂时期,电力照明产业作为电气处售电经营的主要领域,产业规模逐年成长。1913年随着江边电厂开始供电,工部局电气处迎来一个新的发展阶段,工业用电迅速成长,公共租界的电力照明产业奠定主体规模。

第一节 公营事业的建立:从上海电气公司到工部局电气处

一、从商业股份公司到工部局专营

1882年由立德禄发起创办的上海电气公司,是由在沪西人集资筹办的商业股份公司,公司依靠引进美国布拉什电气公司的直流发电设备及电力照明系统,希望凭借新兴电力照明技术,率先在公共租界的公用照明市场中分得一杯羹。作为商业股份制公司,该企业董事多为在沪洋商,公司通过招股集资,以营利为目的,以规避风险,尽可能减少成本,增加收入为经营方针。①

“上电”在商业竞争领域内拥有显著的优势。对外,公司成为布拉什电气公司在上海、天津和汉口使用与销售其设备的唯一代理人,亦可使用布拉什电气公司以后的其他发明权;对内,公司获得了工部局授权,成为公共租界内发展电力

---

① 公司主要的董事会成员为:狄斯(C.M.Dyce,乔奈巴尼特洋行)、罗尔(E.G.Low,菲龙洛洋行)、魏特摩(W.S. Wetmore,弗雷泽洋行);法律顾问:迈伯夫·道达尔法律事务所(Messrs. Myburgh & Dowdall);秘书长:立德禄(R.W.Little)。参见 *The North-China Daily News*, May 10, 1882。

照明产业的唯一经营者。这些非常有价值的特许权,成为“上电”营利的关键。

但是,“上电”在与煤气公司照明权力的竞争,以及与工部局市政建设方针“性价比”权衡的博弈中,“上电”本身经营中的技术、资本、人力、物力的相对拮据,使得公司不足以支撑产业发展下去。最终,公共租界电力照明产业的发展走上了一条政府公营之路。

工部局之所以收购“上电”:一方面,在“上电”引入、发展电力照明产业 11 年后,公共租界的公用道路照明形成了在主干道大约 9 英里的街上遍用电力照明,小路及道路拐角约 20 英里的街道使用煤气灯,剩余 14 英里无照明设施的基本格局,初步奠定了近代上海公共照明领域电气化的基础①,由工部局收购企业的时机渐已成熟;另一方面,当局鉴于电力照明产业中相当比重的公共照明份额,公营的方式在营运与管理体制上也是适当的。

自 1893 年 5 月起,工部局正式启动了对“上电”所有电气设备及其经营业务的收购计划。5 月初,工部局工程师钱伯斯(Chambers)、蒂姆(Timm)和梅恩(Mayne)向董事会递交了关于“上电”设备的报告。董事会审核这一材料后,在工务委员会加以传阅。②5 月中旬,工部局会计师向董事会提供了关于电气公司财产、负债及其他细节的财务报表,董事会交由工务委员会审核。③5 月底,工程师和会计师对购买“上电”设备及有关业务的费用进行了大致估算:④

电弧灯设备(Arc Plant)		21 569 两
白炽灯设备(Incandescent Plant)		13 296 两
	34 865 两×7%利息	
		=2 440 两
白炽灯建设费用		15 000 两
煤、仓储物		8 500 两
需添设备投资:	改进设备费用	11 130 两
	购置新设备费用	9 160 两
		总计:81 095 两

工部局在大致估算收购费用后,同年 6 月 7 日,当局召开了纳税人特别会议,决议发行为期 5 年至 20 年总价值 80 000 两的电气债券,以购入“上电”公、

① 《上海公共租界工部局年报(1893 年)》,上海市档案馆藏,卷宗号:U1-1-906。

② 上海市档案馆编:《工部局董事会会议录》第 11 册,第 547 页。

③ 上海市档案馆编:《工部局董事会会议录》第 11 册,第 549 页。

④ 上海市档案馆编:《工部局董事会会议录》第 11 册,第 551 页。

私电力照明设备、资产和业务。①8月,工部局登报招股,申请截止日期9月18日,并于9月30日正式发行电气债券,总计800股。其中面值101两的债券159股,计16 059两;面值100两的债券641股,计64 100两,总值80 159两。②最终,工部局以"上电"已发行股票的总面值加上7%的年利息,总共60 765两,其中包括1892年该公司订购的白炽灯设备货款15 000两与存煤8 500两作价收购"上电"。③

1893年9月1日,工部局正式接管了"上电",成立了工部局电气处,由工部局勘察员查尔斯·梅恩(Charles Mayne)担任主任。工部局向轮船招商总局租赁下位于武昌路和乍浦路拐角处的地产,租赁期至1896年5月1日,作为工部局电气处的中央电厂地址。

至此,所有公共租界的电气事业归电气处经营和管理,电力照明产业经费用度纳入了工部局市政建设预算支出中,电气处本身的工程业务和财会事宜,直接受工部局工务委员会及财务委员会统一管理,须定期向两委员会递交工作报告,并每月向工部局董事会报告该处工程详细情形,包括安装的弧光灯和白炽灯设备、订货单、物资投标额等工作情况,以备提交每年的纳税人大会,接受纳税人大会的监督和评定。电气处下设有发电、馈电、用户工程、电表校验、秘书和事务总共6个处和1个技术咨询委员会。④

此外,1896年10月,工部局正式发布通知,规定公共租界电力只能由工部局来供应,电气设备也是由电气处制造,对上海公共租界电力事业具有专营权。⑤由此,电气处作为工部局内部的一个企业性质的部门,开始了工部局自营公共租界电力产业的历史。⑥

二、乍浦路电厂的扩建与斐伦路电厂的筹设

"上电"作为中国最早的电气事业经营者,产业规模尚处于起步阶段,电厂设备和发电能力都相当有限。1882年"上电"成立之初,创办了上海第一座发电厂,厂址建于南京路江西路路口的老同孚洋行(Olyphant & Co.)仓库内,配置了一台每平方英寸85磅(0.59兆帕)的卧管式锅炉、16马力(11.94千瓦)的单杠蒸汽机和一台16盏2 000支烛光的弧光灯直流发电机,锅炉补给水系统由于没有水源供给,装置了可存放6天用水量的储水箱。⑦

---

①②⑥ 《上海公共租界工部局年报(1893年)》,上海市档案馆藏,卷宗号:U1-1-906。

③ 孙宏良:《从上海电气公司到工部局电气处》,载上海市政协文史资料委员会编:《上海文史资料存稿汇编8》,第102页。

④ 上海市历史博物馆等编:《中国的租界》,上海古籍出版社2004年版,第85页。

⑤ 上海市档案馆编:《工部局董事会会议录》第13册,第543页。

⑦ *The North-China Daily News*, Septemper 1, 1882.

一年后，公司扩大经营，从英国订购蒸汽发电机组，并鉴于原厂址受到场地和水源的限制，“上电”以每年 1 500 两的租金，租赁下位于乍浦路的招商局仓库，将原电厂从南京路搬迁至乍浦路，建造了新厂。厂内装置了两台分别可供 40 盏弧光灯照明的发电设备。①直至“上电”出售前，公司在公共电力照明市场中的份额还不到近百盏电弧灯。

“上电”改组后，为了提高经济效益，扩展了照明业务，于 1890 年 2 月从英国引进新式户内交流白炽灯系统，购置了一台 25 千瓦单相交流发电机和 16 马力(11.94 千瓦)双缸凝汽式蒸汽机，同年 4 月正式投入使用。这种交流白炽灯较之弧光灯，适于室内使用，光线更为柔和，使用方便，亮度可供用户自由选择，灯泡寿命长达 1 000 小时至 2 000 小时，且并联安装，提高了照明系统的稳定性。此外，交流电替代直流电，可以提高输电电压，降低输电耗损。

但由于“上电”本身资金的匮乏，无力订购更多的发电设备，进一步扩大产业规模。1892 年 3 月，“上电”“招收新股 50 000 两以补足额定资本数目，没有成功”，股东会议决定要求股东们凑足 15 000 两以订购更多的机器，增股发展白炽灯计划。②

无奈事与愿违。一来，电灯线路混乱不符标准的问题日益凸显，促使当局出台政策将架空电线改为地下电缆问题摆上台面；二来，当时煤气公司的董事珀尔登当选为工部局董事长，更以电灯威胁人身安全为借口，对发展电力照明多有阻挠，使白炽灯系统在当时沪上的推广应用受阻。

工部局电气处成立后，便开始每年斥资购买电气设备，扩大电厂规模，以发展和满足日益扩大的公、私照明用电的需求。由于电气处所需大部分电气材料是从美国采购，工部局专门任命了布莱克尔先生，担任电气处在美国纽约的独家采购代理人，手续费按货物清单金额的 2.5％计算。由采购人负责向工部局提供有关电气设备及其发展的充分情报，进行采购、接受货物、检查包装、做好装船准备，然后将货物交纽约巴斯克·杰文公司以备转运上海。③

1893 年下旬伊始，工部局即开始着手追加弧光灯和白炽灯电气材料。该年总的费用估计是 1 211.157 英镑，其中用于白炽灯项目下的电气材料金额高达 544.15 英镑，弧光灯设备费用 667 英镑。④工部局为当时电气处配备了 2 台 40 马力的发动机、2 台 40 马力的移动锅炉、2 台 8 号布拉什电动机、3 台 7 号布拉什发电机、1 台 6 号布拉什发电机、1 台 5 号布拉什发电机，供弧光灯照明使用；

---

① *The North-China Daily News*, January 17, 1883.

② *The North-China Daily News*, March 18, 1892.

③ 上海市档案馆编：《工部局董事会会议录》第 11 册，第 622 页。

④ 上海市档案馆编：《工部局董事会会议录》第 11 册，第 562 页。

白炽灯设备则包括了1台16马力的马歇尔混合压缩发动机、2台25马力的马歇尔混合压缩发动机、2台“兰开夏”锅炉、2台37.5千瓦的莫迪-维多利亚交流发电机、1台25千瓦的莫迪-维多利亚交流发电机。①

继而，1894年工部局又在新设备，建筑物等投入总计估算达58 073两。其中，引擎、锅炉房、住宅、办公室、仓库、烟囱等资产22 500两，3条弧光灯线路扩建2 800两，3条白炽灯线路建设费4 675两，设备搬迁费4 550两，“兰开夏”(Lancashire)锅炉5 000两，交流发电机6 840两，变压器2 000两，白炽灯引擎2 744两，电线、保险盒、接头等7 000两。②

1894年，工部局电气处鉴于乍浦路发电厂租约，将于1896年5月1日期满的状况，加之，随着发电规模扩大，所需安装设备增多，原有厂房已不再适用，决定另选厂址，建造新的发电厂。于是，当局于1894年选定了在虹口斐伦路与余杭路拐角处的厂址，建造新电厂。同年11月，斐伦路电厂开土动工，两年后完工。

工部局为建造斐伦路电厂总共发行了135 000两债券。电厂由查尔斯·梅恩设计图纸，厂房与机组的布置均按英国最好的曼彻斯特市营电厂的设计，总造价24 569两。电厂占地面积达31 483平方英尺，蓝砖红墙，包括机房、锅炉房、车间、仓库、办公室、煤仓、电气监督员宿舍、水槽室等几个部分。其中，机房长116英尺，宽82英尺。电弧灯部在机房南侧，白炽灯部在机房北侧；35 000加仑容量的水槽；烟囱离地面120英尺，顶部内径6.5英尺，重812吨，是当时最大的砖砌烟囱。③

从1893年下旬工部局接收“上电”起至1896年底，电气处通过扩张工事，每年斥资，增设电气设备。经过三年多的建设，电厂设备资产从最初6万余两的赎购额，增长至25万余两，涨幅达74%。其中，弧光灯设备从1893年的2.4万余两，增长至1896年的7.6万余两，涨幅66.5%；白炽灯设备从1893年的3万余两，增长至1896年的近10万两，涨幅68.4%。④由此，1894年，乍浦路电厂可供白炽灯电力系统3 250盏。⑤至1896年5月23日，斐伦路电厂正式投产发电，已可为336盏弧光灯、13 200盏白炽灯提供照明用电，⑥显示出电气处电厂规模和供电能力的不断提升。

---

① 《上海公共租界工部局年报(1893年)》，上海市档案馆藏，卷宗号：U1-1-906。

② 《上海公共租界工部局年报(1894年)》，上海市档案馆藏，卷宗号：U1-1-907；上海市档案馆编：《工部局董事会会议录》第11册，第601页。

③ 孙宏良：《从上海电气公司到工部局电气处》，载上海市政协文史资料委员会编：《上海文史资料存稿汇编8》，第103页。

④ 《上海公共租界工部局年报(1893—1896年)》，上海市档案馆藏，卷宗号：U1-1-906～U1-1-909。

⑤ 《上海公共租界工部局年报(1894年)》，上海市档案馆藏，卷宗号：U1-1-907。

⑥ 《上海公共租界工部局年报(1896年)》，上海市档案馆藏，卷宗号：U1-1-909。

三、公共电力照明产业市场份额稳步扩大

随着工部局电气处电力设施的扩建,电厂供电能力的日渐提高。加之,当局主观上,积极推动道路电力照明的使用,公共电力照明业务日益扩大,电气路灯数量逐年递增。首先,公共电力照明路线方面。据统计,1894 年弧光灯电力照明线路延长 2.25 英里,1895 年弧光灯线路延伸约 1.4 英里,1896 年伴随新的中央电厂正式启用,弧光灯线路延伸 4.25 英里。①

其次,电气路灯的分布方面。自 1893 年 9 月 1 日,电气处正式接管"上电"后的 4 个月,就分别在天潼路和武昌路拐角的乍浦路上新增了 2 盏,四川路口的松江路新增 1 盏,吴淞路口的武昌路新增 1 盏,以及旗昌洋行(Russell & Co.)对面的外滩上新增 1 盏,总共 5 盏电气路灯,从而取代 17 盏煤气灯,②使电气路灯总数增至 88 盏。③(具体电气路灯分布情况详见表 11)

表 11 1893 年年底上海公共租界电气路灯分布表

地点(localities)	数量	地点(localities)	数量
外滩(Bund)	12 盏	静安寺路(Bubbling Well)	1 盏
松江路(Sungkiang)	1 盏	华人公园(Chinese Garden)	2 盏
广东路(Canton)	4 盏	外白渡桥(Garden Bridge)	1 盏
福州路(Foochow)	7 盏	百老汇路(Broadway)	16 盏
汉口路(Hankow)	3 盏	熙华德路(Seward)	11 盏
九江路(Kiukiang)	4 盏	武昌路(Woochang)	1 盏
南京路(Nanking)	14 盏	乍浦路(Chapoo)	2 盏
北京路(Peking)	4 盏	汉璧礼路(Hanbury)	2 盏
宁波路(Ningpo)	3 盏		
总计:88 盏			

资料来源:《上海公共租界工部局年报(1893 年)》,上海市档案馆藏,卷宗号:U1-1-906。

① 《上海公共租界工部局年报(1894—1896 年)》,上海市档案馆藏,卷宗号:U1-1-907~U1-1-909。

② 1893 年煤气路灯数量仍维持在 483 盏,其中 17 盏被电气路灯取代,分别位于外滩 1 盏、乍浦路 6 盏、武昌路 4 盏、天潼路 1 盏、吴淞路 2 盏、四川路 2 盏,松江路 1 盏;在其他道路又新增了 17 盏,分别位于湖北南路 6 盏、文监师路 6 盏、武昌路 13 盏、余杭路 1 盏、西藏路 1 盏。参见《上海公共租界工部局年报(1893 年)》,上海市档案馆藏,卷宗号:U1-1-906。

③ 《上海公共租界工部局年报(1893 年)》,上海市档案馆藏,卷宗号:U1-1-906。

1894 年,工部局电气处又分别在乍浦路、静安寺路、北四川路、吴淞路,以及北四川路、北江西路、北河南路的公用桥段新增了 12 盏电气路灯,分别位于:里摆渡桥(North Szechuen Road Bridge)1 盏、自来水桥(North Kiangse Road Bridge)1 盏、铁大桥(North Honan Road Bridge)1 盏、乍浦路 2 盏、静安寺路 2 盏、北四川路 3 盏、吴淞路 1 盏、中央捕房(Central Police Station)院落 1 盏。①

1895 年,工部局电气处在博物院路、北福建路、熙华德路、穿洪滨续增 8 盏电气路灯,分别位于:博物院路(Museum Road)1 盏、北福建路(North Fuhkien Road)3 盏、近汇山路的熙华德路 2 盏、北四川路以东的穿洪滨(Pok-chuen-hong Creek)2 盏。②(具体电气路灯分布情况详见表 12)

表 12 1895 年上海公共租界电气路灯分布表

地点(localities)	数量	地点(localities)	数量	地点(localities)	数量
外滩(Bund)	12	外白渡桥(Garden Bridge)	1	北福建路(North Fuhkien Road)	3
松江路(Sungkiang)	1	铁大桥(North Honan Road Bridge)	1	北四川路(North Szechuen Road)	3
广东路(Canton)	4	自来水桥(North Kiangse Road Bridge)	1	吴淞路(Woosung Road)	2
福州路(Foochow)	7	老垃圾桥(North Chekiang Road Bridge)	1	百老汇路(Broadway)	16
汉口路(Hankow)	3	中央捕房(Central Police Station)	1	熙华德路(Seward)	13
九江路(Kiukiang)	4	华人公园(Chinese Garden)	2	穿洪滨(Pok-chuen-hong Creek)	2
南京路(Nanking)	14	静安寺路(Bubbling Well)	3	乍浦路(Chapoo)	4
北京路(Peking)	4			汉璧礼路(Hanbury)	2
宁波路(Ningpo)	3				
博物院路(Museum Road)	1	**总计:108 盏**			

资料来源:《上海公共租界工部局年报(1895 年)》,上海市档案馆藏,卷宗号:U1-1-908。

1896 年,工部局电气处又在汉口路、北山西路、百老汇路、斐伦路、施高塔路、汉璧礼路、新记滨、虹口警察局新增 14 盏电气路灯,分别位于新记滨路(sing-kei-pang road)1 盏、汉璧礼路 2 盏、斐伦路 4 盏、施高塔路(Scott)2 盏、百老汇路

① 《上海公共租界工部局年报(1894 年)》,上海市档案馆藏,卷宗号:U1-1-907。

② 《上海公共租界工部局年报(1895 年)》,上海市档案馆藏,卷宗号:U1-1-908。

1盏、虹口捕房(Hongkew Police Station)1盏、盆汤弄桥(North Shanse Road Bridge)1盏、汉口路2盏,从而使电气路灯总数增至122盏。①每盏弧光灯每年的收费维持在200两左右,并从原先全年每晚通宵点亮改为与煤气灯相同的燃点方案,在每月月圆前后的四五天午夜时分熄灭。②(具体电气路灯分布情况详见表13)

表13 1896年上海公共租界电气路灯分布表

地点(localities)	数量	地点(localities)	数量	地点(localities)	数量
外滩(Bund)	12	外白渡桥(Garden Bridge)	1	北福建路(North Fuhkien Road)	3
松江路(Sungkiang)	1	铁大桥(North Honan Road Bridge)	1	北四川路(North Szechuen Road)	3
广东路(Canton)	4	自来水桥(North Kiangse Road Bridge)	1	吴淞路(Woosung Road)	2
福州路(Foochow)	7	里摆渡桥(North Szechuen Road Bridge)	1	百老汇路(Broadway)	17
汉口路(Hankow)	5	盆汤弄桥(North Shanse Road Bridge)	1	熙华德路(Seward)	13
九江路(Kiukiang)	4	华人公园(Chinese Garden)	2	穿洪滨(Pok-chuen-hong Creek)	2
南京路(Nanking)	14	静安寺路(Bubbling Well)	3	乍浦路(Chapoo)	4
北京路(Peking)	4	虹口捕房(Hongkew Police Station)	1	汉璧礼路(Hanbury)	4
宁波路(Ningpo)	3	中央捕房(Central Police Station)	1	斐伦路(Fearon)	4
博物院路(Museum Road)	1			施高塔路(Scott)	2
总计:122盏				新记滨路(sing-kei-pang road)	1

资料来源:《上海公共租界工部局年报(1896年)》,上海市档案馆藏,卷宗号:U1-1-909。

上述表格反映出:从1894至1896年的3年中,随着公共租界道路的拓展,工部局电气处主要在租界虹口区周围,及其道路桥段增设了电气路灯的使用,而原英租界范围内的电气路灯则基本维持了原貌。至1895年,在公共租界,基本形成了中、东、北、西四条弧光灯线路。其中,中部1号线路52盏、东部2号线路

① 《上海公共租界工部局年报(1896年)》,上海市档案馆藏,卷宗号:U1-1-909。
② 《上海公共租界工部局年报(1893年)》,上海市档案馆藏,卷宗号:U1-1-906。

60 盏、北部 3 号线路 25 盏、西部 4 号线路 14 盏,共 151 盏;①至 1896 年,中部 1 号线路 55 盏、东部 2 号线路 54 盏、北部 3 号线路 26 盏、西部 4 号线路 26 盏,总共 161 盏。②

与此相对,随着电气路灯线路的延伸和数量的增多,工部局亦逐步收缩了与煤气公司的公共照明合同。1893 年 6 月 30 日,工部局与煤气公司公共照明合同到期后,煤气公司提出续签 3 年合同的请求,并申请采用改进后的照明设备,对福州路段到泥城滨路段的南京路进行照明试验。③而工部局只同意以每月每盏 2.7 元的价格续约一年,且暂无打算使用煤气灯更新设备,并对近 10 年因电灯引入而未曾使用过的煤气灯每盏每月 25 分的 135 盏煤气灯终止付费。④

第二年,煤气公司再次提出以改进的煤气路灯照明设备,与工部局签订新一年的公共照明合同。鉴于新的煤气照明用具质量的未知性、价格及电力照明普及的趋势,工部局只同意照前例条件续签一年合同,谢绝了煤气公司安装改良灯具的申请。⑤加之,1894 年甲午中日战争爆发,中日之间的紧张局面,亦导致从日本进口了劣质日本煤,用于生产煤气,煤气路灯暗淡不明,遭到租界居民的投诉,影响到工部局对于煤气公司的态度。⑥

对于工部局的态度与决定,煤气公司只能作罢,无奈且愤懑地回复道:"公司同意续签为期一年的合同,但即使供私人用户的煤气年内可能降价,路灯的价格仍将不予减低"⑦,"原本公司希望以三年的稳定合约让利回馈,削减在此期间的煤气照明费用,公司且会为此扩大投资、壮大业务发展。同样公司相信,更新的照明设备无疑可使街道照明优于现有的电灯照明,且费用低廉。所有公司所做的努力,都是为了给公共照明提供更好的服务。而现在工部局的态度,使他们出于改进照明质量和服务的愿望成空。至于完全取消 135 盏备用煤气灯的使用,对于公司来说反而是件好事,因为这本来就是公司为了工部局的利益而顶着损失而为之的。"⑧

但是面对工部局致力于在市政道路照明领域,大力推行电力照明的意图,煤

---

① 《上海公共租界工部局年报(1895 年)》,上海市档案馆藏,卷宗号:U1-1-908。

② 《上海公共租界工部局年报(1896 年)》,上海市档案馆藏,卷宗号:U1-1-909。

③ 上海市档案馆编:《工部局董事会会议录》第 11 册,第 555 页。

④ 上海市档案馆编:《工部局董事会会议录》第 11 册,第 557 页。

⑤ 上海市档案馆编:《工部局董事会会议录》第 11 册,第 636 页。

⑥ 上海市档案馆编:《工部局董事会会议录》第 11 册,第 666 页;《上海公共租界工部局年报(1894 年)》,上海市档案馆藏,卷宗号:U1-1-907。

⑦ 上海市档案馆编:《工部局董事会会议录》第 11 册,第 559 页。

⑧ 《上海公共租界工部局年报(1893 年)》,上海市档案馆藏,卷宗号:U1-1-906。

气公司只得按部就班地与工部局签订每年所需燃点的煤气路灯合同。3 年时间里,煤气路灯还是不免被电气路灯取代若干的命运,数量逐年递减。1894 年,煤气路灯数从前一年的 483 盏减至 443 盏①,1895 年减至 441 盏②,1896 年又减至 419 盏。③

四、私人电力照明产业市场份额日益拓展

1890 年 2 月,新式户内交流白炽灯设备被引入公共租界。“上电”本试图借此将公司业务打入民用市场,为企业发展再图生机,但无奈遭到时任煤气公司董事长并当选为工部局董事会董事长珀尔登在政策上的阻挠,无力支撑当局提出的将架空电线地缆化的庞大费用,白炽灯电力照明系统发展就此停滞。

工部局电气处接手公共租界电气事业之后,得以在政策上突破原先的阻碍,并且,伴随室内白炽灯照明系统在技术层面的日渐成熟,以及私人照明需求的逐步扩大,当局开始大力推进白炽灯电力照明,在私人用户领域中的普及化进程。从 1894 年至 1896 年,白炽灯电力照明线路分别延伸了 3 英里、1 英里、4.75 英里。④白炽灯数量亦迅猛递增,其数目以每盏 8 支烛光的电灯数目计算,从 1893 年年底的 2 100 盏,增至 1894 年的 2 965 盏、1895 年的 6 902 盏、1896 年的 8 996盏。⑤

至 1986 年,公共租界的私人白炽灯电力照明系统已大致形成了 3 条照明线路。其中 1 号线路贯通黄浦路、外滩、广东路、河南路沿线。2 号线路贯通九江路、北苏州路、外滩、黄浦路沿线。3 号线路贯通北京路、黄浦路、河南路、外滩、九江路、山东路、四川路、汉口路、福州路、南京路沿线。⑥

这 3 条照明线路为公共租界西人所在的洋行、公司、饭店、会所、领事馆、办公场所,及私人寓所提供私人白炽灯电力照明供电。譬如,洋行电力照明用户有天祥洋行(Dodwell Carlill & Co.)、马礼逊洋行(Morrison & Gratton)、怡和洋行(Jardine Matheson & Co.)、壁利洋行(Liddell Bros & Co.)、信义洋行(Mandl

---

① 1894 年煤气路灯被削减了 40 盏,分别位于:文监师路 6 盏、乍浦路 2 盏、北苏州路 3 盏、北四川路 5 盏、昆山路 2 盏、苏州路 1 盏、天潼路 2 盏、静安寺路 6 盏、北四川路桥 5 盏、北湖南路桥 4 盏、北江西路桥 4 盏。参见《上海公共租界工部局年报(1894 年)》,上海市档案馆藏,卷宗号:U1-1-907。

② 1895 年在老闸桥(Fohkien Road Bridge)的 4 盏和博物馆路的 1 盏煤气路灯被电灯取代,并在河南路新增 1 盏,伯顿路(Purdon)新增 2 盏煤气路。参见《上海公共租界工部局年报(1895 年)》,上海市档案馆藏,卷宗号:U1-1-908。

③④ 《上海公共租界工部局年报(1896 年)》,上海市档案馆藏,卷宗号:U1-1-909。

⑤ 《上海公共租界工部局年报(1893—1896 年)》,上海市档案馆藏,卷宗号:U1-1-906 至 U1-1-909。

⑥ 《上海公共租界工部局年报(1895 年)》,上海市档案馆藏,卷宗号:U1-1-908。

& Co.)、泰和洋行(Reiss & Co.)、同孚洋行(Wisner & Co.)、老公茂洋行(Ilbert & Co.)、协和洋行(Robt. Anderson & Co.)、太古洋行(Butterfield & Swire)、礼和洋行(Carlowitz & Co.)、亨达利洋行(L. Vrard & Co.)等。

又如,会所、饭店、领事馆、报馆、银行、医院、学校、保险公司电力照明用户有上海总会(The Shanghai Club)、康科迪亚总会(Club Concordia)、商船高级船员协会(Mercantile Marine Officers' Association)、轮机工程师协会(Marine Engineers' Institute)、中央饭店(Central Hotel)、礼查饭店(Astor House Hotel)、上海共济总会(Masonic Club)、西班牙领事馆(Spanish Consulate)、法国领事馆(French Consulate)、《字林西报》大楼(North-China Daily News Office)、《新闻报》馆(Sin Wan Pao)、捷报馆(China Gazette Office)、汇丰银行(Hongkong & Shanghai Bank)、公济医院(General Hospital)、上海西童公学(Shanghai Public School)、友宁保险公司(Union Insurance Society)、扬子保险有限公司(Yangtsze Insurance Association)、大北电报公司(Great Northern Telegraph Co.)等。

再者,工部局电气处开始为公共租界的一些工厂,安装独立的电力照明设备。譬如,1893 年电气处在轮船招商局、宝昌丝厂(Shanghai Filature Company)、轧花厂(Cotton Ginning Mill)这几家工厂独立安装了白炽灯电力照明。①继而于 1894 年又为兴昌缫丝厂(Hing Chong Silk Filature)、电气处中央电厂(Central Electric Light Station)、大英火轮船公司(P. & O. S. N. Co.)、上海互助轮船公司(China Mutual S.N. Co.)等工厂独立安装了 551 盏白炽灯。②此外,在一些公共租界在华西人的私人寓所,比如坎普贝尔(R. M. Campbell)、阿迪斯(C. S. Addis)、小艾特金森(B. Atkinson)、波特(E. E. Porter)的住处也安装了白炽灯电力照明设施。时至 1895 年,独立安装的白炽灯数量达到 1 860 盏。③

1894 年年初,公共租界的 1 号白炽灯线路已延伸至法租界,为法租界旅沪西人提供私人电力照明服务。当时,工部局电气处收到法租界居民申请安装电灯的订单,在与法租界当局交涉后,公董局称在下列条件下将发给在法租界引入电线之许可证:1. 电线限于私人照明;2. 电线须铺设于地下,并在法租界工程师监督下进行;3. 提前三个月通知即可撤销许可证。④

---

① 《上海公共租界工部局年报(1893 年)》,上海市档案馆藏,卷宗号:U1-1-906。
② 《上海公共租界工部局年报(1894 年)》,上海市档案馆藏,卷宗号:U1-1-907。
③ 《上海公共租界工部局年报(1895 年)》,上海市档案馆藏,卷宗号:U1-1-908。
④ 上海市档案馆编:《工部局董事会会议录》第 11 册,第 602 页。

工部局鉴于十二年来架空电线未引起过任何事故①,电气处成立伊始,需添设大量设备以满足日益扩大的公、私照明用电需求,加之地缆铺设成本昂贵,要有足够的白炽灯订单来降低发电成本,才能使地缆铺设物有所值。②因此,1894年5月,工部局与公董局达成协议,跨界为法租界申请安装私人白炽灯照明住户架设电线,安装白炽灯,并承诺一旦在位于洋泾浜北岸的公共租界着手铺设地缆,法租界电力照明用户亦享有同样待遇,由此开启了电气处跨界供电的进程。③

五、财政状况从资金拮据到营收稳定

“上电”成立之初,资本相当有限,公司资金不足,一直延宕着电力产业发展的进度和规模。公司从1882年的50 000两银起步,到1886年的62 500两银,年均增长率仅为6.2%。其中,1885年一年就净赔了932.30两。④“上电”的股票更是大幅下跌。1882年刚上市公司股价就从年初的160两跌至年末的73两。1883年后股价更是一路下跌,惨不忍睹,从1883年年末的30两跌至1884年年末的10两,1885年年末的4两,至1887年股价只剩3.5两,形同废纸。

“上电”改组为新申电气公司后,营运状况有了些许好转,其中公司利润开始逐年递增,这也成为工部局考虑收购“上电”的参考条件之一,并奠定了此后电力照明产业规模的雏形。改组后的新申公司连续14个月的电力照明产业利润总计达7 705.22两,1891年年利润8 116.16两,加上1890年结余863.12两,使得1892年共有8 979.28两银可供分配。⑤继而,1892年公司年度报告显示全年利润为8 612.06两,加上1891年账户余额790.28两,使得1893年可有9 402.34两可用于分配。⑥

工部局电气处成立后,在最初的1893年至1896年的3年3个月时间里,每年将电气事业收入抵扣各项支出,包括工资、债券利息、维修包养、保险、租税、杂费等费用后,利润虽不可观,但收支状况日渐平稳,年利润呈现稳步增长的趋势。例如,1893年电气处收入13 916.69两、支出7 898.54两,结余6 018.15两;1894年电气处收入39 744.58两,支出29 881.3两,结余9 863.28两;1895年收入

① 上海市档案馆编:《工部局董事会会议录》第11册,第609页。
② 上海市档案馆编:《工部局董事会会议录》第11册,第618页。
③ 《上海公共租界工部局年报(1894年)》,上海市档案馆藏,卷宗号:U1-1-907。
④ *The North-China Daily News*, March 26, 1886.
⑤ *The North-China Daily News*, March 18, 1892.
⑥ *The North-China Daily News*, March 10, 1893.

48 115.57两,支出40 706.18两,结余7 409.39两;1896年收入56 430.99两,支出43 905.3两,结余12 525.69两。可见,工部局电气处在最初营运的3年多时间内,营收结余就翻了一番。

其中,公、私照明收入是这3年多时间里工部局电气处最重要的收入来源。从1984年至1896年,电气处弧光灯照明收入分别为22 820两、24 800两、26 420两;而白炽灯照明收入分别为13 750两、16 500两、24 000两。①显然,刚开始公共电力照明用灯负担了相当高的价格,1894年和1895年度弧光灯的收入占了总收入的六成,而私人装点得白炽灯却盈余甚微。主要原因可能是与白炽灯初期推广的价格成本价问题有关。至1896年,公、私照明收入比例渐次平衡,反映出电力照明领域业务发展日趋合理的态势。

与此同时,工部局电气处接手公共租界电气事业以后,当局以地方政府身份出面,统一发行电气事业债券,以解决电气事业工程所需庞大资金,这成为推动公共租界电业发展的重要融资方法。工部局从1893年至1895年连续3年发行债券,用于电气处电厂设备的投资扩建。其中,1893年80 000两债券主要用于收购"上电"的设备和业务;1894年60 000两债券中5 340两用于支付弧光灯发电厂,14 378两用于支付白炽灯设备的增设,34 602两用于增付新发电厂的价款;②1895年的75 000两债券主要用于新电厂的搬迁费用,以及弧光灯与白炽灯电线延长到新电厂所需费用,此外,因为租界照明不可中断,购置了一部新的发电机和轮机。③这3年的债券年息分别为5.5%、6%、5%。④

工部局在发行债券以扩大电力事业规模的同时,为了保障能够有足够的资金以偿还债权人的本金,决定将每年电气处工作的盈利,抵充设备折旧与偿债基金,以偿还贷款。⑤电气处将这部分盈余用作偿债基金,存入工部局指定银行汇丰银行(HSBC)。例如,1893年盈余6 000余两,按12个月5%的利息定期存入,冲抵设备折旧款项和债券的偿债基金,⑥其中4 185.15两用于偿债基金,1 833两用于设备折旧款项;⑦1894年在支付债券利息4 400两(总额140 000两债券)后,盈余9 863.28两作为偿债基金;⑧1895年在支付债券利息8 937.5两

---

① 《上海公共租界工部局年报(1894—1896年)》,上海市档案馆藏,卷宗号:U1-1-9097～U1-1-909。
②③ 上海市档案馆编:《工部局董事会会议录》第12册,第454页。
④ 《上海公共租界工部局年报(1893—1895年)》,上海市档案馆藏,卷宗号:U1-1-906～U1-1-908。
⑤ 上海市档案馆编:《工部局董事会会议录》第11册,第588页。
⑥ 上海市档案馆编:《工部局董事会会议录》第11册,第601页。
⑦ 《上海公共租界工部局年报(1893年)》,上海市档案馆藏,卷宗号:U1-1-906。
⑧ 《上海公共租界工部局年报(1894年)》,上海市档案馆藏,卷宗号:U1-1-907。

(总额 215 000 两债券)后,盈余 7 409.39 两,存入汇丰银行抵冲设备折旧和偿债基金;[①]继而,1896 年在支付债券利息 11 750 两(总额 215 000 两债券)后,将盈余 12 525.69 两存入偿债基金,使得短短 3 年多时间偿债基金总数达到 36 934.42 两,[②]显示出工部局作为公共租界市政管理机构,发展电力照明事业的偿债能力和发展前景。

第二节 斐伦路主电厂时期电力照明产业的发展历程

一、斐伦路电厂建设及其发电容量的扩大

1894 年,工部局在虹口斐伦路,原工部局屠宰场的场地建造新电厂,因面积不够,又购买了旁边的一块民宅。建设工程于该年 11 月动工,1896 年 5 月 21 日正式投产发电(具体厂房与设备状况参见表 14)。

表 14 1896 年工部局电气处斐伦路电厂设备状况统计表

<table>
<tr><td colspan="2">名 称</td><td colspan="2">机房 总面积 116×82 英尺</td><td>锅炉房 总面积 74×50 英尺</td></tr>
<tr><td colspan="2"></td><td colspan="2">设 备</td><td>设 备</td></tr>
<tr><td rowspan="3">布局</td><td rowspan="2">电弧灯部</td><td colspan="2">5 台独立压缩发动机</td><td rowspan="3">2 台高压“兰开夏”锅炉
2 台 150 马力的移动锅炉
1 台表面冷凝器
1 台混合给水加热器</td></tr>
<tr><td>8 台布拉什发电机</td><td>4 台可供 25 盏弧光灯
2 台可供 65 盏弧光灯
1 台可供 16 盏弧光灯
1 台可供 10 盏弧光灯</td></tr>
<tr><td>白炽灯部</td><td>4 台独立压缩发动机
3 台 85 马力
1 台 100 马力</td><td>额定功率可为 6 600 盏白炽灯供电
最大功率可为 13 200 盏白炽灯供电</td></tr>
</table>

资料来源:《上海公共租界工部局年报(1895 年)》,上海市档案馆藏,卷宗号:U1-1-908。

1896 年中下旬,斐伦路电厂开始供电后,工部局电气处又逐年从英美引进电力照明设备、器材,添设发电设备,扩大发电容量,促进电业的发展。[③]特别是从 1898 年起,由于电力照明需求的快速增大,尤其是白炽灯用户数目的飞速增

① 《上海公共租界工部局年报(1895 年)》,上海市档案馆藏,卷宗号:U1-1-908。

② 《上海公共租界工部局年报(1896 年)》,上海市档案馆藏,卷宗号:U1-1-909。

③ 电气处的电力照明器材都是从英美引进,例如变压器从 1905 年起引进英国电气电压器材公司(British Electric Transformer Co.),电表大多引进英国汤姆森-休斯顿电气公司与威斯丁豪斯电气公司。参见《上海公共租界工部局年报(1905 年)》,上海市档案馆藏,卷宗号:U1-1-918。

加,原有供弧光灯使用的5台电动机、8台直流发电机,以及供白炽灯使用的5台电动机、5台交流发电机基本已满负荷工作。为此,电气处于该年发行了6万两债券,以供添设白炽灯设备。1898年工部局电气处从美国购买了1台俄亥俄州奥托曼·泰勒公司的新发电锅炉①,使原来可供11 000盏白炽灯的发电容量增加至20 000盏②,继而,又于1899年8月安装了一台350马力的锅炉,供白炽灯交流发电装置工作。③至1900年,斐伦路电厂的发电设备容量已增加至576千瓦。④

从1901年起,工部局电气处开始计划花费70 000两更换发电设备与灯具,在公共照明领域,以交流发电机、闭式交流弧光灯,替代原来的布拉什直流弧光灯系统。此次斐伦路电厂设备改造的计划包括:1902年,电气处添置1台500千瓦的蒸汽交流发电机、110盏壁式交流弧光灯和备件、蒸汽管道、排水管道、配电板直流变压器、架空电线与电缆;1台冷凝器;1903年,电气处添置1台500千瓦的蒸汽交流发电机、1台100千瓦的蒸汽交流发电机、蒸汽管道、排水管道;1904年,电气处再添置1台350马力的水管锅炉,用以替换移动锅炉。⑤

20世纪初期,工部局位于伦敦的技术咨询公司普利斯·卡杜与斯纳尔公司(Preece Cardew & Snell),专门派出电气工程师奥特里奇(T.H.U.Aldridge)来沪担任电气处总工程师兼经理。他上任后不久,就提出了一份改造斐伦路电厂的规划,经伦敦技术咨询公司批准,工部局决定花7万两,用5年时间将其改造成一座现代化电厂,主要目标是拆除全部老式直流发电机,安装直接传动的交流发电机以提高机组效率,并将电弧灯全部改为交流封闭式电弧灯,使交流发电机除供应电弧灯用电外,还可接装10万盏8支烛光的白炽灯。

从1903年起,工部局电气处又把发电机周率从100赫降到50赫,电压从100伏升到200伏,后来又升到220伏,以降低投资与线损,把公共租界的电功率与英国主要电厂发电功率统一起来。1905年,电厂如期完成改造,设备容量提高到1 600千瓦。⑥

继而,工部局电气处又于1906年,在老厂房边建造一座钢结构厂房,第二年

---

① 上海市档案馆编:《工部局董事会会议录》第13册,第606页。

② 《上海公共租界工部局年报(1898年)》,上海市档案馆藏,卷宗号:U1-1-911。

③ 《上海公共租界工部局年报(1899年)》,上海市档案馆藏,卷宗号:U1-1-912。

④⑥ 孙宏良:《从上海电气公司到工部局电气处》,载上海市政协文史资料委员会编:《上海文史资料存稿汇编8》,第103页。

⑤ 《上海公共租界工部局年报(1901年)》,上海市档案馆藏,卷宗号:U1-1-914。

在新厂房内安装了国内第一台 800 千瓦派生斯·皮伯尔斯(Parsons-Peebles)的汽轮发电机,以及当时远东最大、最先进的,蒸发量为 24 000 磅的柏拔葛自动链条炉排锅炉。至 1908 年,电气处设备指标达到历史上最高,也是最好水平,设备容量达到 4 400 千瓦。①

此时,斐伦路电厂内已无空余场地可用,于是工部局电气处决定采取以旧换新的方式,提高设备发电能力。其实早在 1907 年 2 月,奥特里奇就曾经拟定过一份筹建新厂的规划,后因吸取了一些英美电厂使用往复式机组,在改用低压或混压汽轮机后,可大大提高电厂经济效益与出力的经验,决定推迟两年建造新厂。因此,1909 年工部局电气处在拆除一台 100 千瓦蒸汽发电机,与一台 50 千瓦换流机的场地上,安装了两台 480 千瓦霍登·西门子(Howden-Siemens)混压汽轮发电机,在不增加锅炉的情况下,以旧换新。紧接着,电气处又将两台 800 千瓦汽轮发电机改成双相。

因此,斐伦路电厂的设备容量从 1900—1902 年的 576 千瓦,逐步扩大至 1903—1906 年的 1 600 千瓦,1907 年的 3 600 千瓦,1908—1909 年的 4 400 千瓦,1910—1912 年达到了 6 400 千瓦。②

此外,斐伦路电厂的厂房与设备资产也与日俱增。(具体设备资产项目兹列如表 15、表 16)

表 15 工部局电气处厂房与设备资产统计表(1897—1902 年)

单位:两

名　目	1897 年	1898 年	1899 年	1900 年	1901 年	1902 年
弧光灯设备	72 483	82 028	84 251	84 530	15 229	18 392
白炽灯设备	101 292	108 031	161 259	163 596	117 253	125 928
电气材料、仓储	52 740	40 673	41 695	54 913	52 855	86 790
家　具	347	366	366	369	577	813
厂房、土地	47 013	47 052	47 716	47 788	47 788	47 984
总　计	273 877	278 153	335 288	351 198	233 703	279 907

资料来源:《上海公共租界工部局年报(1897—1902 年)》,上海市档案馆藏,卷宗号:U1-1-910～U1-1-915。

① 孙宏良:《从上海电气公司到工部局电气处》,载上海市政协文史资料委员会编:《上海文史资料存稿汇编 8》,第 104 页。

② 《上海公共租界工部局年报(1900—1912 年)》,上海市档案馆藏,卷宗号:U1-1-913～U1-1-925。

表 16 工部局电气处厂房与设备资产统计表(1903—1912 年)

单位:两

名　目	1903 年	1904 年	1905 年	1906 年	1907 年	1908 年	1909 年	1910 年	1911 年	1912 年
土地	7 919	7 919	7 919	24 600	28 700	105 461	109 995	114 530	84 194	102 136
工厂	52 034	74 038	81 705	92 078	188 521	198 545	223 781	219 082	226 156	221 723
变电站	1 989	3 841	5 878	5 758	6 187	6 055	6 209	6 072	26 038	274 839
发电设备	167 705	257 341	290 951	299 647	519 928	636 567	680 225	648 385	729 077	9 964 370
输电设备	63 363	100 622	135 236	163 372	206 810	237 563	303 775	371 550	463 024	700 704
室内配线	21 040	38 593	57 647	66 604	73 184	90 755	98 697	106 687	111 543	172 157
变压器等	28 791	39 338	44 389	44 389	58 377	59 343	81 055	78 256	78 900	85 567
公共照明器材	15 592	16 721	19 287	18 213	15 909	27 782	40 818	49 237	44 561	37 114
家具	957	1 251	1 203	1 830	2 006	5 319	5 859	9 668	14 505	18 598
仓储	122 282	109 394	70 154	78 108	88 137	188 455	159 743	266 373	325 900	226 608
总计	481 672	649 058	714 369	794 599	1 187 759	1 555 845	1 710 157	1 869 840	2 103 888	2 803 814

资料来源:《上海公共租界工部局年报(1903—1912 年)》,上海市档案馆藏,卷宗号:U1-1-916～U1-1-925。

说明:1901 年起工部局电气处设备资产计算方式将设备的折旧额从资产中扣去,且 1903 年起,工部局电气处开始采用新的账目格式。

从上述统计表中可见,斐伦路电厂的工厂规模日益扩大,发电、输电、配电设备更新换代,资产成倍增长。其中,电厂总资产从 1896 年的 18 万余两,增长至 1912 年的 280 万余两,涨幅 15 余倍;厂房资产从最初的 4.7 万余两,增至 22 万余两,涨幅近 5 倍;电气设备从最初近 23 万两,增长至 1 100 万余两,涨幅达 47 倍;直流发电设备全部替换成为交流发电设备;弧光灯设备也逐步被替换为交流电弧灯与白炽灯设备。

二、售电能力与发电效率的提高

随着斐伦路电厂设备的添设与发电容量的扩大,电气处的售电能力也逐年增强,从 1898 年的 45 万度增加至 1912 年年底的 1 200 万度,增幅 25 倍有余,平均年增长率达 27%。(具体售电规模参见表 17)

从表 17 中数据可以看出,这一时期工部局电气处售电总数与最大发电功率总体趋势逐年增大,照明产业用电量也逐年增加。1903 年前工部局电气处售电业务主要服务于公共照明领域。此后,私人电力照明产业发展最为迅速,售电量与年最大输电功率也因此大幅增加。工部局电气处斐伦路主电厂时期，公、私照明用电是电气处售电业务的最大客户。

表 17 斐伦路主电厂时期售电状况与最大输出功率表(1898—1912 年)

年份	售电状况(度)						最大输出功率(千瓦时)	增长率
	私人照明	公共照明	动力与电热	牵引	总售电	增长率		
1898					451 509			
1899					470 758	4%		
1900					523 922	11%	292	
1901					568 669	8%	320	9%
1902					754 342	32%	444	38%
1903					996 021	32%	580	26%
1904	853 147	319 499	16 834		1 214 562	22%	858	48%
1905	1 277 140	410 241	34 350		1 776 323	45%	1 090	27%
1906	1 704 563	451 950	65 932		2 307 675	30%	1 411	29%
1907	2 065 499	457 207	141 146		2 743 388	19%	1 630	15%
1908	2 391 586	445 143	158 455	1 430 889	4 632 775	68%	2 500	53%
1909	2 740 487	632 314	323 161	2 001 718	5 988 836	29%	3 100	24%
1910	3 164 996	801 613	453 826	2 110 208	6 834 150	14%	3 240	4.5%
1911	3 634 623	913 679	820 304	2 551 235	8 300 437	21%	4 007	24%
1912	5 455 885	938 784	2 426 065	2 859 334	12 130 537	46%	6 000	50%

资料来源：《上海公共租界工部局年报(1898—1912 年)》，上海市档案馆藏，卷宗号：U1-1-911～U1-1-925。

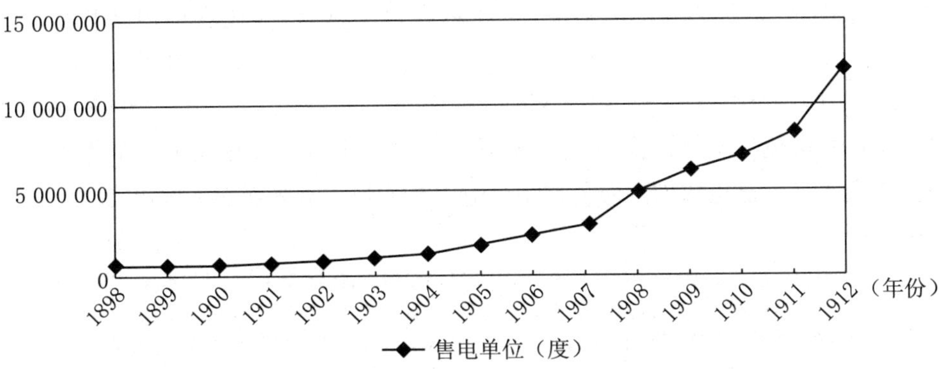

图 1 工部局电气处售电状况增长趋势图(1898—1912 年)

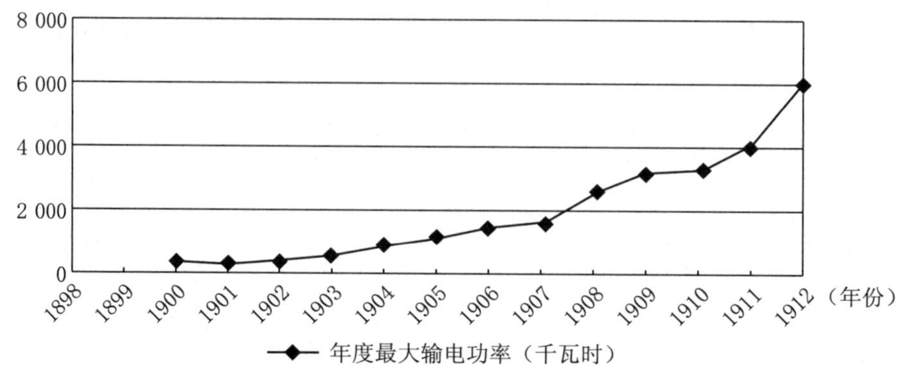

图 2 工部局电气处年最大输电功率增长趋势图(1898—1912 年)

从上述两图又反映出,1910 年售电总数与最大发电功率涨幅较小。其主要原因在于:1.金属丝电气灯代替碳芯电弧灯,耗电小;2.该年经济萧条,所以许多办公地点、经营场所晚上很早关门,照明用电需求也因此下降;①

此外,1912 年的发电容量虽然与前两年皆相同,为 6 400 千瓦,但年售电量与最大发电功率却出现大幅增长,同比上涨 46%与 50%。究其主要原因,由于大宗工业电力用户的接入,与私人电力照明用户的大幅增加,私用电力照明与工业动力需电量迅速增长,特别是大量的中国私人电力用户的加入。②先前,私人电力照明用户中的中国商户,只有富人、有钱的人才用得起电灯,而现在普通百姓都能够用得起了,以前家用油灯的中国居民都开始使用电灯了,反映出电力照明作为居民日常照明的工具日趋普及的趋势。

与此同时,工部局电气处逐年添设的高效能的电力设备,不仅满足日益增长的公私照明、工业动力能源的需求,推动公私照明条件的改善以及工业的发展,也使电力作业耗损更小,产业耗能更少。斐伦路主电厂时期,电厂发电负荷系数也日益增高,负荷代表发电的效率,系数越高效率越高,损耗越小,分别为:1904 年的 16.2、1905 年与 1906 年的 18.6、1907 年的 19.2、1908 年的 21.1、1909 年的 22.05、1910 年的 24.06、1911 年的 23.65、1912 年的23.52。③且与同期英国各城镇电厂发电负荷系数相较,上海公共租界工部局电气处斐伦路电厂的发电效率属于中上水平。这也成为上海公共租界电力产业技术日趋成熟的标志之一。

---

① 《上海公共租界工部局年报(1910 年)》,上海市档案馆藏,卷宗号:U1-1-923。

② 《上海公共租界工部局年报(1912 年)》,上海市档案馆藏,卷宗号:U1-1-925。

③ 《上海公共租界工部局年报(1904—1912 年)》,上海市档案馆藏,卷宗号:U1-1-917~U1-1-925。

计算公式为:$\frac{\text{售出的千瓦小时数}}{\text{输电线上最高负荷}\times 8\,760}\times 100\%$。

表 18 工部局电气处斐伦路电厂与英国各城镇电厂发电负荷系数比较表

1908 年		1909 年		1910 年		1911 年		1912 年	
城 市	负荷	城 市	负荷	城 市	负荷	城 市	负荷	城 市	负荷
布尔特	29.42	西汉姆	29.05	西汉姆	34.39	西汉姆	31.89	西汉姆	29.43
利物浦	25.11	索尔福德	27.66	索尔福德	25.05	曼彻斯特	25.35	索尔福德	25.18
斯蒂芬	22.74	曼彻斯特	24.55	曼彻斯特	24.18	索尔福德	25.18	曼彻斯特	25.38
索迪治	21.29	利物浦	23.36	上海	**24.06**	伯明翰	24.12	伍尔弗汉普顿	25.14
上海	**21.1**	哈利法克斯	22.17	利物浦	22.66	**上海**	**23.65**	森德兰	24.54
博尔顿	17.81	**上海**	**22.05**	克罗伊登	22.6	利物浦	22.8	布拉德福	24.4
威斯敏斯特	17.73	克罗伊登	20.93	哈利法克斯	22.17	哈利法克斯	21.79	伯明翰	23.67
桑德兰	16.54	伯明翰	20.36	伯明翰	21.75	德比	21.29	**上海**	**23.52**
哈利法克斯	16.14	德比	19.65	德比	19.65	利兹	20.56	利物浦	21.75
布拉德福德	15.57	考文垂	19.36	格拉斯哥	19.17	克罗伊登	20.00	利兹	21.25
纽卡斯尔	13.67	布莱克本	18.49	考文垂	18.53	格拉斯哥	19.81	斯泰利布里奇	20.00
曼彻斯特	13.44	格拉斯哥	18.23	布莱克本	16.51	考文垂	19.01	格拉斯哥	19.77
格拉斯哥	13.33	利兹	17.21	布里斯托	16.22	布莱克本	16.51	设斐尔德	19.37
斯托克波特	9.75	布里斯托	17.23	利兹	15.93	赫尔	16.3	考文垂	19.58
莱斯特	9.10	赫尔	14.48	赫尔	15.12	布里斯托	16.22	贝尔法斯特	19.34
赫尔	8.32	都柏林	13.48	都柏林	13.45	都柏林	13.78	布里斯托	18.47

资料来源:《上海公共租界工部局年报(1908—1912 年)》,上海市档案馆藏,卷宗号:U1-1-921～U1-1-925。

三、电业收入与利润的增长趋势

工部局电气处成立后,电气事业收入呈现稳中有增的发展趋势。斐伦路电厂建成后的头两年时间里,电气处将主要目标放在工厂扩建、设备更新与业务扩充之上,一方面解决原有设备陈旧,已满负荷工作,急需添设新设备的问题;另一方面为今后大宗售电做好前期基础性建设工作。因此,在 1898 年与 1899 年两年时间里,电气处营收与利润额并不理想,甚至呈现亏损的状况,有代表鉴于工部局的设备不但已经过时,而且经济上亏损的现实状况,在工部局董事会会议提出建议,将电灯照明系统出售。①

① 上海市档案馆编:《工部局董事会会议录》第 14 册,第 479 页。

表 19　1897 年至 1912 年工部局电气处收支状况简表

单位:两

收入		支出	利润	收入		支出	利润	收入		支出	利润
1897 年	78 191.68	50 310.45	27 881.23	1898 年	87 650.91	60 462.19	27 188.72	1899 年	80 138.89	54 970.52	25 168.37
1900 年	94 915.54	61 431.63	33 483.91	1901 年	103 350.88	72 637.17	30 713.71	1902 年	124 050.09	73 219.38	50 830.71
1903 年	131 143.04	99 531.24	31 611.8	1904 年	165 404.08	129 199.42	36 204.66	1905 年	224 227.08	174 749.39	49 477.69
1906 年	288 960	222 825.39	66 134.61	1907 年	348 572.03	242 705.65	105 866.38	1908 年	467 569.36	300 932.72	166 636.64
1909 年	518 423.45	354 744.53	163 678.92	1910 年	590 126.09	399 792.86	190 333.23	1911 年	648 818.52	440 669.86	208 148.66
1912 年	761 490.59	523 064.92	238 425.67								

资料来源:《上海公共租界工部局年报(1897—1912 年)》,上海市档案馆藏,卷宗号:U1-1-910～U1-1-925。
说明:1903 年起的支出费用包括设备折旧费,利润为净利润。

但电气处经过3年的设备调整与投资扩建,1900年后收入与利润额快速增长,特别是1903年以后,新电厂投产使发电成本进一步降低,[①]电气处电业收入与利润额进一步呈现出可观的年增长趋势,从1897年的7万余两收入增至1912年的76万余两,净利润也从1897年的2万余两增至23万余两。如不算设备折旧费用,1912年的利润额实际可高达38万余两。在1900年后的13年时间里,电气处收入平均年增长率达63%,净利润额平均年增长率达56%。

四、公共电力照明产业的拓展进程

随着工部局电气处电力设施的扩建,斐伦路主电厂时期公共照明产业规模也逐步扩展,主要表现在以下几个方面:第一,逐步在公共租界覆盖公共电力照明设施,电气路灯数量逐年递增;第二,引进更为高效的交流闭式弧光灯系统与白炽灯电力照明系统,替代旧式弧光灯系统,道路照明条件进一步改善;第三,经济实用的金属丝白炽电气路灯的引进,使公共照明费用大大降低,推动了公共照明领域电力照明的普及应用。因此,按照上述上海公共租界公共照明产业发展的特点,可将这一时期的产业进程分为三个阶段。

第一个阶段为1897年至1900年。这4年时间,工部局电气处在公共电力照明产业建设上仍主要采用电弧灯系统,设备老旧,公共照明产业发展缓慢。其间,1897年公共电力照明覆盖范围与1896年相同,电气路灯保持122盏。4条弧光灯线路上1号线路52盏、2号线路49盏、3号线路26盏、4号线路24盏,共151盏弧光灯。其中,公共路灯122盏、私人用灯26盏、中央发电厂3盏。该年弧光灯线路铺设延伸3英里。[②]1897年具体的电气路灯分布情况参见表20。

表20 1897年上海公共租界电气路灯分布表

英租界	数量(盏)	桥	数量(盏)	虹口区	数量(盏)
外　滩	12	外白渡桥	1	北福建路	3
松江路	1	铁大桥	1	北四川路	3
广东路	4	自来水桥	1	吴淞路	2
福州路	7	里摆渡桥	1	百老汇路	17
汉口路	5	盆汤弄桥	1	熙华德路	13

① 上海市档案馆编:《工部局董事会会议录》第15册,第547页。

② 《上海公共租界工部局年报(1897年)》,上海市档案馆藏,卷宗号:U1-1-910。

(续表)

英租界	数量(盏)	桥	数量(盏)	虹口区	数量(盏)
九江路	4	黄浦公园	2	穿洪滨	2
南京路	14	静安寺路	3	乍浦路	4
北京路	4	虹口捕房	1	汉璧礼路	4
宁波路	3	中央捕房	1	斐伦路	4
博物院路	1			施高塔路	2
总计:122 盏				新记滨路	1

资料来源:《上海公共租界工部局年报(1897 年)》,上海市档案馆藏,卷宗号:U1-1-910。

继而,1898 年 3 月 15 日,工部局电气处在杨树浦路添设 20 盏弧光灯,取代 39 盏煤气灯,并在百老汇路移去 1 盏弧光灯,每盏弧光灯年收费 250 两,使电弧灯路灯总数达 141 盏,弧光灯线路延伸 1.42 英里。①1899 年和 1900 年,公共照明领域弧光灯总数皆为 144 盏,每盏电气路灯 200 两。②

这一阶段弧光灯设备递增缓慢。1897 年弧光灯设备资产 7.2 万余两,较前一年增幅 5.6%;1898 年弧光灯设备资产新增 0.95 万两,总计 8.2 万两,较前一年增幅 13.2%;1899 年弧光灯设备资产新增 0.22 万余两,总计 8.2 万余两,较前一年增幅 2.7%;1900 年弧光灯设备资产新增 279 两,与前一年基本持平,增幅仅为0.33%。③

与此相对,工部局计划在添设电气路灯的道路范围,进一步收缩煤气路灯的公共照明份额,并拟采取不鼓励新设煤气路灯的政策,以逐步取消公共照明份额中煤气灯的使用。为此,1898 年杨树浦路因使用 20 盏电气路灯而相应取消了 39 盏煤气灯的燃点。该年年初,工部局董事会会议上提出了今后将尽可能不采用煤气灯作路灯的方案,并按照一年昼夜长短规律明确规定了煤气路灯的燃点时间,派遣检查员严格监督煤气路灯的质量。④仅 1898 年一年时间,煤气路灯就被查处有 1 095 处故障,其中 365 处是源于照明动力设备,727 处是由于煤气灯的损坏,煤气公司因此被罚款 103.2 墨西哥银元。⑤

①⑤ 《上海公共租界工部局年报(1898 年)》,上海市档案馆藏,卷宗号:U1-1-911。
② 《上海公共租界工部局年报(1899—1900 年)》,上海市档案馆藏,卷宗号:U1-1-912～U1-1-913。
③ 《上海公共租界工部局年报(1897—1900 年)》,上海市档案馆藏,卷宗号:U1-1-910～U1-1-913。
④ 上海市档案馆编:《工部局董事会会议录》第 13 册,第 563 页。

表 21 煤气灯燃点时间表

点灯时间(下午)		熄灯时间(上午)	
1 月 1 日至 1 月 9 日	5:30	1 月 1 日至 1 月 16 日	6:45
1 月 10 日至 1 月 30 日	6:00	1 月 16 日至 1 月 31 日	6:30
1 月 31 日至 2 月 20 日	6:15	2 月 1 日至 2 月 13 日	6:15
2 月 21 日至 3 月 6 日	6:30	2 月 13 日至 2 月 28 日	6:00
3 月 7 日至 4 月 10 日	7:00	3 月 1 日至 3 月 13 日	5:45
4 月 11 日至 5 月 1 日	7:15	3 月 14 日至 3 月 27 日	5:30
5 月 2 日至 5 月 22 日	7:30	3 月 28 日至 4 月 17 日	5:00
5 月 23 日至 7 月 17 日	7:45	4 月 18 日至 5 月 8 日	4:30
7 月 18 日至 8 月 14 日	7:30	5 月 9 日至 7 月 24 日	4:00
8 月 15 日至 9 月 11 日	7:00	7 月 25 日至 8 月 14 日	4:30
9 月 12 日至 9 月 26 日	6:30	8 月 15 日至 8 月 28 日	5:00
9 月 27 日至 10 月 9 日	6:00	8 月 29 日至 9 月 25 日	5:30
10 月 10 日至 10 月 30 日	5:45	9 月 26 日至 10 月 16 日	5:45
10 月 31 日至 11 月 13 日	5:30	10 月 17 日至 11 月 6 日	6:00
11 月 14 日至 12 月 18 日	5:00	11 月 7 日至 12 月 4 日	6:15
12 月 19 日至 12 月 31 日	5:15	12 月 5 日至 12 月 18 日	6:30
		12 月 19 日至 12 月 31 日	6:45

资料来源:《上海公共租界工部局年报(1898 年)》,上海市档案馆藏,卷宗号:U1-1-911。

这一时期,电弧灯路灯设备日渐过时,许多弧光灯路灯已经用了 15 年,且满负荷工作,使用状态不是很好,因此,弧光灯能够承担的公共道路照明的市场份额,扩展空间不大。也因此,煤气路灯的市场份额也未受到大的冲击。1900 年,工部局为满足道路照明的需要,还添设了若干煤气路灯,并从国外订购了 50 盏交流封闭式电弧灯,以图来年电气路灯的发展。①

① 1900 年煤气灯路灯变动状况表(单位:盏)

煤气灯路灯	1899 年 12 月 31 日止	1900 年新增	1900 年移去	1900 年数目
普 通	434	49	3	480
白炽灯		99		103
总 计	434	152	3	583

参见《上海公共租界工部局年报(1900 年)》,上海市档案馆藏,卷宗号:U1-1-913。

第二阶段为1901年至1907年。这一时期，工部局电气处正式在公共道路上安装并使用了从美国购入的闭式弧光灯系统与白炽灯系统，并且有步骤地进行老式弧光灯系统更新换代工作。1901年3月25日，电气处在外滩、南京路、静安寺路到跑马场(Race Club)安装了25盏从美国通用电气公司购买的闭式弧光灯。同年4月，电气处又在熙华德路、汇山路、百老汇路安装了25盏从美国曼哈顿公司购买的闭式弧光灯，这50盏弧光灯皆适用于交流电系统，可与白炽灯安装在同一电路上。①

继而，1902年，电气处在静安寺路、白克路(Burkill)安装了25盏美国通用电气公司的闭式交流弧光灯，替换原先旧的布拉什弧光灯。②至1903年，192盏电气路灯中已有175盏换成新的闭式电弧光灯，公用路灯费用也从原来每盏每年250两降到175两。③

1904年，电气处在公共照明方式上引进了48支烛光的白炽灯电力照明系统，首先在外滩前的浮游码头与同孚路地区使用。④1905年，电气处又安装了50支烛光的白炽灯公共电力照明系统。⑤该年总计使用了76盏白炽灯电气路灯，相当于427盏8支烛光的弧光灯。⑥

与此同时，电气处的闭式弧光灯系统建设工作也逐年有序进行着，促进公共照明条件进一步改善。至1904年，直流闭式弧光灯共202盏，由美国斯克内克塔迪(Schenectady)通用电气公司生产。⑦1905年，电气处又新增了27盏闭式弧光灯电气路灯，总共223盏。1906年新增5盏弧光灯闭式电气路灯，总计227盏。⑧1907年新增11盏弧光灯闭式电气路灯，使弧光灯路灯数目增至238盏。⑨1904年至1907年工部局电气处闭式弧光灯路灯与白炽灯电气路灯的增设分布如表22所示。

对此，这一时期，煤气公司也积极更新照明设备，采用各种型号的新式煤气灯，逐步替换原先普通的煤气路灯，与闭式弧光灯电气路灯相抗衡，竞标道路照明权。这一措施使得这期间煤气路灯的数量不减反增，从1901年的608盏增至1907年的766盏。⑩其中，1904年新增新式煤气路灯23盏⑪；1905年，18盏普通

① 《上海公共租界工部局年报(1901年)》，上海市档案馆藏，卷宗号：U1-1-914。
② 《上海公共租界工部局年报(1902年)》，上海市档案馆藏，卷宗号：U1-1-915。
③ 《上海公共租界工部局年报(1903年)》，上海市档案馆藏，卷宗号：U1-1-916。
④⑦⑪ 《上海公共租界工部局年报(1904年)》，上海市档案馆藏，卷宗号：U1-1-917。
⑤⑥ 《上海公共租界工部局年报(1905年)》，上海市档案馆藏，卷宗号：U1-1-918。
⑧ 《上海公共租界工部局年报(1906年)》，上海市档案馆藏，卷宗号：U1-1-919。
⑨ 《上海公共租界工部局年报(1907年)》，上海市档案馆藏，卷宗号：U1-1-920。
⑩ 《上海公共租界工部局年报(1901、1907年)》，上海市档案馆藏，卷宗号：U1-1-914、U1-1-920。

表 22 1904—1907 年工部局电气处增设公共电气路灯分布表

单位:盏

1904 年		1905 年		1906 年		1907 年	
地区	数量	地区	数量	地区	数量	地区	数量
靶子路与施高塔路之间的斐伦路	2	施高塔路与靶子路之间的斐伦路	2	斐伦路	1	黄浦路	2
斐伦路与吴淞路之间的靶子路	2	斐伦路与吴淞路之间的靶子路	2	同孚路与威海卫路	1	香港路与四川路	1
海宁路与乍浦路	1	北苏州路	11	松江路与河南路	1	江西路与四川路中间的南京路	1
威海卫路	2	卡德路	2	浙江路桥	1	外滩	1
江西路与河南路之间的宁波路	1	新闸路与卡德路之间的爱文义路	8	南泥城桥	1	天津路与河南路	1
同孚路安装白炽灯	11	熙华德路与斐伦路	1	北苏州路	1	苏州路与江西路	1
		爱文义路安装白炽灯	21	乍浦路桥	1	苏州路与河南路	1
		塘山路安装白炽灯	6	苏州路与四川路	1	北苏州路近吴淞路	1
		海宁路	2	威海卫路	9	外滩与四川路间的南京路	1
		北四川路延伸路段安装白炽灯	1				
		外滩的浮游码头50支烛光白炽灯	10				

资料来源:《上海公共租界工部局年报(1904—1907 年)》,上海市档案馆藏,卷宗号:U1-1-917～U1-1-920。

煤气灯与 15 盏新式煤气灯被移除,新增新式煤气路灯 26 盏的同时,原本的 36 盏普通煤气灯被新式煤气灯替换①;1906 年,32 盏煤气路灯被移去,但新增 123 盏新式煤气路灯②;1907 年 28 盏煤气灯被移除,同时增加 97 盏新式煤气路灯。③1904 年至 1907 年上海公共租界新式煤气路灯增设分布如表 23 所示。

---

① 《上海公共租界工部局年报(1905 年)》,上海市档案馆藏,卷宗号:U1-1-918。
② 《上海公共租界工部局年报(1906 年)》,上海市档案馆藏,卷宗号:U1-1-919。
③ 《上海公共租界工部局年报(1907 年)》,上海市档案馆藏,卷宗号:U1-1-920。

表 23　1904—1907 年新式煤气路灯增设分布表

单位:盏

1904 年

地　　区	数量
汤恩路	1
嘉兴路	1
南浔路	3
邓脱路	2
天津路:7 盏新式煤气灯替代现有的 4 盏普通煤气灯	
宁波路:4 盏新式煤气灯替代现有的 2 盏普通煤气灯	
北西藏路	3
文极司脱路	2

1905 年

地　　区	数量
文极司脱路	2
海宁路	1
天潼路与礼查路	1
爱而近路	7
北浙江路	1
北西藏路	3
甘肃路	2
乍浦路与靶子路	1
昆山路	2
宁波路	4
河南路	1
同孚路	1

1906 年

区域	移去	新增
西区	5	26
中区	5	8
北区	22	79
东区		10
总计	32	123

1907 年

区域	移去	新增
西区		37
中区	12	12
北区	16	41
东区		7
总计	28	97

资料来源:《上海公共租界工部局年报(1904—1907 年)》,上海市档案馆藏,卷宗号:U1-1-917～U1-1-920。

第三阶段为 1908 年至 1912 年。这一时期公共电力照明产业取得了最为显著的技术进步与规模扩大。1908 年工部局电气处引进了一种新的电弧路灯——焰弧灯(flame arcs),这种型号的弧光灯比起老式的闭式电弧灯,具有灯光更明亮的特点。①

同时,金属丝电气路灯(Metallic filaments)也被引进。这种白炽灯的性能可谓价廉物美。一方面,它超越了普通白炽灯的照明效果,且使用寿命很长,平均使用寿命达 1 800 小时,成为白炽灯中的主流产品;另一方面,它功率小,耗电更少,以前的旧式弧光灯每耗电 1 度只能燃点 8.3 小时,而新式金属丝电气路灯耗电 1 度能燃点长达 13.3 小时②,这就意味着公共照明费用将因此大大降低,使工部局电气处主观上实现公共照明领域电气化进程的意愿得以在现实层面大力推行。

从 1908 年起,电气处即着手在外滩与南京路地区添设这种新式的焰弧路灯,在爱文义路、同孚路、威海卫路安装新式的 60 支光的金属丝电气路灯以替代原来的老式弧光灯,在汇山路、舟山路也添设了这种金属丝白炽路灯。1908 年电气处增设电气路灯总计 86 盏。其中,闭式电弧灯 48 盏、焰弧灯 8 盏、普通白

① 《上海公共租界工部局年报(1908 年)》,上海市档案馆藏,卷宗号:U1-1-921。

② 《上海公共租界工部局年报(1909 年)》,上海市档案馆藏,卷宗号:U1-1-922。

炽灯 13 盏、金属丝白炽灯 17 盏,使得该年弧光灯路灯总数增至 291 盏,白炽灯路灯总功率 788.3 瓦。费用方面,焰弧灯每盏每年 175 两,闭式弧光灯每盏每年 175 两,60 支烛光的金属丝白炽路灯每盏每年仅 60 两。①

1909 年 1 月 1 日,公共电力照明的费用进一步降低。其中,焰弧灯从每年 175 两降至 170 两,闭式电弧灯从每年 175 两降至 140 两,60 支烛光的白炽灯从每年 60 两降至 27 两。因此,工部局一面在大马路上扩大焰弧灯的使用范围,该年从外滩至护城河的南京路已经全部使用焰弧灯电气路灯,外滩也基本全部使用焰弧灯;另一方面,金属丝电气路灯在小路上的使用非常成功。显然,金属丝电气路灯低能低耗的性能,在大大降低公用照明费用的同时,满足小路与道路拐角的照明需要。每盏 60 支烛光的金属丝白炽灯电气路灯,每年只花费 27 两,相对而言,新式煤气路灯每盏每年也要 30 两,电气路灯无疑更为经济实用。

基于上述原因,从 1909 年起,工部局电气处决定大面积扩大金属丝电气路灯的使用范围,并以此逐步取代新式煤气路灯的使用。该年电气处将原本打算在余杭路、杨树浦路、静安寺路安装 55 盏新式煤气路灯的计划取消,而把静安寺路上的煤气路灯换成了金属丝电气路灯②,并计划大量使用金属丝电气路灯代替原来的新式煤气路灯。这一年,电气处新增了 300 盏 60 支光的金属丝电气路灯,使公共照明领域总计 339 盏弧光灯电气路灯,364 盏 60 支光的金属丝电气路灯,而煤气路灯的数目则从 1908 年的 771 盏减少到 750 盏。③(具体参见表 24、表 25)

表 24 1909 年工部局电气处电气路灯状况分布表

单位:盏

类型	1909 年移去					1909 年安装					1909 年电气路灯分布				
区域	中	北	东	西	总	中	北	东	西	总	中	北	东	西	总
焰弧灯						10	10			20	33	10		1	44
闭式弧光灯	10	8	1		19	1	42	11	1	55	78	108	61	48	295
普通白炽灯	25	15	7		47										
金属丝电气路灯						62	69	80	89	300	72	69	88	135	364
总计	35	23	8		66	73	121	91	90	375	183	187	149	184	703

资料来源:《上海公共租界工部局年报(1909 年)》,上海市档案馆藏,卷宗号:U1-1-922。

① 《上海公共租界工部局年报(1908 年)》,上海市档案馆藏,卷宗号:U1-1-921。
② 上海市档案馆编:《工部局董事会会议录》第 17 册,第 603 页。
③ 《上海公共租界工部局年报(1909 年)》,上海市档案馆藏,卷宗号:U1-1-922。

表 25　1909 年煤气路灯状况分布表

单位:盏

类　型	1909 年移去					1909 年安装					1909 年煤气灯燃点数				
区　域	中	北	东	西	总	中	北	东	西	总	中	北	东	西	总
“C”型	6	29	8	28	71	1	12	9	2	24	157	207	78	171	613
“R”型	2			1	3						1	2		1	4
“B”型							15	23		38		15	23		38
“F”型	2	2	5		9						70	1	6	5	82
其他型											1	2		10	13
总　数	10	31	13	29	83	1	27	32	2	62	229	227	107	187	750

资料来源:《上海公共租界工部局年报(1909 年)》,上海市档案馆藏,卷宗号:U1-1-922。

1910 年,金属丝电气路灯的使用范围进一步扩大,工部局电气处又引进了 400 支烛光与 200 支烛光型号的金属丝白炽灯电气路灯。另一方面,电气处鉴于闭式弧光灯自使用以来照明效果一直不能令人满意的状况,在以金属丝电气路灯替代新式煤气路灯的同时,开始筹划以焰弧灯与金属丝电气路灯取代闭式弧光灯的工作。该年电气处在公共照明新增了 165 盏 60 支烛光的金属丝电气路灯、17 盏闭式电弧灯,使得该年电弧灯总数达 360 盏、金属丝电气路灯总数达 529 盏。其中,闭式电弧灯 313 盏、焰弧灯 47 盏、60 支烛光的金属丝电气路灯 491 盏、200 支烛光的金属丝电气路灯 35 盏、400 支烛光的金属丝电气路灯 3 盏。而 60 支烛光的金属丝电气路灯进一步降价,从原来每年每盏 27 两降至 23 两。而煤气路灯系统却没有得到任何扩展,且数量从去年的 750 盏降为 654 盏①,这是有史以来的第一次,这也成为公共电力照明产业日趋成熟的标志之一,使之有能力大规模替代煤气路灯为整个公共租界提供公共照明服务。(具体参见表 26、表 27)

从 1911 年开始,电气处就大规模以高性能的金属丝白炽灯,替代原来闭式弧光灯路灯。该年公共电力照明新增 87 盏 60 支烛光的金属丝电气路灯、16 盏 100 支烛光的金属丝电气路灯、7 盏 200 支烛光的金属丝电气路灯,移去闭式弧光灯 22 盏,使得电气路灯总数达到 982 盏。其中,焰弧灯 63 盏、闭式弧光灯 287 盏、金属丝电气路灯 571 盏。②

① 《上海公共租界工部局年报(1910 年)》,上海市档案馆藏,卷宗号:U1-1-923。

② 《上海公共租界工部局年报(1911 年)》,上海市档案馆藏,卷宗号:U1-1-924。

表 26 1910 年工部局电气处电气路灯状况分布表

单位:盏

类 型	1910 年移去					1910 年安装					1910 年电气路灯分布				
	中	北	东	西	总	中	北	东	西	总	中	北	东	西	总
焰弧灯				2	2	2	1			3	35	11		1	47
闭式弧光灯		10		4	14	4		19	5	28	82	98	80	49	309
金属丝灯															
400 支光									3	3				3	3
200 支光							15		20	35		15		20	35
60 支光						20		45	64	129	92	69	133	197	491
总 数		10		6	16	26	16	64	92	198	209	193	213	270	885

资料来源:《上海公共租界工部局年报(1910 年)》,上海市档案馆藏,卷宗号:U1-1-923。

表 27 1910 年煤气路灯状况分布表

单位:盏

类 型	1910 年移去					1910 年煤气灯燃点数				
	中	北	东	西	总	中	北	东	西	总
“C”型	8	1	40	32	81	149	205	38	140	532
“R”型						1	2		1	4
“B”型							15	23		38
“F”型	7	2	5		14	63	1	4		68
其他型	1				1		2		10	12
总 数	16	1	42	37	96	213	225	65	151	654

资料来源:《上海公共租界工部局年报(1910 年)》,上海市档案馆藏,卷宗号:U1-1-923。

对此,上海煤气公司也进行了技术改良,于 1911 年采用了新型高压煤气灯竞标公共照明份额,获得了在圆明园路、博物院路、香港路和苏州路 19 盏高压煤气灯的照明权,照明效果令人满意。但除此之外,煤气路灯无法与金属丝电气路灯相抗衡,产业空间大大缩减,从 1911 年的 641 盏持续减至 1912 年的 634 盏。① (具体参见表 28、表 29)

① 《上海公共租界工部局年报(1911 年、1912 年)》,上海市档案馆藏,卷宗号:U1-1-924、U1-1-925。

表 28 1911 年工部局电气处电气路灯状况分布表

单位:盏

类型	1911 年移去					1911 年安装					1911 年电气路灯分布				
	中	北	东	西	总	中	北	东	西	总	中	北	东	西	总
焰弧灯						1			15	16	36	11		16	63
闭式弧光灯	2			20	22						80	98	80	29	287
金属丝灯															
400 支光														3	3
200 支光									7	7		15		27	42
100 支光	2			5	7				16	16				16	16
60 支光								2	85	87	90	71	133	277	571
总数	4			25	29	1		2	123	126	206	195	213	368	982

资料来源:《上海公共租界工部局年报(1911 年)》,上海市档案馆藏,卷宗号:U1-1-924。

表 29 1911 年煤气路灯状况分布表

单位:盏

类型	1911 年移去					1911 年安装					1911 年煤气灯燃点数				
	中	北	东	西	总	中	北	东	西	总	中	北	东	西	总
"C"型	16			31	47	4	11			15	137	216	38	109	500
"R"型	1			1	2							2			2
"B"型							2	2		4		17	25		42
"F"型	3				3		2			2	60	3	4		67
其他型	1			7	8	2	3		2	7	1	5		5	11
高压型						19				19	19				19
总数	21			39	60	25	18	2	2	47	217	248	67	114	641

资料来源:《上海公共租界工部局年报(1911 年)》,上海市档案馆藏,卷宗号:U1-1-924。

1912 年,电气处继续以 100 支烛光的金属丝电气路灯取代闭式电弧灯路灯,以期将全部旧式闭式电弧灯移除,公共照明质量大大改善。至 1913 年年底,公共电气路灯总数达 1 125 盏。其中焰弧灯 70 盏、闭式弧光灯 222 盏、金属丝电气路灯 615 盏。①

① 《上海公共租界工部局年报(1912 年)》,上海市档案馆藏,卷宗号:U1-1-925。

表 30 1912 年工部局电气处电气路灯状况分布表

单位:盏

类 型	1912 年移去					1912 年安装					1912 年电气路灯分布				
	中	北	东	西	总	中	北	东	西	总	中	北	东	西	总
焰弧灯						7				7	43	11		16	70
闭式弧光灯	10		46	9	65						70	98	34	20	222
金属丝灯															
400 支光						4		8	2	14	4		8	5	17
200 支光				1	1	9		27		36	9	15	27	26	77
100 支光							1	107		108		1	107	16	124
60 支光				2	2	9	10	11	16	46	99	81	144	291	615
总 数	10		46	12	68	29	11	153	18	211	225	206	320	374	1 125

资料来源:《上海公共租界工部局年报(1912 年)》,上海市档案馆藏,卷宗号:U1-1-925。

表 31 1912 年煤气路灯状况分布表

单位:盏

类 型	1912 年移去					1912 年安装					1912 年煤气灯燃点数				
	中	北	东	西	总	中	北	东	西	总	中	北	东	西	总
“C”型			1	3	4		1			1	137	217	37	106	497
“R”型												2			2
“B”型												17	25		42
“F”型	1			3	4						55	3	4	1	63
其他型											1	5		5	11
高压型											19				19
总 数	1		1	6	8		1			1	212	244	66	112	634

资料来源:《上海公共租界工部局年报(1912 年)》,上海市档案馆藏,卷宗号:U1-1-925。

综上所述,斐伦路主电厂时期,工部局电气处在公共照明领域意图大力发展电力照明系统,以替代煤气灯的产业份额。1900 年年前,公共电力照明采用“上电”引进的老式电弧灯设备,产业规模基本停滞不前。为此,电气处陆续引进了闭式电弧灯、普通白炽灯系统替换普通电弧灯,1903 年后,普通电弧灯基本被全部更换。但由于煤气公司也在不断进行照明设备的更新换代,使得电力照明在公共照明市场的份额,优势并不十分明显。直至 1908 年焰弧灯的引进,特别是金属丝白炽灯系统的成功应用,扭转了公共电力照明产业发展滞缓的状况,使产

业规模有了质的飞跃(具体参见图 3)。

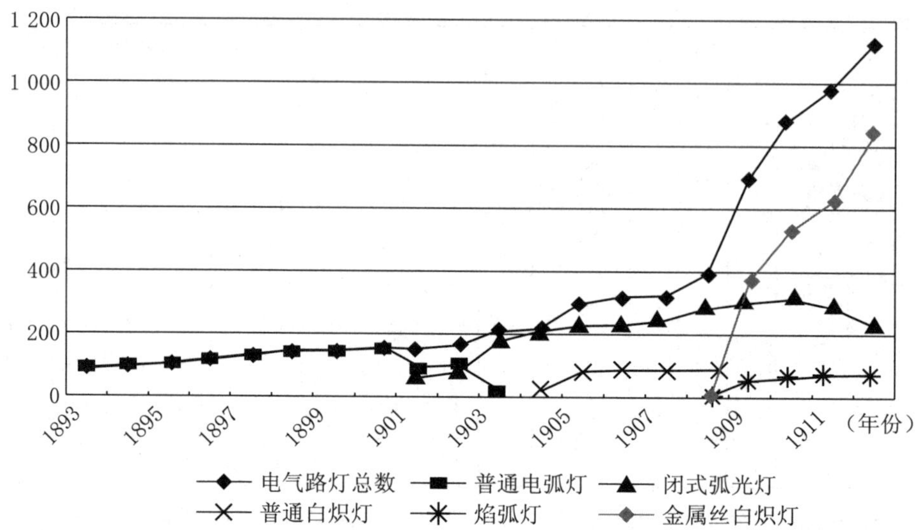

图 3 工部局电气处公共电气路灯变动趋势图(1893—1912 年)(单位:盏)

资料来源:《上海公共租界工部局年报(1898—1912 年)》,上海市档案馆藏,卷宗号:U1-1-911至 U1-1-925。

五、私人电力照明产业的迅速发展

如前所述,工部局电气处接管"上电"后便开始大力拓展白炽灯私人照明业务。斐伦路电厂建成后,私人电力照明用户逐年增多,白炽灯电力照明线路逐年延伸。特别是 1903 年以后,私人电力照明用户迅速增加,私人电力照明售电量也随之快速增长,其中最大年份,私人照明售电占总售电的 75%以上。①斐伦路主电厂时期,电气处私人电力照明产业状况详见表 32。

表 32 私人电力照明产业状况一览表(1898—1912 年)

年份	家用电器数(盏)*	增长率	用户数(家)	增长率	私人照明售电(度)	增长率	占总售电的比率
1898	10 778	8.3%					
1899	13 876	28%					
1900	17 148	23%	54				
1901	21 812	27%	107	98%			

① 《上海公共租界工部局年报(1912 年)》,上海市档案馆藏,卷宗号:U1-1-925。

（续表）

年份	家用电器数（盏）*	增长率	用户数（家）	增长率	私人照明售电（度）	增长率	占总售电的比率
1902	31 841	46%	246	130%			
1903	42 500	34%	516	110%			
1904	66 840	57%	918	78%	853 147		70.2%
1905	88 201	31%	1 167	27%	1 277 140	49.7%	71.9%
1906	108 525	23%	1 581	35%	1 704 563	33.5%	73.9%
1907	140 846	30%	2 110	33%	2 065 499	21.2%	75.3%
1908	171 918	22%	2 732	29%	2 391 586	15.8%	51.6%
1909	190 634	11%	3 269	20%	2 740 487	14.6%	45.8%
1910	215 405	12%	3 927	20%	3 164 996	15.5%	46.3%
1911	267 476	24%	4 669	16%	3 634 623	14.8%	43.8%
1912	337 159	26%	6 870	47%	5 455 885	50.1%	45%

* 1898—1901 年此数为折合 8 支烛光的私人白炽灯灯数(盏),主要用于私人电力照明;1901—1907 年此数为折合 8 支烛光的私人白炽灯灯数(盏),包括电灯、电热器,不包括路灯、电动机;1908—1912 年此数为折合 16 支烛光(30 瓦)的白炽灯灯数(盏),包括电灯、电热器,不包括路灯、电动机。

资料来源:《上海公共租界工部局年报(1898—1912 年)》,上海市档案馆藏,卷宗号:U1-1-911～U1-1-925。

从表 32 可以看出,私人电力用户数量快速上涨。12 年间,私人照明用户从 20 世纪初的 54 户增加至 1912 年的 6 870 户,年平均增长率 53.6%。而家用电器数目也从 1898 年的 1 万余盏电灯,增至 1912 年的 33 万余盏,翻了 30 余倍。(具体增长趋势参见图 4、图 5、图 6)

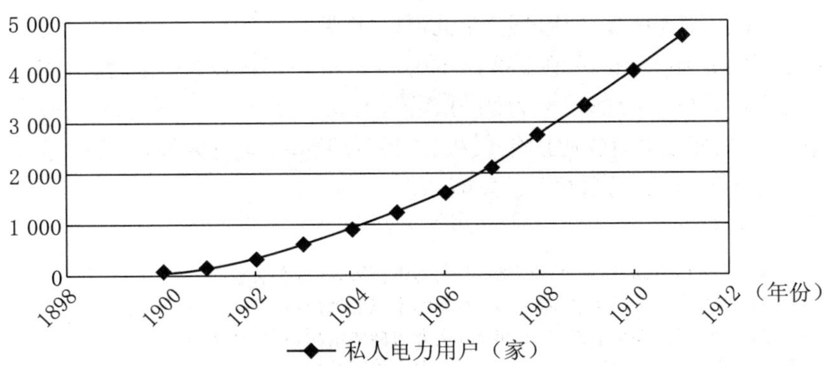

图 4 斐伦路主电厂时期私人电力用户增长图

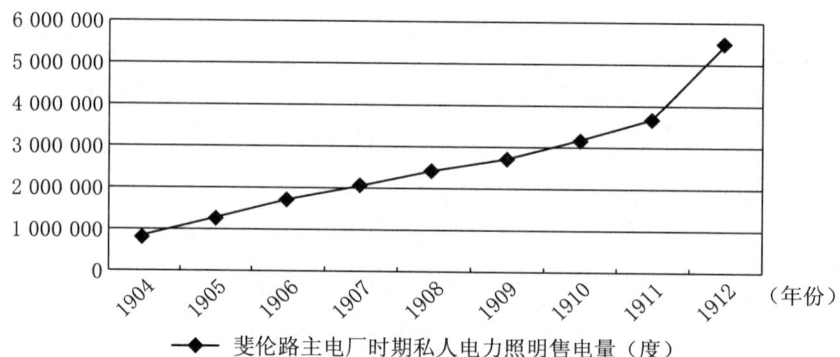

图 5 斐伦路主电厂时期私人电力照明售电量增长图

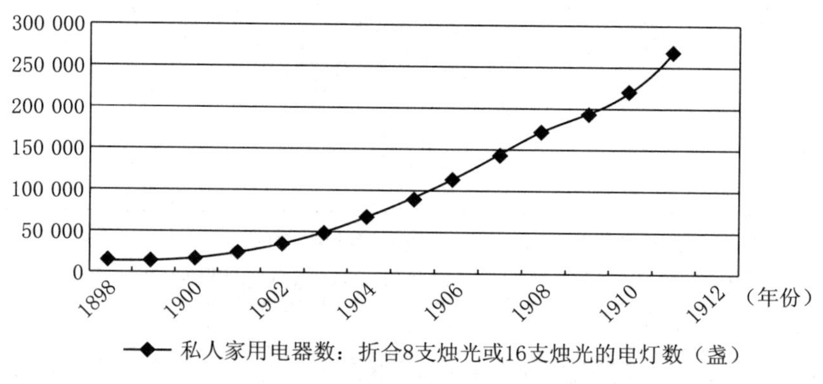

图 6 斐伦路主电厂时期私人家用电器数增长图

这一时期,私人电力照明用户数量的快速增长的原因,主要得益于电气处经济实惠的电力照明收费,1897 年由于受煤价上涨影响,私人白炽灯收费从原来每度电 16 分涨至 18 分①,后增至 1902 年的每度电 20 分②。但此后从 1903 年起,家用用电就从每度 16 分降至 14 分③,至 1909 年已降价至每度电 13 分④。加上 1908 年电气处引入了低能低耗的金属丝白炽灯,使得私人用电照明费用更为低廉,私人电力照明普及化的进程也得以实现。

因此,1911 年华俄道胜银行(Russo-Asiatic Bank)和客利饭店(Kalee Hotel)均放弃了自己的私人电力照明装置,改接入工部局电气处的电力系统,显然,在电费与维修费用上,使用电气处的电力照明系统更为经济实惠,显示出电气处大型电力照明供应网络的强大能力。⑤

① 《上海公共租界工部局年报(1897 年)》,上海市档案馆藏,卷宗号:U1-1-910。
② 《上海公共租界工部局年报(1902 年)》,上海市档案馆藏,卷宗号:U1-1-915。
③ 《上海公共租界工部局年报(1903 年)》,上海市档案馆藏,卷宗号:U1-1-916。
④ 《上海公共租界工部局年报(1909 年)》,上海市档案馆藏,卷宗号:U1-1-922。
⑤ 《上海公共租界工部局年报(1911 年)》,上海市档案馆藏,卷宗号:U1-1-924。

表32反映出,1912年工部局电气处新增了相当于30瓦特电灯数69 683盏,增幅26.05%,而电力用户却有增加47%之多。这显示出更多的小型家用电力照明用户在迅速增加,原因就在于家庭电力照明的廉价,越来越多的普通市民都可以用得起电灯。

再者,1909年,电力用户仅增加了537家,使私人电力用户增至3 269家,相当于增加30瓦特的电力照明用灯18 716盏,这与1908年增加622家电力用户,31 072盏30瓦特的电力照明用灯相较而言,1909年增加的私人电力用灯数明显减少。其主要原因也在于:其一,丝电气灯的使用更为廉价经济,使许多本地普通市民的家里与商店也开始使用电力照明。因此,小宗的电力安装用户增多,比如每家平均仅安装6盏电力照明。其二,经济的萧条使商贸活动萧索,许多房屋空置不再开门做生意。据统计,1908年有342家洋人房屋空置,3 614家华人房屋空置,至1909年增长至446家洋人房屋空置,4 090家华人房屋空置。①

总之,综观斐伦路主电厂时期工部局电气处的业务状况,电力照明产业始终是电气处售电的主要领域,且无论是公共照明覆盖范围,还是私人照明用户,皆逐年增加。电力照明产业用电量,从1898年的45万余度,增长至1912年的693万余度,占总发电量的52.37%,反映总体产业规模逐年成长的趋势(具体参见图7)。

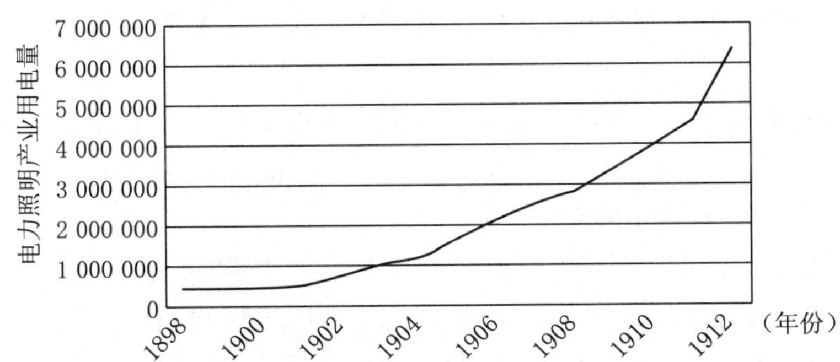

图7 上海公共租界电力照明产业规模增长趋势图(1898—1912年)(单位:度)

资料来源:《上海公共租界工部局年报(1898—1912年)》,上海市档案馆藏,卷宗号:U1-1-911~U1-1-925。

此外,斐伦路主电厂时期,在1900年以前,工部局电气处售电基本全都是用于照明用电,1904年单相电动机开始应用于工业电力与电热,1908年售予电车公司,应用于牵引,以直流电供有轨电车用电。②

① 《上海公共租界工部局年报(1909年)》,上海市档案馆藏,卷宗号:U1-1-922。

② 上海市专志系列丛刊《上海租界志》编纂委员会编:《上海租界志》,第390页。

第三节 现代化江边电厂的建设及其电力产业的主体规模

一、江边电厂的建设及其产业设备的主体规模

斐伦路主电厂末期,上海工业开始建立,公、私电力照明用户亦急遽增加。为满足用户供电需求,至1910年,斐伦路电厂已装6 000千瓦发电设备,但因厂址无法扩充,虹河运输能力及冷凝水的供应也无法增加。于是,工部局决定在杨树浦的黄浦江边另建新厂,扩充电厂与产业规模,并逐渐将斐伦路电厂改为总变电站。

1908年,工部局在杨树浦复兴岛以西的黄浦江边,购得一块39亩的土地,造价75 000两,准备建造江边电厂,但因需资金较大,而把工程推迟了两年。直至1911年3月的工部局纳税人会议上,终于通过了发行60万两债券,建造江边电厂的决议。整个江边电厂的厂房为钢制结构,配套设备总投资预算为66 145英镑。[①]1913年4月12日电厂正式投运。

随着江边电厂开始供电,工部局电气处迎来了一个新的发展阶段,电厂发电规模不断成长,负荷每年增加,新机器也不断添设。[②]整个江边电厂的建造与设备扩建工作可分为二期工程、四期扩建,贯穿了江边电厂供电的始终(参见表33)。

可以说,现代化的江边电厂奠定了近代上海电力产业设备的主体规模。近代上海电力产业最主要的电力设施,如发电设备、输电设备、配电所、地下电缆、架空电线均在这一时期完成配置。(参见表34)

从上述统计表中可见,江边电厂的工厂设备规模迅速扩大,发电设备、输电设备资产翻倍增长。其中,一开始江边电厂的厂房资产,就在斐伦路电厂22万两的基础上,增长至55万两,涨幅2.5倍。此后,江边电厂经过十几年的设备扩充与建设,厂房资产达470多万两,涨幅8.5倍;发电设备从1913年江边电厂刚开办时的100万,增长至1927年的1 200多万,涨幅达12倍;输电设备从1913年的97万,增长至1927年的1 300多万,涨幅达13倍。

---

① 孙宏良:《从上海电气公司到工部局电气处》,载上海市政协文史资料委员会编:《上海文史资料存稿汇编8》,第105页。

② 汪敬虞:《中国近代工业史资料第二辑》,第338—339页。

表 33 江边电厂设备状况统计表

第一期工程	第二期工程	一期扩建	二期扩建	三期扩建	四期扩建
1911—1913 年	1913—1915 年	1915—1917 年	1917—1920 年	1920—1925 年	1925—1929 年
2 台 2 000 千瓦的埃依奇(A.E.G)汽轮发电机(1、2 号机) 4 台 22 000 磅柏拨葛链条炉排锅炉(1 至 4 号炉)	2 台 5 000 千瓦的埃依奇(A.E.G)汽轮发电机(3、4 号机) 4 台 28 000 磅柏拨葛链条炉排锅炉(5 至 8 号炉)	1 台 5 000 千瓦的埃依奇(A.E.G)汽轮发电机(5 号机)	2 台 2 000 千瓦的惠兰斯(Willans)汽轮发电机(6、7 号机) 2 台 18 000 千瓦奇异汽轮发电机(8、9 号机)	2 台 20 000 万千瓦的汽轮发电机组(10、11 号机) 2 台 3 000 千瓦的汽轮发电机(12、13 号机)用于家用电力需求	2 台 2 万千瓦发电机组(14、15 号机)
1 至 8 号炉组成 1 号锅炉房,可多发电 2 600 千瓦					

资料来源:1.《上海公共租界工部局年报(1913—1929 年)》,上海市档案馆藏,卷宗号:U1-1-926～U1-1-942;

2. 上海市专志系列丛刊《上海租界志》编纂委员会编:《上海租界志》,第 390 页;孙宏良:《从上海电气公司到工部局电气处》,载上海市政协文史资料委员会编:《上海文史资料存稿汇编 8》,第 104—108 页。

表 34 工部局电气处厂房与设备资产统计表(1913—1927 年)

单位:两

年份	土地	厂房	发电设备	输电设备	家具	仓储	总计
1913	117 573	557 380	1 000 857	972 889	25 169	324 457	2 998 325
1914	124 076	616 497	1 231 728	1 380 187	30 134	400 649	3 783 271
1915	147 470	633 981	1 227 948	1 498 424	31 594	393 490	3 932 907
1916	148 947	928 915	2 168 325	3 263 998	40 844	569 307	7 121 236
1917	295 016	1 145 124	2 857 596	3 591 407	43 315	648 542	8 581 000
1918	419 123	1 235 740	3 465 024	3 924 592	45 717	831 188	9 921 384
1919	450 658	1 524 586	4 038 930	4 378 022	47 855	718 012	11 158 063
1920	698 605	1 644 977	4 781 835	5 216 554	59 567	1 047 342	13 448 880
1921	726 278	2 646 748	7 371 523	7 030 856	75 908	2 269 515	20 120 828
1922	780 481	3 643 086	10 902 776	9 678 698	86 019	1 723 338	26 814 398
1923	779 223	4 088 791	11 617 592	10 448 733	94 132	1 689 277	28 717 748
1924	782 114	4 326 610	12 037 812	10 892 343	102 987	1 472 156	29 614 022
1925	813 092	4 295 553	11 419 248	11 441 616	110 973	1 419 772	28 080 482
1926	830 634	4 369 382	11 485 406	12 757 710	110 430	1 518 699	31 072 261
1927	1 677 595	4 771 635	12 730 457	13 803 586	115 183	1 229 265	34 327 721

资料来源:《上海公共租界工部局年报(1913—1927 年)》,上海市档案馆藏,卷宗号:U1-1-926～U1-1-940。

二、江边电厂供电能力与发电效率的主体规模

江边主电厂时期，电厂的发电、输电、配电能力大规模增长。这与上海工业用电急遽增加，电力照明日渐普及化相辅相成。至1929年工部局电气处出售时，电厂已发展成发电容量达121 000千瓦(正在安装的还有4 000千瓦)，全年售电量超过5亿的大厂[①](具体参加表35)。

表35 工部局电气处电厂发电、输电、配电能力一览表(1913—1928年)

年份	发电系统(kW)			输电系统(mile)		配电系统(kVA)
	总容量	江边电站	斐伦路电站	架空电线(延伸)	地缆	配电容量
1913	10 400	6 400	4 000	150.66	26.53	10 978
1914	14 900	10 900	4 000	141.22	55.99	12 890
1915	19 600	14 000	5 600	119.2	56.64	18 284
1916	19 600	14 000	5 600	144.79	74.51	20 571
1917	29 600	24 000	5 600	104.57	80.64	30 867.5
1918	31 600	26 000	5 600	100	86.12	34 237.5
1919	38 600	33 000	5 600	108.75	104.78	50 355
1920	38 600	33 000	5 600	171.68	142.74	65 776
1921	84 600	71 000	3 600	167.64	208.31	117 678.5
1922	121 000		—	130	275.81	181 978
1923	125 400		—	60.52	304.4	186 161
1924	121 000		—	118.3	323.81	256 123
1925	121 000		—	73.74	348.04	266 278
1926	121 000		—	104	390.04	290 391
1927	121 000		—	39.48	444.58	333 561
1928	121 000		—	86.26	488.09	394 291

资料来源：《上海公共租界工部局年报(1913—1928年)》，上海市档案馆藏，卷宗号：U1-1-926～U1-1-941。

从表35可见，随着江边电厂设备的添设与发电容量的扩大，斐伦路电厂发电量逐年减少。至1921年，斐伦路电厂发电容量仅占该年总发电容量的4.2%。1922年年底，江边电厂发电容量达121 000千瓦，而斐伦路电厂不再主要用于发电电厂，仅作为直流发电设备使用，该厂原有的两座600千瓦的交流发电机组出

① 汪敬虞编：《中国近代工业史资料第二辑》，第339页。

售。1923 年,江边电厂发电量 3.2 亿度,而斐伦路电厂仅为 260 万度,占该年工部局电气处总发电量的 0.798%。1924 年,斐伦路电厂的全部发电设备拆除而改造成超级变电站。①

此外,输电系统的架空电线日趋地缆化,地缆铺设长度从最初的 26 英里,延长至 488 英里,涨幅 10 余倍;配电系统容量也快速增加,从 1913 年的 1 万千伏安,增加至 1928 年的 39 万千伏安,涨幅达 39 倍多。

与此同时,工部局电气处江边电厂的售电能力,也继斐伦路电厂之后迅猛增加。仅 1913 年售电量同比增幅就达 80%多,至 1928 年年底的 4 亿多度,16 年时间售电总量翻了 20 余倍。(具体参见表 36)

表 36 江边主电厂时期售电状况与最大输出功率表(1913—1928 年)

年份	售电(度)						最大输出功率(千瓦时)	增长率
	私人照明	公共照明	动力电热	牵引	总计售电	增长率		
1913	8 607 546	987 517	7 205 706	3 127 677	21 888 230	80.4%	8 100	35%
1914	12 325 247	1 055 272	15 626 314	3 626 838	32 885 822	50.2%	11 190	38%
1915	14 073 166	1 005 259	31 313 159	3 395 813	50 014 128	52.1%	13 909	24%
1916	14 285 888	1 058 772	42 942 438	3 873 698	62 102 478	24.2%	18 617	33.8%
1917	15 206 019	1 128 896	58 312 094	3 843 433	78 796 232	26.9%	20 187	8.4%
1918	14 444 261	1 141 973	66 924 747	3 764 678	86 543 469	9.8%	21 222	5.12%
1919	16 378 793	1 192 650	80 575 362	4 191 332	102 622 803	18.6%	27 553	29.8%
1920	20 298 672	1 454 812	118 079 283	4 706 865	144 881 342	41.2%	35 380	28.41%
1921	22 458 625	1 703 212	156 210 627	4 992 282	185 364 746	28%	41 074	16.1%
1922	24 793 079	1 836 419	200 221 968	5 605 895	232 457 361	25.4%	51 340	25%
1923	27 626 473	2 182 615	236 479 506	5 977 267	272 265 861	17.1%	62 903	22.5%
1924	29 418 821	2 269 795	269 448 399	6 170 386	307 307 401	12.9%	63 459	0.88%
1925	32 462 792	2 902 220	258 978 893		294 343 905	−4.2%	72 930	14.92%
1926	37 018 836	2 831 604	368 395 370		408 245 810	38.7%	86 100	18.06%
1927	39 930 227	2 984 160	357 428 998		400 348 385	−1.9%	86 025	−0.09%
1928	45 214 393	2 951 262	410 194 560		458 360 215	14.5%	95 250	10.72%

资料来源:《上海公共租界工部局年报(1913—1928 年)》,上海市档案馆藏,卷宗号:U1-1-926～U1-1-941。

① 孙宏良:《从上海电气公司到工部局电气处》,载上海市政协文史资料委员会编:《上海文史资料存稿汇编 8》,第 107 页。

从表 36 中的数据可以看出,江边主电厂时期,公私照明、动力电热与牵引用电皆逐年递增,售电量与年最大输电功率也因此大幅上扬。其中,自 1913 年起,工业动力与电热需求增速飞快。至 1915 年,工业用电超出照明用电,成为电气处售电的大宗用户,此后工业用电每年皆以千万度递增,占售电总量的绝对优势。

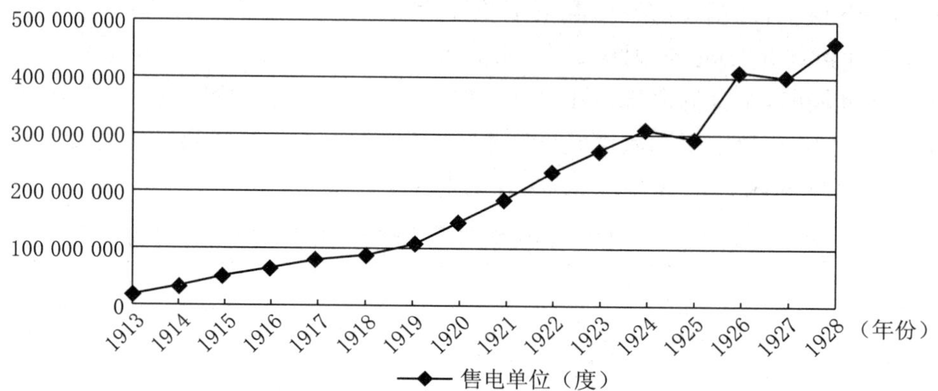

图 8　工部局电气处售电状况增长趋势图

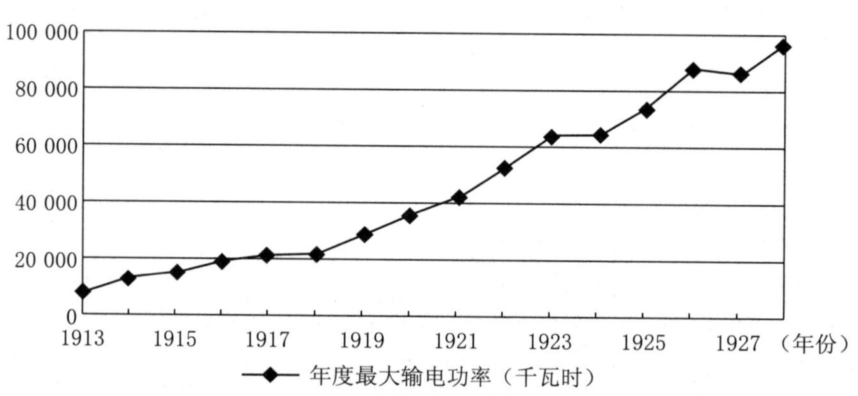

图 9　工部局电气处年最大输电功率增长趋势图

从图 8、图 9 可以看出,江边主电厂时期,工部局电气处的电业经营出现了几次震荡。其中,1916 年至 1918 年售电增长率明显减缓的主要原因在于:第一,设备故障造成电力供应中断。1916 年与 1917 年间发生了 3、4 号机烧坏发电机转子事故,使该年冬季晚高峰负荷期间停止电力供应①;第二,1918 年照明售电出现下降,也是由于 1918 年间 1、2、4 号发电机又相继发生烧线圈事故,电

① 孙宏良:《从上海电气公司到工部局电气处》,载上海市政协文史资料委员会编:《上海文史资料存稿汇编 8》,第 106 页。

气处废止了广告牌的霓虹灯,使得照明电力用户减少至少 90 000 度。此外,该年电力照明的费用有所增加,使电力照明用户新增数量减少。①

1925 年因“五卅”工人大罢工,致使工部局电气处售电总量从 3 亿多度降至 2.9 亿度,是江边电厂时期第一次出现年售电量同比下降的情况,降幅 4.22%。受“五卅运动”罢工浪潮的影响,1925 年开始的电厂设备四期扩建工程,原计划 1927 年上半年投运的新机组遭阻,最后到 1929 年下半年才投运,②这致使 1927 年电气处售电量同比下降,降幅 1.9%。

与此同时,江边电厂的作业效率比斐伦路电厂时期更上一层楼,发电耗损逐年减少。1913 年起,工部局电气处负荷率超过英国排名前五的市营电厂(曼彻斯特、谢菲尔德、伯明翰、利物浦、格拉斯哥),标志着江边电厂发电成本最为低廉,这有利于电厂以更为低廉的电价,促进电力应用的普及(具体参见表 37)。

表 37 上海江边电厂与英国五大市营电厂负荷系数比较表

年份	曼彻斯特	谢菲尔德	格拉斯哥	伯明翰	利物浦	上海
1913	26.47	18.16	21.44	25.99	22.45	30.8
1915	26.98	21.69	25.51	25.38	24.76	40.8
1916	29	27.96	27.99	27.38	26.21	38.2
1917	31.87	31.05	32.77	33.63	27.79	44.38
1918	34.03	34.33	31.86	33.31	27.82	46.77
1919	32.41	31.03	27.96	30.25	27.63	42.39
1920	25.28	24.83	25.54	23.01	27.02	46.7
1921	25.46	24.28	22.87	23.29	25.65	51.5
1922	21.65	18.69	21.45	20.65	24.96	51.5
1923	29.41	26.96	27.95	25.26	—	49.42
1924	30.79	28.69	28.69	26.19	—	55.12
1926	32.46	28.83	28.7	27.36	31.84	61.79
1927	33.35	28.83	29.64	30.1	32.24	59.91

资料来源:《上海公共租界工部局年报(1913—1927 年)》,上海市档案馆藏,卷宗号:U1-1-926~U1-1-940。

① 《上海公共租界工部局年报(1918 年)》,上海市档案馆藏,卷宗号:U1-1-931。

② 孙宏良:《从上海电气公司到工部局电气处》,载上海市政协文史资料委员会编:《上海文史资料存稿汇编 8》,第 107—108 页。

从 1922 年起,江边电厂售电量也超过设备容量比它大很多的英国最大的曼彻斯特市营电厂,成为近代上海电力产业成熟与规模化的重要标志(具体参见表 38)。

表 38 上海江边电厂与英国五大市营电厂售电量比较表

单位:千瓦

年份	曼彻斯特	谢菲尔德	格拉斯哥	伯明翰	利物浦	上海
1913	104 346 895	21 671 978	63 183 063	63 250 492	39 938 762	21 888 230
1917	172 267 789	126 476 858	141 193 627	149 724 637	60 612 533	78 796 232
1918	195 582 784	173 151 007	155 194 785	160 275 400	70 784 695	86 543 469
1919	184 675 190	161 839 041	144 930 164	140 938 720	72 623 368	102 622 803
1920	182 419 070	132 178 750	148 495 090	127 938 924	74 609 074	144 881 342
1921	199 618 813	141 361 701	154 175 830	136 921 417	86 333 510	185 364 746
1922	158 489 732	103 170 062	131 341 783	111 038 406	88 188 415	232 457 361
1923	185 638 834	123 438 177	141 919 196	139 468 153	——	272 265 861
1924	222 203 023	151 896 004	166 087 836	171 152 590	——	307 307 401
1926	300 440 765	161 339 751	186 742 044	224 725 602	172 044 686	408 245 810
1927	323 547 741	170 213 413	191 789 688	234 223 432	186 765 147	400 348 385

资料来源:《上海公共租界工部局年报(1913—1927 年)》,上海市档案馆藏,卷宗号:U1-1-926~U1-1-940。

从表 38 可见,江边电厂的售电量从 1913 年的 2 188 万千瓦,增长至 1927 年的 4 亿千瓦,涨幅 18 倍。开办伊始,江边电厂的售电能力,仅为英国曼彻斯特电厂的 1/5,经过 14 年的发展,江边电厂的售电能力,以每年平均递增率 27%的速度,反超曼彻斯特电厂售电量的 1.2 倍,体现出近代上海电力产业的规模化进程。

第四节 江边主电厂时期公共电力照明产业规模的奠定

一、金属丝电气路灯的全面应用与公共电力照明产业格局的奠定

自 1908 年工部局电气处引进金属丝白炽灯电气路灯后,电力照明的性能与价格优势在公共照明领域表现出色。从 1913 年起,电气处开始引进各类型号的金属丝电气路灯,着手全面替代其他类型电气照明路灯的工程,并将之应用于私

人小巷与弄堂的照明服务中。至1915年,电气处使用的金属丝电气路灯都采用氮气灯式样,包括400支烛光、200支烛光、100支烛光与60支烛光四种型号。这种氮气灯比普通金属丝电气灯的性能更为卓越,灯泡更耐用,也更节能,使用寿命约为15个月,灯管单位烛光仅耗电0.75瓦,比先前的金属丝电气灯单位烛光耗电1.2瓦更省电,且灯光比往昔更明亮。①

1916年,电气处又相继引入了2 000支烛光的氮气式金属丝电气路灯,且将公共照明领域的闭式弧光灯与焰弧灯全部更换为氮气式金属丝电气路灯。②此后,电气处又先后于1917年引入了1 000支烛光、800支烛光,1920年引入600支烛光,1922年引入250支烛光,1927年引入50支烛光类型的金属丝白炽灯电气路灯。③

随着金属丝电气路灯日益广泛的应用,电气处于1918年新增了两条公共电力照明线路。一条在西藏路与爱多亚路(Edward VII, Ave.)之间,一条在重庆路与哈同路(Hardoon Road)之间的大西路(Great Western Road)。④1919年电气处又在北区调整了电气路灯的线路,包括吴淞路、海宁路、靶子路、北浙江路、北苏州路地区划分出两条电力照明线路。⑤至1929年工部局电气处出售前,各种型号的金属丝电气路灯遍布公共租界大街小巷,在公共照明领域形成了以金属丝电气路灯为主的照明格局,总数从1913年的1 223盏增至4 297盏,道路照明状况得到大大改善。⑥

同时,在公共照明市场上,金属丝电气路灯对煤气路灯形成了强有力的竞争优势,煤气路灯的市场份额逐年递减。为此,煤气公司在1916年金属丝电气路灯全部取代其他电气路灯,占领公共电力照明市场后,曾先后于1917年引进了600支烛光与300支烛光的加强型(“S”型)煤气路灯⑦,1925年又引入温莎煤气灯(Graetzin)与萨格斯煤气灯(Suggs),誓与电力照明一争长短,但终究无力抗衡。⑧进入20世纪20年代后,公用照明领域已基本停止安装新的煤气路灯,至1929年,煤气路灯总数从1913年的604盏减为485盏。⑨(具体参见图10)

---

① 《上海公共租界工部局年报(1915年)》,上海市档案馆藏,卷宗号:U1-1-928。

② 《上海公共租界工部局年报(1916年)》,上海市档案馆藏,卷宗号:U1-1-929。

③ 《上海公共租界工部局年报(1917—1922年、1927年)》,上海市档案馆藏,卷宗号:U1-1-930~U1-1-935、U1-1-940。

④ 《上海公共租界工部局年报(1918年)》,上海市档案馆藏,卷宗号:U1-1-931。

⑤ 《上海公共租界工部局年报(1919年)》,上海市档案馆藏,卷宗号:U1-1-932。

⑥⑨ 《上海公共租界工部局年报(1929年)》,上海市档案馆藏,卷宗号:U1-1-942。

⑦ 《上海公共租界工部局年报(1917年)》,上海市档案馆藏,卷宗号:U1-1-930。

⑧ 《上海公共租界工部局年报(1925年)》,上海市档案馆藏,卷宗号:U1-1-938。

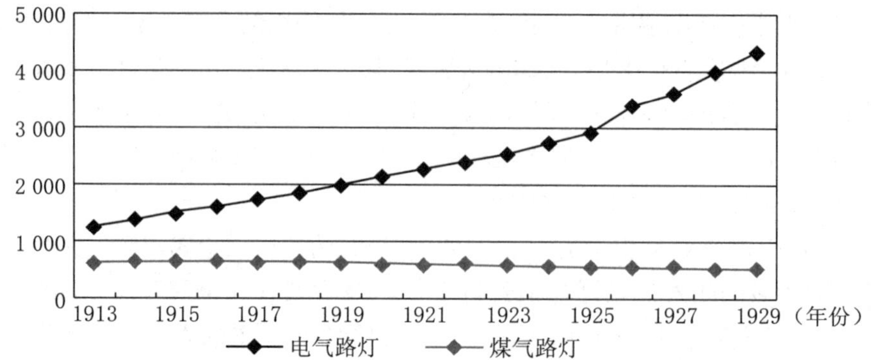

图 10 江边主电厂时期公共租界公共照明市场份额变化趋势图(单位:盏)

资料来源:《上海公共租界工部局年报(1913—1929 年)》,上海市档案馆藏,卷宗号:U1-1-926～U1-1-942。

总之,江边主电厂时期,工部局电气处所引进的金属丝电气路灯,在公共照明市场应用中大获成功,电气处大力拓展金属丝电气路灯的市场份额,使得电气路灯数目大大增加,产业的市场份额也节节高升,由此奠定了公共租界公共电力照明产业的格局。

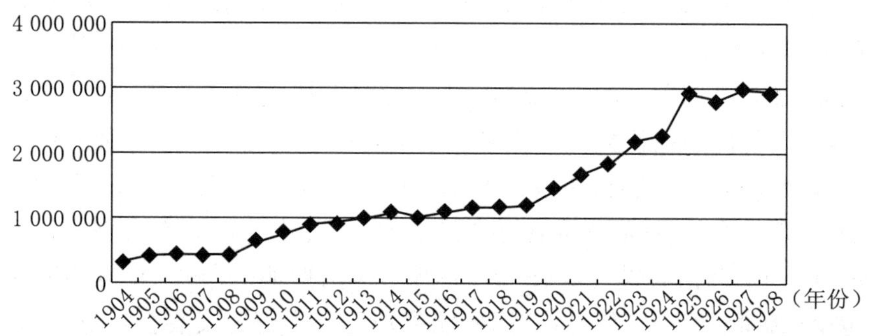

图 11 工部局电气处公共照明售电量增长图(1904—1928 年)(单位:度)

资料来源:《上海公共租界工部局年报(1904—1928 年)》,上海市档案馆藏,卷宗号:U1-1-917～U1-1-941。

从图 11 可以看出,自 1908 年起,公共电力照明用电需求开始迅速增长,一直到 1914 年公共电力照明用电持续增长势头,第一次世界大战并未对产业发展产生大的影响。1915 年公共照明产业售电量有轻微下降,并非是产业规模与市场份额的下降,而是因为电气处采用了耗电更小的氮气灯式样的金属丝电气路灯。

此外,江边主电厂时期,公共租界私人小巷和弄堂的金属丝白炽灯数量逐年增加,分别为:1913 的 32 盏、1914 年的 80 盏、1915 年的 99 盏、1916 年的 220 盏、1917 年的 450 盏、1918 年的 728 盏、1919 年的 807 盏、1920 年的 974 盏、1921 年的 1 077 盏、1922 年的 1 360 盏、1923 年的 1 583 盏、1924 年的 2 313 盏、1925 年的 2 598 盏、1926 年的 3 058 盏、1927 年的 3 450 盏,15 年间涨幅倍增。①

因此,自 1916 年起,因私人小巷与弄堂的电力照明数量大大增加,使该年起公共照明售电量有了小幅攀升。②至 1925 年“五卅”工人大罢工,售电总量降幅 4.22%的情势下,公共照明售电量却出现了较大的涨幅,主要也是由于该年私人道路照明使用数量的增加,净增达 285 盏,使总数达到 2 598 盏。③而 1926 年的公共电力售电总量出现小幅回落,也是出于该年私人道路照明领域添设了不少小功率的金属丝电气路灯,净增达 395 盏 60 支烛光电气路灯,使耗电总量有所下降。④

二、公共电力照明产业营收分析

如前所述,江边主电厂时期,工业用电于 1915 年开始超出照明用电,成为电气处售电的大宗用户。与此相应,公共电力照明收入也已不再是电气处营收的主要来源。1916 年工部局电气处照明售电占总售电量的 1.7%,降至 1928 年的 0.64%;而售电收入,公共电力照明也从 1916 年占总售电收入的 3.3%,降至 1928 年的 0.7%。(具体参见表 39)

表 39 工部局电气处公共照明产业收入统计表(1916—1928 年)

单位:两

年份	占总售电量百分比	年收入	占售电总收入百分比
1916	1.7%	68 889.22	3.3%
1917	1.4%	87 015.23	3.1%
1918	1.3%	97 454.87	2.6%
1919	1.1%	106 835.47	2.4%
1920	1%	110 286.5	2.2%
1921	0.92%	116 273.3	1.9%

① 《上海公共租界工部局年报(1913—1927 年)》,上海市档案馆藏,卷宗号:U1-1-926~U1-1-940。
② 《上海公共租界工部局年报(1916 年)》,上海市档案馆藏,卷宗号:U1-1-929。
③ 《上海公共租界工部局年报(1925 年)》,上海市档案馆藏,卷宗号:U1-1-938。
④ 《上海公共租界工部局年报(1926 年)》,上海市档案馆藏,卷宗号:U1-1-939。

(续表)

年份	占总售电量百分比	年收入	占售电总收入百分比
1922	0.79%	120 795.54	1.7%
1923	0.8%	132 038.53	1.6%
1924	0.73%	142 752.85	1.6%
1925	0.98%	153 687.44	1.8%
1926	0.69%	168 872.24	1.7%
1927	0.74%	180 059.58	1.6%
1928	0.64%	187 240.58	0.7%

资料来源:《上海公共租界工部局年报(1916—1928 年)》,上海市档案馆藏,卷宗号:U1-1-929～U1-1-941。

随着公共电力照明产业规模的奠定与技术的成熟,公共电力照明收入逐年稳定增长,从 1916 年的 6 万多两,以平均每年递增 1 万多两的速度,增值 1928 年的 18 万多两。(具体参见图 12)

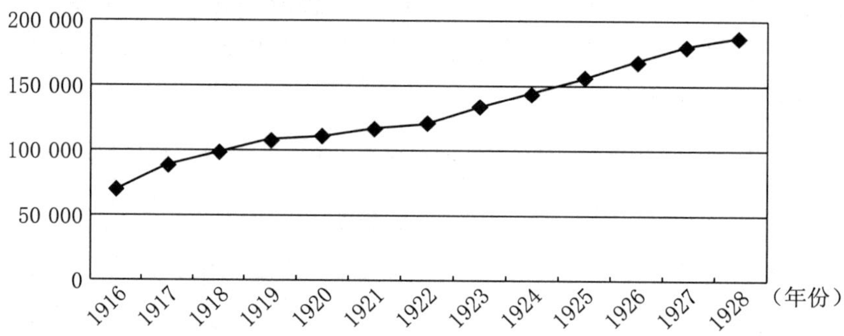

图 12 工部局电气处公共照明收入增长图(1916—1928 年)(单位:两)

但与此同时,公共照明价格却在逐年降低,每盏电气路灯价格从每年的 250 两降至 25 两,分别为:1916 年的 38.2 两、1917 年的 40.2 两、1918 年的 38.5 两、1919 年的 39.1 两、1920 年的 36.1 两、1921 年的 35.6 两、1922 年的 32.8 两、1923 年的 32.4 两、1924 年的 28.5 两、1925 年的 27.9 两、1926 年的 26.2 两、1927 年的 25.8 两。①10 余年间,公共照明价格降幅达 32%。公共照明总售电收入每年稳步增加,收费却逐年降低,由此反映出公共电力照明方式普及应用的态势。

① 《上海公共租界工部局年报(1916—1927 年)》,上海市档案馆藏,卷宗号:U1-1-929～U1-1-940。

1913年起,私人照明均价为每度2.4分银、工业动力0.78分银、公共照明1.08分银,电气处售电均价为每度1.28分银。① 因此,公共照明收费略低于售电均价,处于私人照明与工业动力售电价格中间,收费合理。从表39反映出,公共电力照明售电收入占总收入的百分数虽比占总售电量的百分数略高,但逐渐趋于一致,公共电力照明产业不再如电业前期发展中所需要负担高价格,反映了公共租界电力产业整体发展合理的状态。

第五节 江边主电厂时期私人电力照明产业规模的奠定

一、私人电力照明产业的规模及其照明方式的普及趋势

如前所述,1903年以后私人电力照明用户快速增加,私人电力照明售电量也随之急剧增长。江边主电厂时期,工部局电气处私人电力照明售电量的增长速度虽不及前期迅猛,且由于工业动力用电增长的比率最大,私人电力照明用电份额在总售电的比重也略有下降,但该产业用户与售电量呈持续增长的走势,体现出私人电力照明的使用日益普及的趋势。这一时期,工部局电气处每年私人电力照明用户、售电状况、增长比率见表40。

表40 私人电力照明产业状况一览表(1913—1928年)

年份	家用电器数(盏)*	增长率	用户数(家)	增长率	私人照明售电(度)	增长率	占总售电的比率
1913	428 755	27%	10 987	60%	8 607 546	57.8%	39.3%
1914	528 747	23%	14 955	36%	12 325 247	43.2%	37.5%
1915	621 078	17%	18 104	21%	14 073 166	14.2%	28.1%
1916	694 833	12%	21 859	21%	14 285 888	1.5%	23%
1917	722 424	3.97%	23 453	7.3%	15 206 019	6.4%	19.3%
1918	740 610	1.13%	25 033	6.7%	14 444 261	−5%	16.7%
1919	844 391	14%	27 903	11.5%	16 378 793	13.4%	16%
1920	926 811	9.76%	30 642	9.8%	20 298 672	23.9%	14%
1921	72 120	17%	33 334	8.7%	22 458 625	10.6%	12.1%
1922	93 242	29%	36 792	10.4%	24 793 079	10.4%	10.7%
1923	114 949	23%	39 929	8.5%	27 626 473	11.4%	10.1%
1924	127 440	11%	44 205	10.7%	29 418 821	6.5%	9.6%

(续表)

年份	家用电器数(盏)*	增长率	用户数(家)	增长率	私人照明售电(度)	增长率	占总售电的比率
1925	130 613	19%	48 363	9.4%	32 462 792	10.3%	11%
1926	160 097	15%	54 271	12.2%	37 018 836	14%	9.1%
1927	174 919	19%	59 363	9.4%	39 930 227	7.9%	10%
1928	193 805	11%	64 127	8%	45 214 393	13.2%	9.9%

* 1913—1920 年此数为折合 16 支烛光(30 瓦)的灯数(盏);1921—1922 年此数为私人电力用户用电量(千瓦),其中 1922 年此数包括电灯、电风扇、电热器、烹饪、电动机等,但不包括公共照明与牵引用电;1923—1928 年此数包括公共照明与牵引用电量。

资料来源:《上海公共租界工部局年报(1913—1928 年)》,上海市档案馆藏,卷宗号:U1-1-926～U1-1-941。

从表 40 可以看出,私人电力照明的普及趋势,首先表现在私人电力用户数量的持续上涨,16 年时间里工部局电气处的私人电力用户,从 1912 年的 6 870 户增长至 64 127 户,年平均增长率 52.1%,比斐伦路电厂时期的 53.6%的平均年增长率略有下降但基本持平。其次,私人照明售电量从 1912 年的 500 万余度增至 4 000 万余度,翻了 8 倍有余。

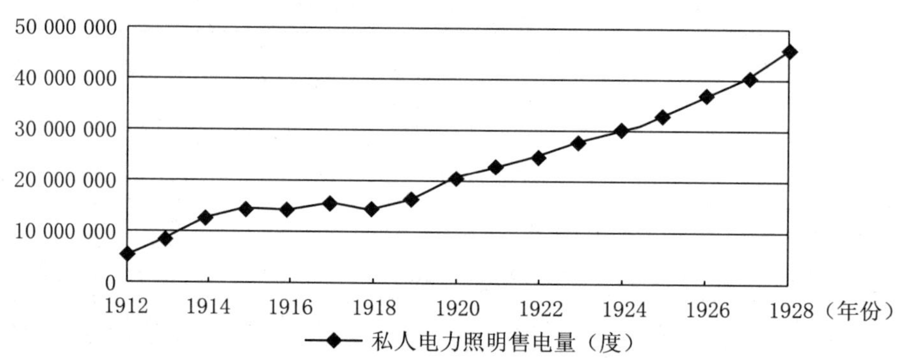

图 13　江边主电厂时期私人电力照明售电量增长图

从图 13、图 14 中可以看出,1913 年和 1914 年这两年,私人电力照明用户与售电量增长最为迅速,且折合照明用灯数的增长比率,比私人照明用户的增长比率低了很多,显示出更多的小型家用电力照明用户的迅速增加,其主要原因就在于:从 1913 年起,家庭电力照明的费用更为廉价,越来越多的上海市民都可以用得起电灯,证明私人电力照明方式应用日渐普及的势头。

1918 年私人照明售电出现下降,主要是由于当时江边电厂的数台发电机相

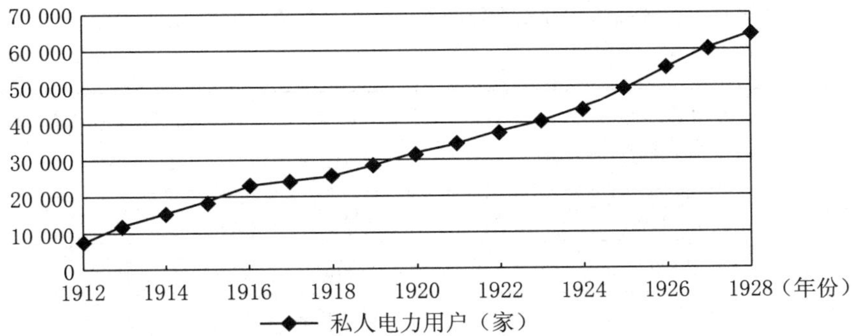

图 14 江边主电厂时期私人电力用户增长图

继发生烧线圈事故,因此电气处取消了对作为广告牌的霓虹灯供电,使得工部局私人照明电力用户减少,此外,该年工部局对私人电力照明的收费有所增加,使新增电力照明用户数量减少。①直到 1919 年,工部局电气处私人电力照明产业的售电量逐步复苏。

二、私人电力照明产业营收分析

斐伦路电厂后期,以及江边主电厂时期,私人电力照明电价大幅降低,从 1909 年的每度 13 分银降至 1913 年的 2.4 分银,但随着私人电力照明用户的增加与售电量的快速增长,私人电力照明收入却逐年增多,反映了私人电力照明方式的普及。以 1913 年以后,工部局电气处私人照明售电单位均价 2.4 分银计算,得图 15 与表 41。

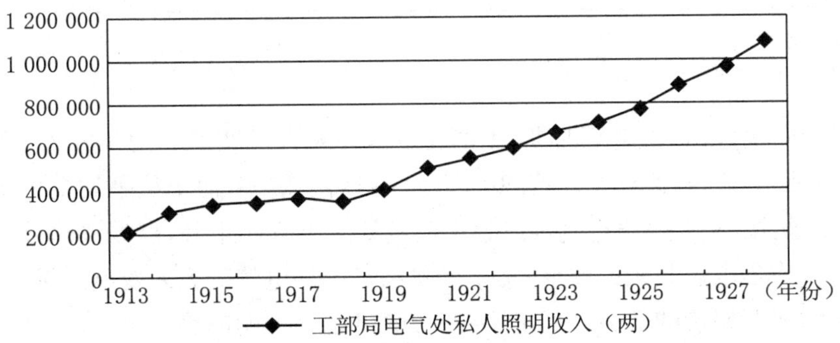

图 15 工部局电气处私人照明收入增长图(1913—1928 年)

① 《上海公共租界工部局年报(1918 年)》,上海市档案馆藏,卷宗号:U1-1-931。

表 41 工部局电气处私人照明产业收入统计表(1913—1928 年)

单位:两

年份	占总售电量百分比	产业年收入	占售电总收入百分比
1913	39.3%	206 581	20.4%
1914	37.5%	295 806	22.1%
1915	28.1%	337 756	19.9%
1916	23%	342 861	16.5%
1917	19.3%	364 944	12.8%
1918	16.7%	346 662	9.4%
1919	16%	393 091	8.9%
1920	14%	487 168	9.5%
1921	12.1%	539 007	8.7%
1922	10.7%	595 034	8.3%
1923	10.1%	663 035	7.8%
1924	9.6%	706 052	7.7%
1925	11%	779 107	9.3%
1926	9.1%	888 452	8.9%
1927	10%	958 325	8.4%
1928	9.9%	108 5145	8.5%

资料来源:《上海公共租界工部局年报(1916—1928 年)》,上海市档案馆藏,卷宗号:U1-1-929～U1-1-941。

综上可见,江边主电厂时期,工部局电气处私人照明产业的年收入,从 1913 年的 20 万两,上涨至 1928 年的 100 万两,涨幅 5 倍多,而单位平均电价却下调 81.5%。此外,私人照明售电量占总售电量的比重逐年下降,但始终略高于私人照明收入占售电总收入的比重,集中反映出工部局电气处大宗发电的雄厚实力,私人电力照明售价的低廉,以及该照明方式日趋普及的趋势。

小　结

纵观江边电厂运营时期,工部局电气处电力产业的发展状况。由于第一次世界大战期间中国民族工商业的发展,促使上海电力工业进一步发展,电气处向工业供电业务大规模提高,1915 起已有 60%以上的电力向工业提供,1922 年电气处售电额中 87%以上都是向工业提供。[①]相对而言,电力照明产业用电已不再是电气处售电的主要领域,照明产业份额在工部局电气处的电力工业份额中逐年递减。此为其一。

其二,由于电气处电力设施规模齐备,售电价格最低,上海的各类电力用户都向公共租界集中,选择加入电气处的售电网络。1922 年电气处用户占两租界供电用户的 96%,电气处售电额占上海电力销售总额的83%。[②]其中,电力照明方式呈普及应用的趋势,照明用电逐年增加,总体产业规模逐年成长。在公、私电力照明产业领域,电气处皆采用了性价比更高的金属丝电气灯,道路照明条件大大改善。至 1928 年,私人电力照明用户数量比 1922 年翻一番,特别是 1921 年前小型电力照明用户增长飞快,显示出电力照明在普通人家使用的日渐普及。江边主电厂时期,工部局电气处的电力照明产业规模,参见表 42、图 16。

表 42 江边主电厂时期工部局电气处电力照明产业规模表(1913—1928 年)

单位:度

年份	电力照明产业用电量(度)	占电力产业总用电量百分比
1913	9 595 063	43.8%
1914	13 380 519	40.7%
1915	15 078 425	30.1%
1916	15 344 660	24.7%
1917	16 334 915	20.7%
1918	15 586 234	18%
1919	17 571 443	17.1%
1920	21 753 484	15%
1921	24 161 837	13%
1922	26 629 498	11.5%
1923	29 809 088	10.9%
1924	31 688 616	10.3%

①② 上海市专志系列丛刊《上海租界志》编纂委员会编:《上海租界志》,第 391 页。

(续表)

年份	电力照明产业用电量(度)	占电力产业总用电量百分比
1925	35 365 012	12%
1926	39 850 440	9.7%
1927	42 914 387	10.7%
1928	48 165 655	10.5%

资料来源:《上海公共租界工部局年报(1913—1928 年)》,上海市档案馆藏,卷宗号:U1-1-926～U1-1-941。

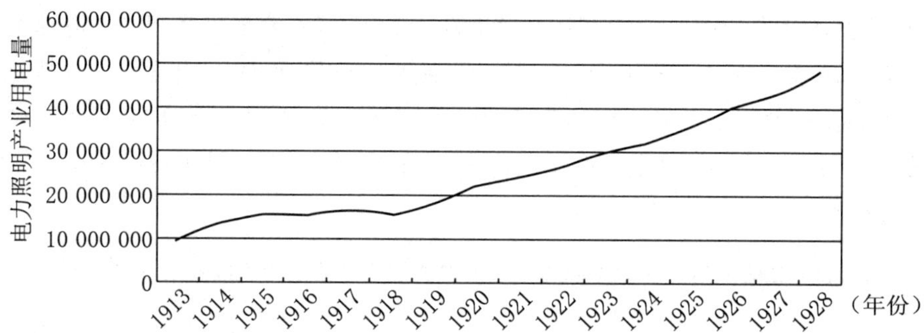

图 16 江边主电厂时期工部局电气处电力照明产业规模增长趋势图(1913—1928 年)(单位:度)

资料来源:《上海公共租界工部局年报(1913—1928 年)》,上海市档案馆藏,卷宗号:U1-1-926～U1-1-941。

第三章 “殖民者”:工部局电气处的改制之争

上海公共租界工部局是帝国主义在租界的殖民管理机构。工部局在经营上海公共租界电力产业 36 年的时间里,电气处的改制之争贯穿始终。当局出于“侨民利益”“企业收益”与“政治权益”的考虑,进行了营运租界电力产业管理体制的抉择,从而集中反映出工部局作为该产业的经营者,所带有的“殖民者”的特性。电气处作为工部局的下属机构之一,其本身的业务与财务状况受工部局工务委员会与财务委员会的管理①,各项经营决策权和人事任命权也受到工部局的监督和控制,工部局董事会与纳税人会议对电力产业有直接干预权。对此,鉴于满足电力产业在工程扩建、债券负担、营收方面的问题,以及产业本身管理所需要的足够的灵活性,组建独立营运的电力企业,无疑对电力产业的发展是有益的。因此,1893 年,工部局接管上海公共租界电力产业后不久,有关电气处独立改制的问题就被提了出来。但是,当局却不愿意再将公共租界的电业经营权,拱手让给外部拥有特许权的企业。其一,削弱了工部局的直接监督与控制,垄断企业的形成很可能损害在沪侨民社会的利益;其二,一定程度上影响了工部局直接从经营电力产业中获利。直到 1927 年,在政治局势的动荡与上海租界地位不稳的隐忧下,工部局才又重新考虑出售电气处之事,最终于 1929 年将原电气处的全部资产,以及公共租界、越界筑路区域的电力经营权,出售给美商上海电力公司所有。

---

① “工务委员会与财政委员会均成立于 1865 年 5 月,成员由工部局董事担任。工务委员会负责承担并监督各项市政工程,包括马路、人行道及小径的设计、铺设及修改,维护道路,监督修路工人,购买所需的一切材料。工务测量、下水道、阴沟、码头、桥梁、已建和在建,以及处于危险状态的房屋都属于工务委员会管辖范围。它还负责工部局房产的维修。工务委员会所需支付费用的合同和协议书在最后签署前,必须交由财务委员会审核,并得到它的批准,金额超过 2 500 两的合同还须经董事会讨论通过。1893 年工部局电气处成立后,其事务也归该委员会处理。财务委员会负责一切有关工部局的财政事务,批准并授权工部局所有开支和借款,听取并裁决有关财务、人事方面上诉案件,负责房地产估价,征收西人和华人一切房捐、码头捐及其他各种捐税。它还代表工部局保管所有合同、有价证券及保险单证,负责处理与工部局房产有关的一切事务。工部局所有购买土地、建造房屋、进行市政工程,乃至于为商团购买武器装备等大笔开支,在提交董事会前,均需该委员会讨论通过。”参见上海市档案馆编:《上海租界志》,第 224 页。

第一节 “侨民利益”:经营之初的困境与在沪侨民利益的权衡

一、经营之初改制方案的出台与工部局的抉择

在工部局接手管理公共租界电力产业后不久,就有沪上洋行与外资公司,向工部局提出了收购电气处的设备,获准经营公共租界电力产业特许权的申请。在19世纪末20世纪初,工部局经管电力产业的数十年间,这种由外部企业赎买,改制电力产业经营方案的提出,主要与当局经营产业初期,电气处电力照明设施陈旧以及电力产业发展状况不能尽如人意密切相关。

工部局电气处在接手公共租界电力产业之初,发电设备、供电规模、收入都相当有限。一方面,电气处最主要的业务集中在照明领域。特别是在20世纪以前,售电业务主要供给公共照明领域,收入来源相当有限;另一方面,电气处需要时间募集资金、购买设备,渐次扩大电力产业的规模与业务。因此,可以说,在19世纪末20世纪初相当长一段时间内,电气处的经营状况不容乐观。虽然,电气处的营收状况呈现逐年增加的趋势,但实际的利润额却不尽如人意。

与此同时,电气处接收的“上电”的设备早已过时,迟早废置不能用,有待全部换新。为此,工部局开始逐年发行电气债券,以购置新的电力设备,扩充电厂。也因此,电气处历年的债券负债、设备折旧、债券利息、日常支出也逐年增加,这使得电气处的营收净利润实际上呈入不敷出之势。(具体参见表43)

表43 工部局电气处营收账目表(1893—1907年)

单位:两

年份	收入	支出				电气债券
		经营支出	折旧	偿债利息	总计	
1893	13 916.96	7 898.54	1 833	4 400	14 131.54	80 000
1894	39 744.58	29 881.30	5 707	8 000	43 588.30	140 000
1895	48 115.57	40 706.18	9 783	11 750	62 239.18	215 000
1896	56 430.99	43 905.30	11 037	11 750	66 692.30	215 000
1897	78 191.68	50 310.45	12 510	11 750	74 570.45	215 000
1898	87 650.91	60 462.19	13 335	11 775	85 572.19	210 000
1899	80 138.89	54 970.52	15 041	11 775	81 786.52	210 000
1900	94 915.54	61 431.63	19 131	11 775	92 337.63	210 000

(续表)

年份	收入	支出				电气债券
		经营支出	折旧	偿债利息	总计	
1901	103 350.88	72 637.17	20 614	11 775	105 026.17	210 000
1902	124 050.09	73 219.38	20 634	11 775	105 628.38	210 000
1903	131 143.04	99 531.24		20 775	120 306.24	360 000
1904	165 404.08	129 199.42		27 975	157 174.42	480 000
1905	224 227.08	174 749.39		39 975	214 724.39	680 000
1906	288 960.31	222 825.70		51 315	274 140.70	869 000
1907	348 572.03	242 705.65		66 315	309 020.65	1 119 000

资料来源:(1)《上海公共租界工部局年报(1893—1907年)》,上海市档案馆藏,卷宗号:U1-1-906~U1-1-920。(2)罗志如:《统计表中之上海》,《中央研究院社会科学研究所集刊》第四号,1932年,第66页。

从表43可见,经营之初,工部局电气处前四年的营收完全呈亏损状况,亏损额分别为214.58两、3 843.72两、14 123.61两、10 261.31两。而1899年和1901年,电气处实际的净利润也呈负数,亏损额分别为1 647.63两、1 675.29两。其余年份的净利润也微乎其微。

对此,19世纪末开始,一些外资企业向工部局提出收购电气处,改善电业发展的申请。1899年,一家加拿大公司建议工部局将陈旧的电力照明系统出售,并提出购买接管电气处。①信中建议工部局将电灯照明系统出售,并指出了电气处实际经营的状况:“工部局的设备不但已经过时,而且经济上亏损,然而交专家管理的话,无论是公共照明还是私人照明,其效果必定更好也更加便宜。”②

基于电气处实际的经营状况与电力产业的发展,工部局董事会决定:一方面,考虑可能提出的一切购买的建议,把全部有关电气处的业务情况,提供给真心诚意,而且可靠的申请者;另一方面,将是否接受外部公司购买接管该处的提议问题,提交纳税人会议以求讨论与批准。③

为此,1899年3月的工部局董事会会议就是否出售电气处事宜,进行了颇长时间的讨论。会议主张在把这个问题正式向纳税人会议提出之前,董事会内部应对电气处过去和现在的情况进行调查,弄清楚是否有接收罗斯爵士提议的

① 上海市专志系列丛刊《上海租界志》编纂委员会编:《上海租界志》,第393页。
② 上海市档案馆编:《工部局董事会会议录》第14册,第479页。
③ 上海市档案馆编:《工部局董事会会议录》第14册,第480页。

充分理由,最后决定由财务委员会和工务委员会对整个问题加以研讨,提出报告,并在下次董事会会议上举行一次正式表决,以决定董事会是否要向纳税人会议提出建议。①

随后,工部局财务委员会和工务委员会向董事会提交了报告,明确指出:第一,眼下电气处的经营现状极其恶劣是现实。不但电气处的财务状况不容乐观,而且电力照明设备与照明质量也不能尽如人意,同时尚需维护好现有数量的白炽灯系统。第二,债务负担沉重。当初工部局收购"上电",就是为了发展公共租界电力产业。当局以市政管理机构的信誉,发行了电气债券,为电气处电力产业的发展提供巨额资金。从 1893 年至 1895 年,工部局先后三次发行电气债券,总额为 215 000 两银。对此,按估价,工部局必须经 5 年时间才能偿清电气处的负债,在没有债务负担的情况下,才能向申请者提供特许权。第三,目前街道照明是电气处最重要的业务,这也是与公共租界纳税人利益最为相关的业务,切实关系到在沪侨民社会的利益。

鉴于上述电气处的经营状况,董事会建议不要立即考虑出售电气处的照明设备,将是最为符合公共利益的。同时,当局抱着电气事业将会蒸蒸日上,且成本很可能会减少,供应则会大量增加的乐观态度,拒绝了此次外部公司提议收购电气处的申请。②

1905 年 5 月,瑞记洋行为竞标公共租界电车业务,提出了购买工部局电气处业务的申请。对此,工部局董事会研究了瑞记洋行关于购买工部局电灯厂特权和企业的建议。总董认为:一方面,鉴于工部局在今后 4 年中要为其他公共工程筹措大笔款项,那么,在此期间按现在的利率再要为电气处筹措追加资金,可能会遇到一些困难。因此,出售电气处的业务有一定现实可行性;但另一方面,他又指出,只要这两个企业的管理部门掌握在不同的人手中,要把电灯费价格和电车票价格降低到最低限度是不可能的。③最后,工部局董事会与纳税人年会认为电车和电厂的管理权应当掌握在当局手中。④因为电灯厂作为一种有销路的资产,其价值将随之增加。同时,电车和电灯厂的管理权只有掌握在当局手中,才能降低公众的负担,符合当初工部局收购"上电",发展电气事业,用以维护在沪侨民社会的利益的初衷,故对于瑞记洋行收购电气处的建议不予考虑。⑤

---

① 上海市档案馆编:《工部局董事会会议录》第 14 册,第 489 页。
② 上海市档案馆编:《工部局董事会会议录》第 14 册,第 490 页。
③ 上海市档案馆编:《工部局董事会会议录》第 16 册,第 578 页。
④ 上海市专志系列丛刊《上海租界志》编纂委员会编:《上海租界志》,第 393 页。
⑤ 上海市档案馆编:《工部局董事会会议录》第 16 册,第 579 页。

1905年年底,上海电气制造有限公司(Shanghai Electrical Construction Company, Ltd.)又提出购买电气处。在1906年12月19日的工部局董事会会议上,大多数董事同意将电气处出售,决定通知该公司,工部局将不反对接收并研究有关此事的建议。①

因此,上海电气制造有限公司致信工部局董事会,希望董事会将此事在纳税人大会上提出,以便获准出售电气处问题继续同公司会谈。②对此,工部局董事会回复公司,声称如若他们诚意收购电气处,应先提出收购计划案供董事会参考,以便进一步在纳税人年会上讨论此事。③据此,上海电气制造公司提出准备为购买电气处出价20万元。但1907年工部局改变态度,董事会一致认为,20万元完全不足以成为能讨好纳税人的有利建议。④因此,董事会于该年11月回复公司,声称30万英镑的估价才应成为董事会向纳税人会议提出收购议案的开价依据,这次收购议案就此又不了了之。⑤

由此可见,上述几次企业收购案之所以未能成功,很大程度上反映了这一时期,工部局考虑并顾及在沪侨民纳税人权益的身份与立场。电气处虽是具有一定经营自主权的企业,但它作为工部局下属机构的性质,又恰恰使其受到工部局的直接监督与控制。其本身的业务和财务直接受到工部局工务委员会及财务委员会管理,各项经营决策权和人事任命权也都受到工部局董事会与纳税人会议的监督和控制。电气处在经营初期虽营收成绩不佳,但工部局却不愿意让其成为具有外部特许权的垄断企业,直接削弱工部局的直接监督控制权,认为这样也很可能损害在沪侨民社会的利益。

也因此,1903年的工部局纳税人会议通过了停止电气处设备出售,将电气处的业务限制在生产和销售电力方面的决议。当时,瑞记洋行以及其他从事供应电气设备公司,反对工部局电气处垄断所有电气设备生产、安装、发电、输电、配电业务做法,认为由于电气处的竞争,致使他们的业务遭受了损失。⑥

对此,虽然董事会不予置否,纳税人会议却代表着公共租界纳税人的权益,嘱意工部局不仅在出售装置方面,而且在安装工作方面都有停止和本埠商人竞争的义务,决议今后电气处的工作应只限于供应照明和电力两方面。因此,电气处业务的缩减虽不利于企业本身的发展与营利,但工部局董事会也只能表示按

---

① 上海市专志系列丛刊《上海租界志》编纂委员会编:《上海租界志》,第393页。

②④ 上海市档案馆编:《工部局董事会会议录》第16册,第685页。

③ 《上海公共租界工部局出售电气处材料,1906—1908》,上海市档案馆藏,卷宗号:U1-5-91。

⑤ 上海市专志系列丛刊《上海租界志》编纂委员会编:《上海租界志》,第393页。

⑥ 上海市档案馆编:《工部局董事会会议录》第15册,第613页。

照纳税人会议的意见和表决办理。[①]

此外,在工部局接手管理公共租界电气事业以来,的确着手逐渐完善租界公、私照明设施、发展工业用电。特别是在电气处经营初期阶段,电力照明产业营运状况不甚理想的状况下,工部局仍然坚持对电气事业的投资。进入20世纪后,在1908年以前,工部局又先后于1903年、1904年、1905年、1906年、1907年连续发行了150 000两、120 000两、200 000两、189 000两、250 000两银债券,年利率6%,总计1 119 000两银债券[②],为今后公共租界电力产业规模化进程奠定基础,并使近代上海"夜上海"城市风貌在很长的时间里,可以与世界许多著名的大城市相媲美。且从社会大众的利益而言,工部局代表纳税人立场坚持产业公营的方法,的确有利于产业普及化进程,让普通大众都有使用的机会。

因此,19世纪末20世纪初,虽然工部局电气处的经营管理权的转换问题屡屡被提出,外部公司的收购电气处计划一再被摆上桌面。对此,究竟会带来多少利弊得失,工部局内部也争论不休。但当局仍然倾向于将电力产业的经营、管理权掌握在纳税人手中,而不是享有特权的公司。可见,当局更多的出发点,是出于纳税人利益的考虑,而这也是电气处的改制一直没有成功的重要原因之一。

二、电气委员会的成立

工部局于1907年成立了电气委员会(Electricity Committee),由纳税人推举3名代表组成,授予其一定实权,处理公共租界电力产业的管理问题,其初衷在于:第一,分工办理电力产业事务。委员会成员通过互相商讨处理电力产业相关事宜,在具体管理工作上减轻工部局董事们的责任。第二,加强纳税人会议对电气处的控制。委员会成员由工部局纳税人会议选举通过。凡是委员会能够决定的一般事项可以立即执行,而无需通过董事会,也有利于加强办事效率。第三,有关电气处大宗开支等事项,经委员会初步讨论后,由工部局财务委员会上报董事会裁决,使董事会能有更充分完备的考虑。

工部局电气委员会委员起先任期一年。之后,鉴于委员任期太短,不能保持管理政策及对于电气处监控的连续性,经工部局董事会建议,1907年的纳税人会议通过一项决议,授权工部局董事会酌情任命一个特别委员会(Special Electricity Committee)来负责监督并管理电气处,委员会成员年薪750两银,委任期2年[③],

① 上海市档案馆编:《工部局董事会会议录》第15册,第641页。

② 《上海公共租界工部局年报(1903—1907年)》,上海市档案馆藏,卷宗号:U1-1-916~U1-1-920。

③ 《上海公共租界工部局关于市政电气的材料》,上海市档案馆藏,卷宗号:U1-1-1063。

但其会议记录及通过的决议须先经董事会批准,方可付诸实施。①

由此可见,工部局成立电气委员会的主要目的,是鉴于日益成长的电力产业规模,认为需要加强当局对电气处的监督和管理,使公共租界电力产业的垄断权牢牢掌握在纳税人手里,而不是享有特权的公司。因此,电气委员会在性质上,是工部局纳税人会议下属机构,代表纳税人的利益参与电气处电力产业的管理。

如此一来,上海公共租界电力产业就处于工部局纳税人会议、董事会、工务委员会、财务委员会、电气委员会五重机构的监管之下。其中,纳税人会议与董事会是决策机关,财务、工务委员会是具体负责财政收支与工程的部门,而电气委员则是具有咨询性质的管理团队。

电气委员会一开始负有部分管理电气处的职权,之后随着电气处规模扩大,工部局与电气委员会之间的矛盾日趋激烈。1914 年,纳税人会指派电气特别委员会调查电气处事务。该委员会建议,将电气处管理权限完全划归电气委员会,委员会成员增加至 5 名。其中,2 名工部局董事、3 名纳税人代表,任职期间每人可获得 750 两的报酬。委员会还取得了在工部局隶属之下,监督包括人事任免在内的电气处全部事务的权力,并享有任命自己的秘书的权力。事实上,此时的电气委员会已经成为一个拥有相当行政权力的管理机构,直到 1929 年工部局出售电气处,电气委员会才被撤销。②

无论如何,19 世纪末 20 世纪的前 10 年,在工部局电气处经营上海公共租界电力产业初期,改制问题非但没有成功,工部局反而增设了电气委员会,其初衷就是为了进一步加强工部局对电气处监管的力度,试图以此保证租界侨民纳税人的权益,并看好电力产业未来的发展前景,致力于改善电气处的经营状况,推动电力产业进一步发展。

第二节 “企业利益”:产业运营效率与高额利润诉求的利弊权衡

一、电气处改制问题的再提出与可行性分析报告

工部局电气处既代表纳税人的利益,又有企业盈利的需求。特别是随着产业规模的壮大,售电业务重心的转移,以及盈利的迅速增加,电气处发展中利润

---

① 上海市专志系列丛刊《上海租界志》编纂委员会编:《上海租界志》,第 393 页。

② 《上海公共租界工部局关于市政电气的材料》,上海市档案馆藏,卷案号:U1-1-1063。《上海公共租界工部局出售电气材料,1906—1908》,上海市档案馆藏,卷宗号:U1-5-91。

方面的考虑就显得越来越重要。由于先前产业重心集中在照明领域，工部局反对电气处改制，坚持市政管理体制的原因更多体现在坚持为外侨社会服务方面的考虑。那么在进入20世纪前十年后，改制问题虽屡屡被提出，却又屡屡遭工部局否决的主要原因，则在于当局对掌握产业所有权，从而能够借此获得高额利润的诉求。

在客观上，从电力产业发展前景与企业运营效率出发，工部局电气处确实有转换管理体制的需要。因此，自20世纪前十年后，工部局电气处改制问题再次被提出。一方面，至1912年年底，工部局发行的电气债券总数，超过了工部局发行的一般公债总额。如果今后电气借款高居不下，不仅工部局的财政信誉将受到极大影响，发展电力产业所需经费的筹措也必然受到影响。正如1920年2月的工部局董事会会议上，霍华德发表的见解称："科学的发展在任何时候都可能彻底改革目前的发电方法，在这种情况下，电气处的工厂即会废置不用，而工部局在费用支出上将负债甚大，因此强烈主张应考虑是否单独为电气处而举债。"①故从财务方面考虑，电气处更适合独立存在。

另一方面，在经营上，为了更好地拓展电气处的业务和发展上海的电力产业，企业在工程、财务方面的经营运作与管理体制需要足够的灵活性，特别是随着各种用途的电力需求的不断增大，电气处已适合发展成一个大型独立营运的企业，才能在经营规模与盈利空间上加快步伐，更上一层楼。

对此，工部局董事会于1913年5月22日正式任命了电气特别委员会，研究考虑对电气处管理制度的有关方针。该委员会于同年11月起的两年时间中，先后召开5次会议，讨论电气处与工部局关系和电厂进一步扩展问题。其中，委员会成员皆是纳税人会议的成员，包括克拉克(E.E.Clark)、皮尔斯(E.C.Pearce)、阿诺德(H.E.Arnhold)、伯基尔(C.R.Burkill)、海因德(R.R.Hynd)，克拉克与皮尔斯是工部局董事会成员，皮尔斯被选为委员会主席。②

电气特别委员会与工部局董事会交流探讨的问题包括以下四个方面：1.电气处的电力产业是否对工部局的信用、声誉及财务带有负面影响，或者将来存在这种可能？2.工部局管理公共租界电力产业是否有利于产业本身的繁荣发展？3.如果上述问题中有任何一个的答案是值得肯定的，那么有什么有效措施来防止负面的效果？4.将来及时的设备更新、扩大电力产业规模是否值得？③

由此可见，前三个问题，是董事会咨询电气特别委员会对电气处地位和管理体

① 上海市档案馆编：《工部局董事会会议录》第21册，第552页。

②③ 《上海公共租界工部局关于市政电气的材料》，上海市档案馆藏，卷宗号：U1-1-1063。

制的看法。因此,关于董事会的第一个问题,特别委员会细查了工部局的财务状况,以及 1912 年 12 月 31 日以及之前的电气处债券份额情况(具体参见表 44)。

表 44 工部局历年债券数额状况表(1893—1914 年)

单位:两

年份	普通债券	比率	电气债券	比率	债券总额
1893	250 000	75.8%	80 000	24.2%	330 000
1894	280 000	66.7%	140 000	33.3%	420 000
1895	305 000	58.6%	215 000	41.4%	520 000
1896	420 000	66.1%	215 000	33.9%	635 000
1897	653 800	75.2%	215 000	24.8%	868 800
1898	856 800	80.3%	210 000	19.7%	1 066 800
1899	828 800	79.7%	210 000	20.2%	1 038 800
1900	817 700	79.5%	210 000	20.4%	1 027 700
1901	1 017 700	82.7%	210 000	17.2%	1 227 700
1902	1 167 700	84.7%	210 000	15.2%	1 377 700
1903	1 335 700	78.8%	360 000	21.2%	1 695 700
1904	1 430 200	74.9%	480 000	25.1%	1 910 200
1905	1 481 700	68.5%	680 000	31.5%	2 161 700
1906	1 265 400	59.3%	869 000	40.7%	2 134 400
1907	1 483 800	57.1%	1 119 000	42.9%	2 602 800
1908	1 764 300	56.4%	1 369 000	43.6%	3 133 200
1909	1 920 500	59%	1 369 000	41%	3 289 200
1910	1 920 300	55.8%	1 519 000	44.2%	3 439 300
1911	1 904 300	50.4%	1 869 000	49.6%	3 773 300
1912	1 948 900	47.9%	2 119 000	52.1%	4 067 900
1913	2 556 700	48.5%	2 719 000	51.5%	5 275 700
1914	2 755 700	44.6%	3 419 000	55.4%	6 174 700

资料来源:《上海公共租界工部局关于市政电气的材料》,上海市档案馆藏,卷宗号:U1-1-1063。

从表 44 可见,工部局电气处经营电力产业的 12 年间,发行的电气债券数额以平均每年递增2.6%的速度递增。自1912年起,电气处的贷款数额实际上已经超过了工部局普通债券的贷款额,占工部局发放公债总额的一半以上,成为工部局最大的负债项目。

对此,电气委员会认为,关于工部局的信誉问题,从电气处历史上的资产负债表中显示,电气处最好和令人满意的财务状况是在工部局买下电气处后。因此,工部局所做的努力明显对电力产业的发展有利,信誉并未由此受损。但另一方面,关于财务能力,毫无疑问,为扩大电力产业所发行的债券额,趋向于束缚工部局用于大众需要的贷款数额,这种趋势在未来会更加明显,而且公债并未采取措施进行偿还,这在一定程度上损害了工部局债券的推销。①鉴于此,电气委员会建议如果电气处与工部局脱离关系,工部局财政上的紧张局面可有所好转,各项急需的市政建设项目就可得到安排。②

关于第二个问题,电气委员会认为,鉴于电气处的繁荣和发展,和工部局相联系是它能发展到至今规模的必要因素,但是从财务方面考虑,证明电气处现在更适合于独立存在营运。纳税人会议、工部局董事会等机构肯定在一定程度上限制了电气处的活动,直接和间接地影响了电气处的获利,伴随着殖民地用电量的增加和消费群体的增长,这种限制的结果将更加严重。

因此,针对上述工部局与电气处相互牵制,互利又有负面影响的现状,电气委员会商讨了是否有更为有益的管理方式,来防止工部局与电气处之间的这种负面影响。

首先,电气委员会委员们一致认同电气处是公共的财产,在任何情况下不应将它出售给外部特许权经营者或者资本家;其次,委员会提议可以通过租界纳税人的代表及工部局的代表,筹设一家独立的公司来经营电力事业,由公司董事会取代电气委员会,公司有自主权,不必受工部局直接监督;再次,为保证工部局有足够的股权,工部局占有至少一半以上的股权,以此控制公司所有权。保证电力产业仍在工部局的名下,同时保证股权持有者获得合理的红利,这样也更有利于电气处合理营运和管理,可谓两全其美。

此外,关于公司的运营资金,电气委员会倾向于600万两左右。其中工部局提供350万两,预计年收利润可达6%—8%,整个资金分为120万股,每股50元,如果可能也可多发股份。电气委员会也提出,为电力公债提供的保障不得削弱,偿还

---

① 《上海公共租界工部局关于市政电气的材料》,上海市档案馆藏,卷宗号:U1-1-1063。

② 孙宏良:《从上海电气公司到工部局电气处》,载上海市政协文史资料委员会编:《上海文史资料存稿汇编8》,第108页。

公债的责任应明文规定,保证电气公债的偿债能力。除了上述安全措施外,对于收费的束缚也是必要的,包括公共照明收费,以保证任何收费的提高,都必须得到工部局的批准。现行机器、供应品、配线、附件的供应政策也应当保持不变。①

与此同时,电气处工程师也针对电气处应该处于市政管理体制之下,还是转换成专属公司的营运管理体制提出了报告:

> 电力在上海市民的生活和工业发展中起了很大的作用,不论电气处是市政的还是转换成公司的管理形式,利害关系尤为重要。对于电气处究竟是在市政还是专属公司的控制之下成长速度更快,这个问题的答案可能是不同的。这几年,电气处成长飞快,我认为如果没有公共身份的限制,它将发展得更快。同时,市政的所有权形式无疑拥有廉价获取资金的好处。但也有不利之处。一个市政的企业受到许多手续规矩的制约,不仅受制于消费者,同时也受制于国内的经济,缺少非市政企业经营的弹性。
>
> 电气处被工部局接管之初只是用于照明,但在过去五六年里,电力的用途日益广泛。然而,在过去电力只是单纯地服务于照明产业,是相对简单的事情。现在电力需求成为必要,需要满足各种目的的需求,同时成为一种有利可图的事业。一个进步的公司如果摆脱限制,参与更多市政事业所允许的范围外的工作,将会经营发展得更好。公司将处于一个强有力的地位,能直接同顾客洽谈,不仅是电力的供应,还有市民生活、工业需求的整个电力设备的安装。公司可以让自己去切实满足现存与潜在的客户的需要,如果能有效地经营运转,以出售或出租小型的家庭设备,积累到上千户时形成每年固定的售电量,就可以大量增加电的输出量。另外一个考虑是,比表现出来的实际上更加重要,那就是这些年来,电气处被禁止从事出售和安装配电线和装置给消费者。值得肯定的是,从消费者的角度,有任何需要,与电力供应公司接触方便得多,不用通过第三方。事实上,消费者想要与一个能够出价并负责实施,包括从登记到设备安装所有事务的机构。没有比一个满意的用户更好的广告了。用户的利益与企业的是相互的,让企业来照顾到用户的利益的直接好处是很明显的,不仅提供廉价电力供应的形式,也为居民使用安装好的、舒适的配线及设备,或者说,另一方面,对用于工业用途的工厂的设备有利。因为,如果这些各种各样的工作不能行之有效并很好地装备在第一时间内,必然反作用于企业上。任何民用和工业用电安装的错

① 《上海公共租界工部局关于市政电气的材料》,上海市档案馆藏,卷宗号:U1-1-1063。

误的失败意味着企业收入和声誉的丧失。如果没有其他原因,这个就足以保证企业在经营管理中去满足消费者的利益。从企业角度出发,好处在于去满足用户的需要时不会有第三方的干预。有大量资金的企业能够在引进设备中处于更好的位置,这种好处也许连用户自己都没有意识到。通过指导和告知用户各种电力用具的使用方法,使这些以前不认为是生活必需品的电力设施及时地成为家庭日常用具的一部分。这对公用设备的扩大使用方面是很有帮助的。

工部局现在除了每年得到 26 000 两微薄回报外,可以保证整个社会得到照明、电热、工业动力廉价的售电。但是另一方面,却没有理由说服当局把直接管理权转交给专营企业后,就不能保持同样低廉的收费。

将电力产业的经营方式转换成公司的形式的建议并不是计划将它移交给最高出价人,或将控制权移出上海。事实上,电力产业仍主要属于市政管理机关所有,虽然实际的管理将从工部局转移给一个管理委员会。但它实际上仍然是作为一个市政企业。因为公司在管理上一定程度仍受工部局支配。在财务上,工部局持有公司的一半股本,以此保证工部局可享有公司的直接产权和高额利润。

这种改制的提议是让电力产业能够使得工部局(纳税人)和公司之间互惠互利。市政控制体制经常使公司经营不具有足够的灵活性,去充分参与工业化进程中。上海现在只是挺重要的工业中心,但很多观点它注定会成长成一个伟大的工业活动的城市,在这种成长中,电力无疑起了很重要的作用。现在对于电力有很大的需求,为了各种各样的动力需要,总计到 1913 年末,会约有 5 263 马力。估计到 1914 年末,电力供应能达近 10 000 马力。根据整个世界制造中心的经验,上海电力产业发展的未来是无可限量的。电力现在和将来存在的需求将随时间发展不可限量。社会机构的功能是去满足这种需要,这种需要可以经过电力工作和运输的干线的周期扩展来满足。这意味着更多的时不时的资金费用的投入,将似乎永无止境。有人认为如果电力产业主要是为了满足照明业的发展,而不是与工业发展相投和,那么巨大资金投入是不需要的。其实不然,也许是不需要那么多,那么频繁,因为照明供应一般来讲,发电量范围比动力供给要少。但是,如果没有动力发展,电力专门供应给照明的价格会比现在昂贵得多。这看似很矛盾,但却是事实。虽然电力事业可能成长为庞大的比例,需要很大的资金投入,但是对于电价的便宜是极有可能的。

现在工部局有周期筹集大笔资金以为扩展电力事业的责任。除了所有权和控制电气处的权力在工部局外,事实上它是一个商业企业。它因为自己的市政性的,它没有能力使公众更加广泛地接受电力业。

另一方面,如果电气处可以以公用企业的形式运作,工部局可以得到以下好处:工部局不用定期为电力筹资;工部局除了参股需付部分资金外,可以直接以红利的形式得到直接的每年更高的利益回报;工部局和公众都无需为电力业支付更多的费用,无论是公共的还是私人的照明,还是动力,因为任何提价的尝试都会使公司在面临竞争中是在采取自杀的举动。竞争是最好的保护措施来反垄断,任何提价,除了因为煤灾的意外,都会反作用于公司,对公司的发展不利。

上述对于工部局建议转换电气处运营机制的建议,对于当局能缓解很大的责任压力,也带来财政上的好处。那工部局能从转变中得到的好处是:从重复集资的责任必要中解放;代替每年拿到固定的一笔很少的 26 000 英镑的收入,它可以从合作的公司中拿到保证的投资额的 8%的回报,3 000 000 英镑的投资可以带来 60 000 英镑的净收益,除了 6%要偿还原先的借款外,有 2%的净收益。如果要超过 8%的红利,需要普遍借贷更多的资金。假设有 10%的红利,那工部局每年的收益将达到 120 000 英镑。

对于用户来说,随着发电量的扩大,电费将进一步减少。电力供应可获得廉价的费用,因为公司为了鼓励最大限度地推动电力应用,政策将出售装置和配件在尽可能的价格范围之内,不立即以最大的盈利为目的。绝对优势的参股和公司委员会中工部局的代表将保证用户不会经受公司成为垄断企业并提高价格。而对投资的公众,这部分社会群体将为之提供一个可靠安全的投资渠道。随着电力事业扩大,不断有机会进一步扩大投资。

合作的双重管理电力供应系统在欧洲和美国同样存在。当然,上述建议计划不是要让电气处变成纯私人公司,有完全的控制权并随心所欲。这种转换将成为灾难,不值得推荐。但我提交通过移交管理责任和一般控制权给公司本身,这样使电气处并不完全属于工部局本身,或是完全出售给私人公司而脱离工部局财政的支持和协助。这种双重管理体制将显示出更大的灵活性和发展机会,并在与工部局联系的关系中,使公司更便宜地获得资金,提供更多降低电力消耗的便利。同时,工部局将因参股而受益匪浅。①

工部局电气工程师

奥尔德里奇

① 《上海公共租界工部局关于市政电气的材料》,上海市档案馆藏,卷宗号:U1-1-1063。

由此可见,电气工程师的报告指出,电气处的改制,实行由工部局与企业董事会共同管理公共租界电力产业的体制可谓是“三全其美”。其一,对于企业来说,经营获得更大的灵活性和机会,也可使企业在工部局的庇护下更便宜地得到资金,可为降低电力成本提供更多的方便;其二,对于用户来说,工部局因持有占有优势的股权及代表,可保护用户免受公司变成垄断企业和提高电价。用户可直接和供电企业打交道,企业也可在没有其他干预情况下更好地满足用户的要求;其三,对于工部局来说,在财务上,持有公司股本的一半,可享用公司直接产权和获得高利润,又不用再承担定期筹集公债的责任。在管理上,公司在一定程度上仍受工部局支配,工部局又可脱身不再处理电气处内部具体管理事务。①

工部局财务委员会也向董事会提交了建议电气处进行改制的报告:

> 电气处的早期历史无疑证明,电力产业在工部局的管理下是十分值得的,有利于它的成功发展。现在电气处满足各种各样的供电需求,其价格和其他地方同样的售电服务相较而言,明显更为经济实用。必须承认,过去由于工部局的控制,在交易上的限制妨碍了电气处的发展,也对它今后的扩展造成不利影响。此外,工部局没有切实准备去偿还这些年来发行的,以满足电力产业发展所需的贷款,虽然这些贷款是与常规用途一样签署合约的,这些偿贷的年限定为 20 或 30 年。
>
> 将电气处转换成有限责任公司的计划,意味着工部局持股一半以上,因此当局可以保持对企业的控权力。出于以下原因,建议工部局将电气处改制为企业:1.为贷款的偿还提供了可行的解决办法;2.工部局可以在管理一个市场巨大,并不断扩大的工业事业中,从许多具体的服务中解放出来;3.对市政当局的财政状况有很大的改善。
>
> 用于电力产业的贷款现在是总数为 2 719 000 英镑,30 年后加上利息每年需偿还大约 1 975 00 英镑。假如将电气处转化为公司,购买的费用大约为 3 500 000 英镑。(附:对于购买考虑在股份与现金上的分摊将日后再议。)鉴于工部局在借贷中处于一个有利的地位,在财政上可将足额的公司股份作为全额购买的考虑。在公司最初几年中,建议可支付百分之八的红利。百分之八的红利率意味着 3 500 000 英镑的工部局的持有股份将产生每年 280 000 英镑的红利。除去工部局自身要偿还电气贷款的利息,每年可获得 82 500 英镑的收入。(附:据估算,电气处于 1914 年为工部局带来

① 上海市专志系列丛刊《上海租界志》编纂委员会编:《上海租界志》,第 394 页。

的收入为30 255英镑。没有为电力贷款的偿还做任何准备。)估算以百分之八的红利,电气贷款可于30年后全部还清,而且工部局还可以获得每年280 000英镑的净收益。

从上述考虑计划出发,所有的目标都可以达到。而上述的计算都是在工部局至少获得百分之八的红利的基础上得出的。但另一方面需要足够重视的是消费者在参与公共管理中所获利益的安全保证。为了很好地解决上述问题,很多法律和财政的细节还仍归属待定,计划无疑是对纳税人和消费者双方都有利的。①

古德尔 工部局财务员(出纳员)

由此可见,工部局财务委员会的报告,绝大部分是建立在财务考虑的基础上的。且无论是电气特别委员会、电气处工程师、财务委员会,都意识到应当释放工部局现行承担的各种各样的责任,赋予电气处更多灵活自主的经营管理自主权,并把电气处由此可以获得的好处,与工部局可就此获得的好处相结合,鼓励当局采取某种程度改制的尝试,使电气处现在完全处于市政垄断地位,向公司体制迈进一步。

二、改制问题的再次否决与工部局的举措

针对上述电气委员会、财务委员会和电气处工程师提出的改制可行性报告,工部局董事会于1913年11月19日、12月13日和1914年3月11日讨论了电气处改制问题,并再次反对电气处变更为独立的企业体制。

当局认为,一则,当时电气处所有的管理上的困难并未达到不能解决的状况。比如在行政上,可用增加电气特别委员会人数的方法加强对电气处的监督,以增强企业经营管理的灵活性。二则,在财政上,可用积累的利润和建立偿债基金的办法作为投资,以减少对今后贷款的需求。②三则,从为外侨社会服务方面的考虑出发,电力产业的垄断权应该掌握在纳税人手里,而不是享有特权的公司,否则工部局对电力产业经营的监督和控制将被取消,虽然对公债承担的责任少了,却又出现了投资的风险。因此,这一次电气处的改制问题又以工部局的否决而告终。

工部局董事会反对打破行政管理体制上的藩篱,其根本原因,实际上就是为

① 《上海公共租界工部局关于市政电气的材料》,上海市档案馆藏,卷宗号:U1-1-1063。

② 上海市专志系列丛刊《上海租界志》编纂委员会编:《上海租界志》,第394页。

了防止电气处从“公有公营”体制向“公有私营”体制转变中出现的任何风险。其中最紧要的就是能够获取绝对利润的保障。随着电气处经营规模的扩大和营业利润的逐年增加，虽然作为独立企业加以管理与经营，对电气处的发展与产业壮大更为有利。但同时也会让工部局从中获利的风险度大幅增加，对于获取利润的渴求，以及由此的绝对保障，使得当局不愿意让电气处作为独立企业分离出工部局的监管(参见表45)。

表 45　工部局电气处历年利润统计表(1893—1928 年)

单位：两

年份	利润	年份	利润	年份	利润
1893	6 018	1905	49 478	1917	848 217
1894	9 863	1906	66 135	1918	726 602
1895	7 409	1907	105 866	1919	856 614
1896	12 526	1908	166 837	1920	1 290 121
1897	27 881	1909	163 679	1921	1 863 611
1898	27 189	1910	190 333	1922	2 282 561
1899	25 168	1911	208 149	1923	2 836 960
1900	33 484	1912	238 426	1924	3 164 337
1901	30 714	1913	258 587	1925	3 081 661
1902	50 831	1914	373 682	1926	3 939 539
1903	31 612	1915	537 440	1927	4 069 744
1904	36 205	1916	666 361	1928	5 013 545

资料来源：汪敬虞主编：《中国近代工业史资料第二辑》，第878—879页。

从表45可见，工部局电气处营运30年时间中，利润额呈区间迅速增加，从最初前10年的区区万余元，中间10年的10万余元，到最后10年的100万余元，利润额相当可观。

1915年3月的工部局董事会议上，电气委员会再次建议将电气处转变为有限责任公司，以赋予电力产业经营更多的独立自主权，释放工部局为此承担的责任，指出：第一，公司经理应由董事会提名，至少应有一名是工部局董事；第二，工部局担任类似顾问委员会的职位；第三，未来公司发行债券应有公司的资产作担保。

电气特别委员会成员杰齐尔斯基伯爵也在会上提出，不赞成工部局对电气处的控制,并反对把类似的公司企业归属于工部局,他认为适用于某个公用事业的规章制度可能不适用这类电气公司的管理。①由此,电气处管理体制改革的问题又被提上桌面讨论。

当时,电气特别委员会面对工部局纳税人会议不愿意将所有权与经营权分离的底线,为了使电气处管理体制更加灵活有效,完全解放工部局对电气处的管理责任,只得又提出了将电气委员会改组成专门的电气处管理机构,全权、独立负责电气处电力产业的经营与管理,并明确提议电气委员会的职责所在:其一,负责电气处所有工作人员的招聘、管理、工作调拨与分配;其二,独立管理电气处财务问题,仅向纳税人会议呈报年财务报表;其三,独立管理电气处的设备、技术、工程质量及其进程。②工部局电气处工作人员情况见表 46。

表 46 工部局电气处部门与职员状况表

管理部门	发电部门	输电部门	客服部门	检查部门
总工程师兼经理 秘书 秘书助理 电厂执行总工程师 输电系统工程师 客服系统工程师	常驻工程师 电厂助理执行工程师 锅炉房监督员 涡轮机室监督员 助理监督员 开关设备监督员 助理监督员 化学工程师 化学助理工程师 技术监督员 车间工程师 车间助理工程师 机械工程师 电气助理 主管工程师 锅炉房助理 车间助理 煤炭检验员 场地领班 实习工程师	输电系统助理工程师 变电站工程师 变电站助理工程师 变电站服务人员	客服助理 高级陈列室助理 陈列室助理	高级装置检查员 装置检查员 助理装置检查员
民事部门		办公室部门		运输部门
建筑工程师 文员 建筑检查员		会计师 助理会计师 文书助理 初级文书助理 书信文书 速记员与打字员 仓库管理员 仓库管理助理 仓储主管 仓储员		运输监督 运输技工
电表部门				设计部门
电表工程师 测试工程师 电表与测试助理工程师 电表助理员				主起草人 起草人 助理起草人

资料来源:《上海公共租界工部局年报(1925 年)》,上海市档案馆藏,卷宗号:U1-1-938。

但对此,1915 年 12 月 22 日的工部局董事会会议却一致同意仅保持电气委

① 上海市档案馆编:《工部局董事会会议录》第 19 册,第 588 页。

② 《上海公共租界工部局电力委员会会议录》,上海市档案馆藏,卷宗号:U1-1-96。

员会的咨询性质,不必有任何条文规定,只须有工部局承认即可进行一些简单的安排,即委任一名电气处秘书,根据商业系统薪金确定职员的薪金待遇,以区别于其他的工部局公务系统;在工部局对重大电气问题进行讨论时,遇有必要,电气委员会可建议电气工程师出席会议。①1916 年年初,工部局董事会又再次明确维持电气处现行管理制度,严格坚持工部局董事会现有的否决权与纳税人会议的决定权。1916 年 3 月 22 日,纳税人会议决定工部局继续管理电力产业。②

从这一时期电气处改制问题可见,工部局反对将电气处的所有权与经营权分离,即从"公有公营"转变为"公有私营",既要保持产业由工部局所有资产,同时也要由工部局自己直接经营管理,以便工部局能直接从中获取巨额利益。从社会大众的利益而言,电力照明产业的公营方法的确有利于产业兴起、发展与普及化进程,让普通民众都有使用的机会。这也是电气处成立后主要以经营公用照明事业为主的产业经营独占性所决定的。③但随着电气处电力应用的多元化与工业动力售电比重的明显上升,公营的经管方式日益束缚了电气处的发展与产业规模的壮大。

第三节 "政治权益":政局动荡下工部局电气处的出售

一、政局动荡下工部局电气处改制问题的再提出

进入 20 世纪 20 年代中后期,整个政治局势的动荡不安,这使工部局不得不慎重考虑电气处的改制问题。特别是 1927 年汉口和九江的英租界先后被中国政府收回后,工部局对形势产生了忧虑,认为上海租界的地位也将不稳,担心电力这项与上海工商业发展关系密切的基础工业,一旦落入中国人手中,必将损害外商的利益,由此引发当局再次开始考虑出售电气处之事。

可以说,这一时期电气处改制问题的再提出与电气处的最终出售,集中反映了工部局作为殖民者的身份,在考虑自身与其所代表的在沪纳税人的经济利益与政治处境。

首先,整个政治局势的动荡不安,工业界不断发生的罢工停业事件,直接影响到电气处的营运。(具体参见图 17)

---

① 上海市档案馆编:《工部局董事会会议录》第 19 册,第 638 页。

② 上海市专志系列丛刊《上海租界志》编纂委员会编:《上海租界志》,第 394 页。

③ 孙怀仁:《公用事业论》,商务印书馆 1939 年版,第 6 页。

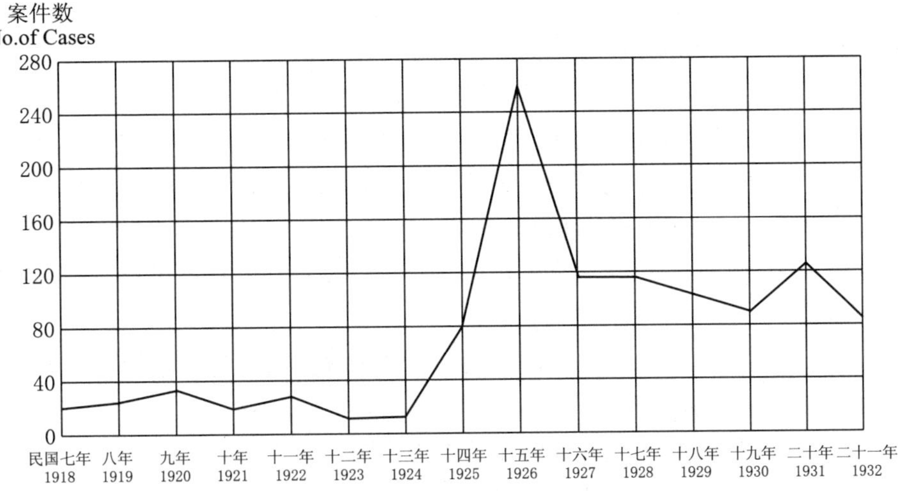

图 17 近代上海历年罢工停业案件数统计

资料来源:《近十五年来上海之罢工停业》,上海市政府社会局 1933 年,交通大学研究所藏,第 47 页。

从图 17 可见,自 1918 年至 1924 年的 7 年时间,是近代上海工业界的宁静时期,每年发生的罢工事件,最多在 1920 年有 33 起,最少在 1923 年只有 14 起。但从 1924 年年底开始,上海劳工界迎来了多事之秋。从 1925 年“五卅运动”到 1926 年国民革命军北伐的开始,夹着风靡全国的革命精神,也促进了工人阶级斗争的浪潮。因此,1926 年,上海出现的罢工案件,有 257 起之多。1927 年上半年,北伐军攻入上海,澎湃的工潮风起云涌,之后又渐复平静。①

1925 年的大罢工,电气处参加罢工的就有 3 000 人,其中有许多专业技工,为此电气处只得停止了部分工业电力供应。②其间,工部局全靠利用了外国工人才能对各主要企业继续给予电力供应,将来万一发生罢工风潮,为了保证拥有工人的骨干,电气处打算永远保留这次罢工风潮中所雇用的外国工人,并将解雇一部分现在正在罢工的中国工人。据估计,根据契约中停止供应电力的条款,工部局有责任赔偿每天 25 000 两。③直到 1925 年 9 月电气处工人复工,才恢复了大宗电力供应。④

此后,上海的工人运动风潮虽有好转,但不能排除再次发生这类情况的可能

① 《近十五年来上海之罢工停业》,上海市政府社会局 1933 年,交通大学研究所藏,第 18 页。
② 上海市档案馆编:《工部局董事会会议录》第 23 册,第 595 页。
③ 上海市档案馆编:《工部局董事会会议录》第 23 册,第 596 页。
④ 上海市档案馆编:《工部局董事会会议录》第 23 册,第 598 页。

性。因此,工部局不得不把各项市政开支压缩到最低点,使不少许诺项目因缺乏资金而无法上马,影响到租界电力产业的进一步发展。

譬如,1927 年 7 月,上海公共租界就发起过一场华人反对增加房捐的运动。当时,自从开始征收当季度房捐以来,华人纳税人人数不到 50 人,纳税华人会加强了有组织的抵制活动,反对工部局增加 2%的房捐。①对此,当局决定,除非在 25 小时之内缴纳房捐,否则将切断他们的电力供应。②因此,工部局针对整个河南路上拒绝增纳房捐的居民,采取了停止对这条路提供照明用电的措施。③

为此,上海商界联合会为解决华人反对缴纳房捐问题与工部局进行了谈判。在工部局董事会方面来看,本年预算既已通过,如今就不能再作任何更改。而在纳税华人一方看来,华人代表权问题并未得到圆满解决,而且纳税华人也没有同意增加房捐,因此他们有理由加以反对。④由于双方各持己见,商界联合会虽然也持反对态度,但为了维护治安和社会秩序,为了解决当前的困难,经与工部局董事会协商,在顾及双方意见的前提下,宣布如下计划:第一,为了满足预算开支,今年的房捐,在包括到目前为止征收 14%的基础上增加的 2%,虽然遭到反对,但都将缴纳;第二,目前在公共租界所征得房捐包括额外增收的 2%,用来弥补市政预算不足;第三,华人居民对董事会中只分配 3 名华人董事名额感到不满,他们的不满是由于董事的名额,也由于华人所缴的税款总额。因此,这个问题最迟应在 1927 年年底以前予以考虑,而且应尽量设法找到一个双方都有利的解决办法。第四,董事会应努力压缩 1928 年的开支。但是,如果一定要增加某项开支,则要在作出决定以前就此项增支与纳税华人代表讨论。⑤

此外,政治局面的动荡与工潮的不断出现,也直接影响到工部局电气处的资金筹措与业务状况。一方面,政治局势的不稳定,使得工部局在筹资并偿还在市政建设上的巨额投资,面临很大的风险。工部局承担着庞大的电气债务额。从 1920 年到 1925 年,工部局又陆续发行了 1 204 万两债券,到 1927 年年底为止,工部局尚未偿还的债券总额有 5 300 万两;另一方面,电气处工人罢工也使与用户的电力合同不能履行,工部局的声誉受到影响,业务的开展面临困境,筹措资金也更加困难。

---

① 上海市档案馆编:《工部局董事会会议录》第 23 册,第 709 页。
② 上海市档案馆编:《工部局董事会会议录》第 23 册,第 712 页。
③ 上海市档案馆编:《工部局董事会会议录》第 23 册,第 714 页。
④ 上海市档案馆编:《工部局董事会会议录》第 23 册,第 718 页。
⑤ 上海市档案馆编:《工部局董事会会议录》第 23 册,第 719 页。

譬如，1926 年 3 月，电气处提出在今后 3 年中大约要花费 500 万两，购买一块毗邻杨树浦发电厂面积大约为 90 亩的土地，作为发电厂扩建方案。[①]对此，工部局总董坚持，根据工部局目前的财政状况，工部局无力承担现在所提出的这笔巨额费用，任何进一步扩大工部局财政负担的行动都应延缓，直到本地政治局势的发展情况明朗之后方可定夺。为此，发电厂扩建提案一直拖了半年之久。

当时，工部局董事会讨论决定，方案在平时是可行的，但鉴于目前本地的政治局势，董事会在作出这样庞大的财政支出之前应郑重考虑。董事会无法按照去年的财政预算如数发行债券。本年度董事会在其他方面也要支出大笔款项，目前研究中的这个方案，将使工部局本年度发行的债券数目要接近 200 万两。另一个这重要问题是，工部局作为一个公共团体，在提供电力方面应承担多大义务。电气处的主要职责是提供照明设施，而从事电力供应的目的是要能够为公众提供廉价照明服务。现在供电似乎已成为电气处最重要的工作。眼前还不可能预测本地政治局势将起什么变化，因此董事会不应该承担巨大的财政负担。[②]

其次，从工部局的切身利益来讲，上海的政治局面动荡不定，直接影响到工部局在租界的政治地位，及其在电力产业中的获利。因此，电气处的改制，纯粹是由于政治原因，是一种在无法预料政治局势的情况下，对当局利益诉求的一种保证方法。

电气委员会深刻认为，电气处对上海租界的关系不能单单用投资多少或盈利多少衡量。上海的繁荣是与电气处有效管理密切联系在一起的。过去电气处的迅猛发展以及它能以合理的价格供应电气，在很大程度上应归于工业企业的巨大发展。继续维持电气处的有效运行是多么的重要。如果电气处被纯粹看作为一个工业企业而超越政治范围之外，那么继续维持其有效运行是可能的。鉴于将来租界的地位可能发生变化，应防止一切可能的干涉，电气处地位和工部局其他处的地位不同，因为它是一个生产大笔经济效益的部门。因此，为了董事会和租界的最佳利益，应把电气处置于使它能够独立运行的地位，不受那些可能危及其效益的政治和其他势力的影响。而达到这个目的的最好办法是将电气处置于某个国际集团的控制之下，这个集团要足够强大，并且非常熟悉电气行业的工作。[③]

因此，1926 年 6 月，工部局董事会上再次就购置杨浦电厂毗邻土地，以扩大

① 上海市档案馆编：《工部局董事会会议录》第 23 册，第 626 页。
② 上海市档案馆编：《工部局董事会会议录》第 23 册，第 627 页。
③ 上海市档案馆编：《工部局董事会会议录》第 24 册，第 544 页。

电气处电厂规模的问题进行讨论,就是充分考虑政治变动因素下,扩建对自身利益的保障。总董依然认为,从私营商业公司的观点来看,所提出的建议是很可靠的商业建议。然而现在要考虑的问题是,从市政观点来看,这个建议是否可靠。

一则,在考虑大规模扩大电力产业时,不应忽视整个工部局财政将极大地依赖电气处的经营活动。万一在政治上或工业上有任何变动,电力的需求将减少,则对工部局的财政带来的不利影响是显而易见的。这一时期,西人与中国当局就解决某些重大问题正在进行磋商,但目前不可能有把握预料政治局势将会怎样,甚至今后 6 个月之内的局势。但电气委员会认为,既然电气处的电气销售额逐年增长,它就面临着这样的必然性:要么跟着日益增长的需求同步扩大生产,要么甘冒营业下降的危险。

二则,如果政治局势发生巨变,购买的地产就是一笔确切的财产,必要时可以提出索赔。同时,目前盛行的工潮可能会鼓励工业企业把工厂建在公共租界境内而不建在公共租界界外的郊区。

三则,董事会会议经过长时间的讨论后,董事们才达成一致协议,作为商业性问题,所提建议甚为可靠,同时由于工部局对供应电力负有责任,另外又考虑到电气委员会的强烈愿望,会议决定批准其建议,同意获得买卖优先权以便买下这块地基。①

再次,从企业发展与租界纳税人的利益出发,在政局不稳的情势下,电气处的出售有利于电力产业的发展与沪上纳税洋人的切身利益。

正如电气特别委员会主席伯基尔(P. W. Burkill)所说,上海的政治局面动荡不安,学生们上街宣传收回租界、废除治外法权。中国的某些政治派别或集团很可能强制收买电气处,作为他们政治斗争的武器,到那时租界的政治地位不可避免地要改变,而影响到工部局的切身利益。②这里的切身利益主要就是指租界纳税洋人的利益。

电气特别委员会委员奥尔德里奇先生也说,由于上海的未来怎样还很难说,他认为,如果只是在物质上变更一下电气处的管理和调节的话,那是很不幸的,如果把电气处移交给某个公司,董事会可以放心地认为纳税人和用户的利益会得到保护。董事会也可以放心,即鉴于激烈的竞争,接管电气处的那个集团将无法剥削用户。他认为,如果该集团真的试图那么干,那么这个企业就要冒失去它

---

① 上海市档案馆编:《工部局董事会会议录》第 23 册,第 641 页。

② 孙宏良:《从上海电气公司到工部局电气处》,载上海市政协文史资料委员会编:《上海文史资料存稿汇编 8》,第 108—109 页。

在上海建立起来的工业方面的庞大业务的危险。实际上,出价极高的这样一个大集团,随着其工厂的扩大,是能够按比目前便宜的价格出售其电气处的。①

此外,电气特别委员会认为,从政治观点出发,出售电气处比出租电气处更为有利,因为如果立即出售的话,全部资产将移交给某一国际集团,而如果出租的话,工部局将保留实物资产,这样,工部局将经常面临集团经营不善的危险,可能会导致极其严重的后果。②

最后,工部局鉴于纳税人们常在年会上抱怨工部局把电气处作为一个盈利单位,每年从中得到大量经济收入,而不给居民们实惠,与其如此,还是出售给私人公司为好。③

二、工部局电气处的出售

鉴于上述出售的理由与目的,工部局专门成立了电气特别委员会,处理与提出购买意向的几家外国公司之间的洽谈事务,其中包括美国国外电力公司(American & Foreign Power Company Ins.)、英国信托有限公司(British Trust Co., Ltd.)与英国的丹曼集团等。④

1929 年 3 月 16 日,电气特别委员会给这 3 个买主各发了一份备忘录,备忘录中初步确定了专营权的一些主要条文,其中第 10 条规定,工部局在 30 年后有权再次控制电气处,且该企业只有得到工部局的同意才能进行转让⑤,并要求他们在 3 月 19 日前把报价书送到该委员会。

1929 年 3 月 30 日,《北华捷报》全文刊登了这三个财团的报价书以及电气特别委员会议标后给工部局董事会的意向报告。其中,丹曼财团提交的是租赁报价,主要条件是每年固定租金为 200 万两。财团负责支付工部局发行的电气债券利益,利润的 75%归工部局,25%归公司;英国信托有限公司提交的买价为 5 100 万两或 720 万英镑;美国国外电力公司提交的买价为 8 100 万两。由此,工部局接受了国外电力公司的报价。⑥

1929 年 8 月 8 日,工部局同美国国外电力公司签订了出售电气处的协议,以 8 100 万两的价格出售给该公司,由公司另外组织美商上海电力公司(Shanghai

---

① 上海市档案馆编:《工部局董事会会议录》第 24 册,第 545 页。

② 上海市档案馆编:《工部局董事会会议录》第 24 册,第 544 页。

③⑥ 孙宏良:《从上海电气公司到工部局电气处》,载上海市政协文史资料委员会编:《上海文史资料存稿汇编 8》,第 109 页。

④ 孙宏良:《从上海电气公司到工部局电气处》,载上海市政协文史资料委员会编:《上海文史资料存稿汇编 8》,第 108 页。

⑤ 上海市档案馆编:《工部局董事会会议录》第 24 册,第 563 页。

Electric Co. Ltd.)。公司的组织系统如下图 18 所示。

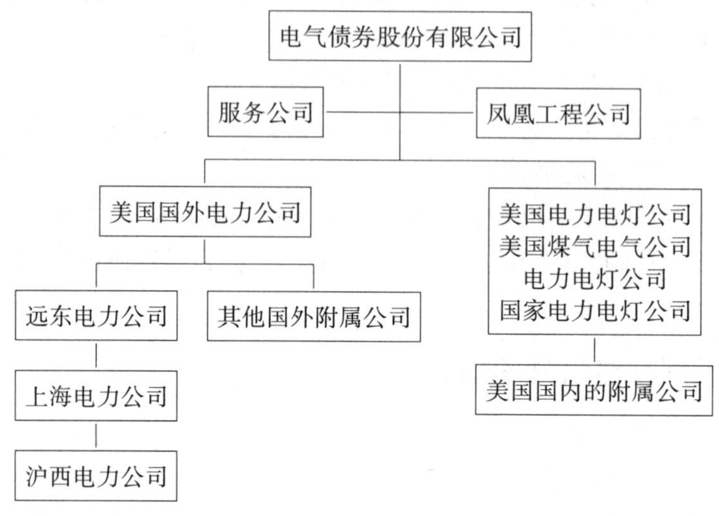

图 18 美商上海电力公司组织系统图

资料来源:汪敬虞编:《中国近代工业史资料第二辑》,第 342 页。

从图 18 可以看出,美商上海电力公司与美国电气债券股份有限公司(Electric Bond and Share Co.)的关系,采用了美国金融寡头管理企业的办法。电气债券股份有限公司用自己集中的一部分资金,专门去收买美国国外电力公司的股票,有 30%的普通股权集中在它手中,这家公司就要受它的管辖而成为它的子公司。同时,美国国外电力公司又可投资远东电力公司而握有该公司的大权,使得远东电力公司成为电气债券股份有限公司的三代子公司。依次类推,上海电力公司又称为远东电力公司的子公司。而美国电气债券股份有限公司就是这一行业的托拉斯。它是世界上最大的电力托拉斯,公司本身是掌握在美国第一号财阀摩根集团手中。由此,通过控股法,如果按母公司控制子公司一半的股份计算,那么电气债券股份有限公司仅握有 1/8 的上海电力公司的资金,就可彻底控制上海电力公司。①

按照协议,工部局电气处出售的价格为 8 100 万两,分 5 年付清,最终付款日期为 1933 年 12 月 31 日。签订协议时当场交付一份 3 000 万两的不可作废的信用证书。货款未清前,须把全部资产抵押给工部局。满 40 年时(从 1929 年 8 月 8 日算起),工部局有权买回电气处,但须按时价并且不能少于美国国外电力

① 汪敬虞编:《中国近代工业史资料第二辑》,第 341—342 页。

公司先前付给工部局的贷款,加上买后增加的资产总和。出售时,电气处的总资产约 3 941 万两,其中主要包括江边电厂总发电能力为 16 万千瓦的 14 台汽轮发电机与 30 台锅炉,未偿还的债券总额为 2 080 万两。①电气处原有人员也不做更动,由上海电力公司雇用。

> 公共租界电气事业出售合同,于下星期内签字之后,美国及外邦电力公司与英日资本团等合组之上海电力公司,即将开始营业。而工部局电气处亦即自动撤销,惟电气处现有人员,料当无甚更动,悉由新公司雇用。而新公司亦将租赁电气处现有房屋办事,其租期闻至少当有二年。此外工部局之电气委员会当然亦将解散,而由新公司之董事会代行其职务,至电气事业售价八千一百两之过付办法,闻双方已商妥先以三千六百万两拨存花旗银行,备工部局随时提用,其余则俟工部局认为适当时候陆续与购主洽商过付。闻美公司方面当初原拟全数支付,嗣因工部局虑本埠骤增如斯巨款,一时难于投资,故商定分批交付办法,至于未缴之价,则以上海电力公司全部资产作为抵押云。②

对此,美国国外电力公司又是采取怎样的方式收购工部局电气处呢?由于 8 000 万两的债券在第一年只要付 3 000 万两。因此,远东电力公司就在美国发行金公债来筹措这笔资金。上海电力公司接受了这 3 000 万两,就给了远东电力公司以等值的金公债和美金优先股的股票和 300 万股的普通股票。以后的几次付款,即余下的 5 000 万两都是由上海电力公司在上海筹措的银两优先股和银元公司债来支付的。而且在最后筹募的公司债又用来偿还了大部分的美金优先股和全部的金公债,远东电力公司又用来偿还它发的金公债。因此,到 1935 年,上海电力公司从美国拿来的资金只有 5 575 700 美元的美金优先股了。然而,上海电力公司发给远东电力公司的 300 万普通股股票却依旧由它拥有。就凭这 300 万普通股的股票,远东电力公司掌握了上海电力公司的实权。③

出售电气处的消息得到证实后,南京国民政府曾在报上强调指出,决不能让电气处落入日本人手中,并号召中国资本家联合起来集资收买电气处。中国纳税人委员会则写信反对工部局出售电气处,理由为它是全体上海市民的共同财

---

① 孙宏良:《从上海电气公司到工部局电气处》,载上海市政协文史资料委员会编:《上海文史资料存稿汇编 8》,第 110 页。

② 《上海电气公司即将开始营业》,《申报》1929 年 8 月 14 日,第 14 版。

③ 汪敬虞编:《中国近代工业史资料第二辑》,第 343—344 页。

产,工部局无权出售。但"弱国无外交",由于国民党政府的软弱无力,中国纳税人的愿望无法实现。①

由此可见,1927 年,在政治动荡与上海租界地位不稳的隐忧下,工部局重新考虑出售电气处之事,最终于 1929 年与美国国外电力公司签订专项契约,原电气处的全部资产和公共租界、越界筑路区域的电力经营权归其所有。电气处的改制问题成为现实,成为给美国电气债券股份有限公司投资下的,美国国外电力公司属下的一个子公司。②

对于这种归宿的选择,集中反映了作为外国人在上海设立的租界管理机构工部局电气处,所具有的殖民主义机构的色彩。因此,在它的经营、管理中不可避免地受到外国在华政策、政治局势、外商在华利益的影响。也正是出于这些因素,工部局最终决定将电气处改组成为美国电气债券股份有限公司控股的海外子公司,结束了这家远东最大电厂作为工部局经营、管理下的历史。③

小　结

1893 年工部局成立电气处,经营和管理公共租界的电力产业。工部局电气处既是具有经营权的企业,全面推动公共租界电力照明产业的规模之路。同时,电气处是隶属于工部局的下属机构,其本身的业务与财务受工部局工务委员会与财务委员会管理,电气处每年须向这两个委员会递交工作报告,各项经营决策权和人事任命权也都受到工部局的监督和控制,工部局董事会与纳税人会议的决议对电力产业有直接干预权。因此,产业的这种管理体制面临诸多方面的问题。

一方面,为了电气处与公共租界电力产业更好的发展,随着各种用途的电力需求地不断增大,电气处在工程、财务方面的经营运作需要足够的灵活性。但作为工部局下属机构的性质,它常受到纳税人、工部局的直接干涉。这样,组建独立营运的企业,对电气处业务的拓展和电力产业的发展无疑是有益的。为此,在电气处建立后不久,独立改制问题就被提了出来。

另一方面,工部局不愿意将公共租界的电业经营权拱手让给外部的特许权获得者。因为这样一来,既削弱了工部局的直接监督控制权,垄断企业的形成也

---

① 孙宏良:《从上海电气公司到工部局电气处》,载上海市政协文史资料委员会编:《上海文史资料存稿汇编 8》,第 109 页。

②③ 孙宏良:《从上海电气公司到工部局电气处》,载上海市政协文史资料委员会编:《上海文史资料存稿汇编 8》,第 110 页。

很可能损害在沪侨民社会的利益,又在一定程度上影响工部局从经营电业中直接获利。因此,改制问题虽然被屡屡提出,工部局仍倾向于将电力产业的经营、管理权掌握在纳税人手中,而不是享有特权的公司,致使电气处的改制一直没有成功。直到 1927 年,在政治局势的动荡与上海租界地位不稳的隐忧下,工部局才又重新考虑出售电气处之事,最终于 1929 年将原电气处的全部资产和公共租界、越界筑路区域的电力经营权出售给美商上海电力公司所有。

贯穿于工部局电气处关于如何经营和管理电力产业的改制之争,以及电气处的最终归宿问题,是颇能集中反映产业发展的特点的。即在西方殖民主义者设立于上海的租界,工部局直接经营、管理公共租界电力产业的体制,具有鲜明的殖民主义机构的性质与特色,产业在发展中,也必然会受到外国在华政策、中外矛盾冲突、政治局势、在沪侨民利益等因素的影响。

鉴于工部局电气处经营之初,主要业务集中于照明领域的状况,当局在财政困境与在沪侨民利益的权衡中,站在了维持市政体制,保障侨民利益的一方;随着产业规模的壮大,盈利空间的迅速增加,当局在产业经营、管理效率与利润诉求的权衡中,选择了维持市政体制,保障利润所得;最后,在公共租界华人纳税人与当局之间的矛盾分歧、劳资冲突、罢工、政局动荡的环境下,出售电气处成为当局的最终抉择。由此,充分凸显出经管产业的当局机构所具有的代表“侨民利益”“企业利益”和“政治权益”的殖民者身份特征。

也因此,工部局电气处在经营、管理公共租界电力产业 36 年的时间里,电力产业取得了突飞猛进的发展。一方面,当局借助欧美先进科技成果,聘请各类有经验的专业人员担任相关管理职务,并借鉴英、美城市建设与产业经营与管理的经验,制定了上海都市发展规划,推动了近代上海电力产业的发展,绩效明显。另一方面,客观上,工部局投资办电,租界良好的市政管理和技术引进,“充当了历史的不自觉的工具”,不但为电力产业的发展提供了环境,也推动了近代上海城市建设与工业的发展,并为市民生活提供了便利。①与此同时,公共租界作为近代上海城市现代化的先行区,对华界与周边口岸电力产业的建设起到了示范作用。

但应当看到,殖民主义者在租界铺路、悬灯、发展工业用电,主观上是为了他们自己的生活与生产的便利,是为了租界外侨利益和生活服务,是为了赚取巨额的利润,这是工部局经营、管理公共租界电力产业的本质动机和效果,这也成为 19 世纪末至 20 世纪 30 年代上海公共租界电力产业发展状况的本质特征。

---

① 张仲礼主编:《近代上海城市研究》,上海文艺出版社 2008 年版,第 26—27 页。

第四章 “效仿者”:仿行与抗争中的近代上海华界电力照明产业建设

“租界是一圆双面的镜子,一面照出了西方的长处,一面照出了中国的不足。”[①]当“租界均有电灯,英界尤多,如星罗棋布然,晚间照耀,无异白昼,颇便行人”之时,华界“城内之天灯,几同黑暗世界,明晦悬殊,未免相形见绌也。”[②]在上海公共租界创办电力照明产业十余年后,19 世纪末 20 世纪初,上海城厢一带的绅商也开始仿效租界,筹划“装设电灯以惠行旅”。华界办电虽起步尚迟,“电力甚微,只及于外马路及大码头大街一带。”[③]但现代文明有其始则无虑其终,电力照明开始普及华界,成为华界居民生活不可或缺的必需品。[④]至 20 世纪 30 年代,“南市闸北两区、人口繁多、电气事业、颇见发达、各有发电厂一所、分掌两区电气事业。”[⑤]无疑,工部局兴办公共租界电力照明产业,对华界起到了示范与刺激的作用。华界沪南、闸北区域悬灯办电的历史进程,呈现出华界主政者对产业所持的态度与管理方法,以及产业兴起与演进的特点,与租界形成了鲜明的对比。

第一节 沪南办电:从南市电灯厂到华商电气股份公司

一、南市电灯厂的开设

每当夜幕降临,租界里华灯齐上,如同白昼,而一旁的上海老城厢却依旧点着油灯,昏天黑地。华界居民纷纷去租界购物游荡,形成租界热热闹闹、华界冷冷清清的局面,形成了鲜明的反差。这也使得上海的地方政府,清朝的父母官们颜面无存,并逐渐认识到电力的功用之处,萌生了投资办电的念头。

---

① 熊月之:《上海租界的双重影响》,载唐振常、沈恒春主编:《上海史研究》二编,学林出版社 1988 年版,第 44 页。

② 李维清编:《上海乡土志》,劝学所铅印本 1907 年版,第 106 页。

③ 吴馨等修,姚文楠等纂:《上海县续志》卷二,台北:成文出版社 1970 年版。

④ 卢汉超:《西方物质文明在近代上海》,载唐振常、沈恒春主编:《上海史研究》二编,学林出版社 1988 年版,第 44 页。

⑤ 《大上海电气网实现》,《申报》,1934 年 1 月 7 日,第 11 版。

1897 年秋,在距离沪上英商投资办电 15 年后,公共租界以南,成立了上海第一家华资电厂——南市电灯厂。这也是中国人首次在上海经营的官办电灯厂。

当时,上海道台蔡和甫与上海县令黄爱棠商量,参照租界办法,创设电灯。原本打算把设在南码头地方的先农坛迁走,改建成电灯公司,电线从江南制造局一直接到汉口路外滩处。后来,黄爱棠在原十六铺桥南面的老太平码头(现老太平弄靠近中山南路)选中空地一块,从道库中拨付银子 4 000 两,雇用工人建造房屋 1 幢,共 4 间房,从英商沪北怡和洋行租来发电机一套,并聘请了该行的经理大罗司(A.G.Dallos)帮助经办,就这样建起了一所小型发电厂,定名为“南市电灯厂”①。

官办南市电灯厂隶属于南市马路工程善后局,该善后局作为市政建设工程机构,负责搭建厂房,并由该局委员(后任总办)朱森庭具体负责。朱森庭为推进南市电业做过不少努力。初建时的几十根电杆就是他派工人仿造租界办法,用洋松木制成,沿着新辟的外马路(今中山南路)竖起了 30 盏路灯。

1898 年 1 月 21 日农历除夕夜正式开灯。县令黄爱棠率领县衙大小官吏亲临电灯厂,观看试灯。正月初一夜,外马路上的 30 盏电灯一同放光,顿时“照耀通明”“几疑朗月高悬”。当时《申报》以“光明世界”为题,自豪地报道了这个消息。上海老城厢从此迎来了电力照明的曙光。

> 本邑南市沿浦滩新筑马路刻已告厥成功。曾由江海关道宪蔡观察与黄爱棠大令一再商议,在路旁安设电灯,各情已纪。去岁本报兹经马路工程局委员朱森庭明府催令工匠,将南北一带电杆竖立,仿照租界之式悬以琉璃大灯,于岁除日竣事。明府即请黄大令于是日午后命驾出城,借善后局会办孙星垣、直刺松海防同知刘乙笙、司马保甲总巡钟受百、明府及各委员齐至浦滩,预由各工匠将各种汽炉机舁至太平马头新造房屋中。此至各官察看时,已日堕崦嵫,电光大放,九衢四达,几疑朗月高悬。阅毕各官咸至工程局小坐旋即分道回署。②

然而,官办的南市电灯厂因管理落后,连年亏损。电灯厂刚开办几个月,就

① 袁阿泉:《南市电业侧记》,载上海市政协文史资料委员会编:《上海文史资料存稿汇编 8》,第 112—113 页。

② 《光明世界》,《申报》,1898 年 1 月 25 日,第 4 版。

把 4 000 两银子全部用空，向怡和洋行租借的设备也即将到期。蔡和甫考虑到经济窘迫，故以南市马路还未振兴和无从筹款为由，要求还机关厂。朱森庭顾虑电灯停后对社会治安不利，竭力反对。在朱森庭的据理力争下，蔡和甫终于同意将灯厂继续开办下去。①

从 1897 年至 1906 年，南市电灯厂前后总共开办近 10 年时间。其间曾两次迁厂扩建，供电范围逐步扩大。第一次是在 1898 年，由朱森庭在赖义码头马路旁选地一块，仿照租界式样建造电灯新厂。为尽快建成发电，朱森庭与承包商派勒斯订明合同："务期照耀通衢，如入琉璃世界，逾期一日罚款五两。"还聘请名律师哈华托在合同上签名作证。经过半年多时间的日夜赶建，电灯厂于 1899 年 9 月试转成功。新厂的设备容量不大，发电机组一套，只能供点亮 48 盏电灯。

第二次是在 1903 年，由新任南市马路工程善后局总办翁子文提出。他认为灯厂设在赖义码头，离善后局太远，检查工作不便。经过几次拣选，定在十六铺南面的行仁码头靠黄浦江边的一块官地上建造电厂。经过半年时间，花 4 356.38 两银建造西式洋房一所。该厂设备，除了原在赖义码头厂里的机器全部拆装外，还花了 13 400 多两银子，通过荣华洋行向国外订购每分钟 300 余转，每月耗煤 45 吨，能点 1 400 盏电灯的发电设备。于 1903 年 10 月 30 日全部建成，当天试验成功。1904 年初，翁子文与马路工程善后局副办鲍光祖对南市电灯进行全面整顿，灯光到达与租界"并驾齐驱"程度，连一些商店居民都愿出钱装点。同年 2 月，王家码头附近电线上绕有风筝，在开动发电机时碰线，击坏保险丝，造成停电事故。翁子文亲自发出布告，禁止在电线旁施放风筝，还派人把布告张贴在各街巷路口。在翁子文的努力推广下，至 1906 年 4 月间，南市电灯发展到沿黄浦江一带，共折合 16 支光电灯 1 010 余盏。②

南市电灯厂虽经两次迁厂扩建，但装机容量极小，发电量最多也只能供 1 000盏电灯的照明所需，加上连年亏损，经营困难，遂及改为商办。据《申报》记载：

> 南市电灯厂向由官筹办，有购地造厂，采办机器等项，自开办迄今共计用去归银三万一千五百余两，系在道库支给。现因厂务改归总工程局绅董

① 袁阿泉：《南市电业侧记》，载上海市政协文史资料委员会编：《上海文史资料存稿汇编 8》，第 112—113 页。

② 袁阿泉：《南市电业侧记》，载上海市政协文史资料委员会编：《上海文史资料存稿汇编 8》，第 113—114 页。

办,另议招股扩充。[1]

1906年,由南市马路工程善后局改组而成的上海城厢内外总工程局总董李平书,集资创设商办内地电灯公司,收购了南市电灯厂。

二、内地电灯公司的经营风波

1906年5月,由上海城厢内外总工程局总董李钟珏等发起,改南市电业由官办为商办,成立内地电灯公司。公司成立后,择地另建电厂,选准地处南市中心的十六铺里街紫霞殿(今紫霞路篾竹路口)为灯厂厂址。公司以地价每亩1 700两银子,共2.57亩,合计4 269两,房价每间150两,11间合计1 650两,总共5 919两买下紫霞殿全部产权。[2]

内地电灯公司刚成立就惹上了一场僧俗之间的官司。公司选建电厂的紫霞殿又称“小武当”,始建于明万历年间,是上海县城内颇有名声的道观之一。第二次鸦片战争中,紫霞殿毁于战火,后由僧濬然募捐重建,该处便转为佛家净地。内地电灯公司欲占用紫霞殿的地皮,自然要给予经济补偿。起初,内地电灯公司经理张逸槎与紫霞殿主持僧奇缘谈妥,由该公司支付拆迁安置费白银2 000两,同时再拨银修复南门外的海音庵,奇缘等僧人则让出庙屋,迁往海音庵。

这原本是一件很简单的地产置换交易,不承想在紫霞殿隔壁有间益昌当铺,老板杨崎屏,生怕电厂产生的烟尘影响自家生活,遂挑唆奇缘借故推翻之前的协议,于是双方打了一场耗时10个月之久的官司。

最初只有奇缘等几个僧人到县署和道台衙门控告,后来附近的商家住户也陆续加入诉讼的队伍。他们诉请的理由就是电厂机器噪音扰民、烟囱排出的煤烟星火极易引发火灾之类。

> 电厂机器动力声响如雷,昼夜不息,铺户居民,势难安枕。烟囱高耸,煤烟星火随风飘扬,设风高物燥,至兆燎原,为祸奚堪。英法租界电灯厂均设在偏僻处。公司设厂于此是为节省费用,专计私利,不顾治安。[3]

---

① 《函询电灯厂所垫官款之办法》,《申报》,1906年8月21日,第17版。

② 袁阿泉:《南市电业侧记》,载上海市政协文史资料委员会编:《上海文史资料存稿汇编8》,第114、117页。

③ 袁阿泉:《南市电业侧记》,载上海市政协文史资料委员会编:《上海文史资料存稿汇编8》,第114页。

众人一致要求电灯公司将电厂移建到远离民房的地方。新任的上海道台瑞澂听信诉说,便发文通知城厢内外总工程局另觅厂址。公司经理张逸槎得知情况后,连忙辩称:

公司新订电灯机器照旧制约小数倍,初开未快时稍有臬兀之声,至厂外其声更微,将机房关闭之后,外面可不闻其声,断不致扰人清睡。烟囱砌高本须十余丈,今花银六七千两向外洋改购英国新式铁质烟囱,其高四丈余,位置与屋齐,并不高耸,且烟囱内另有机器能将上冲热气回旋而下,反复用尽,余热全无,安有煤烟星火飘扬。英界在穿虹浜,法界在打狗桥之电厂,左右附近均有店铺居户,并非远设在偏僻之处,且租界机厂林立,有缫丝、纺纱、织布、打米、磨粉等厂,大半贴近居户,其机器马力较电厂大逾数倍,亦未闻有星火贻患之事。我电灯厂之设是为公益,岂有设厂于小武当即可省煤斤费用,设偏僻处则靡费之理。电厂灯线四散,断不宜于偏僻之地。①

两方各执一词,也未分出高低胜负。1906 年 7 月 18 日,内地电灯公司突然派工人拆除紫霞殿庙门。众僧见状急忙出来阻止,三言两语,话不投机,双方就扭打成一团。电灯公司以妨碍工程、殴打工人为由,将奇缘等人押往县衙。这样一来,事态进一步扩大。紫霞殿一带的老聚兴、恒生茂等店铺及 104 户居民联名至道台衙门上告,称电灯公司强占公地庙产,恳求恩赐归还。由于双方僵持不下,瑞澂也没了方向,他只得差上海县令王念祖亲自调查此事。经过实地查看,县令认为兴造电灯厂须建高大烟囱,其址还是设在黄浦江边为宜。

可是,眼看从国外订购的机器即将到货,工期紧迫,内地电灯公司为打消居民顾虑,于 7 月下旬发出布告,张贴在紫霞殿附近,告称“发明电灯本为预防火患,便利行人,附近居民幸勿担心”,又于 9 月 28 日派工人将紫霞殿里的佛像等物强行搬出,造成矛盾进一步激化。

奇缘立刻召集城乡各庙的住持数十人,一齐涌到道台衙门告状。他们还请来讼师书写状纸,前往南京的两江总督行辕鸣冤,控诉上海城厢总工程局“勒捐苛罚,偏袒强占,非刑责押为宗旨,所做之事有益于民者十之一二,不利于民者十有八九……尤为人心所不服者莫如强夺寺产。”②

对此,城厢内外总工程局亦不甘示弱,向两江总督端方告发称“众僧纠集绅

① 袁阿泉:《南市电业侧记》,载上海市政协文史资料委员会编:《上海文史资料存稿汇编 8》,第 115 页。
② 袁阿泉:《南市电业侧记》,载上海市政协文史资料委员会编:《上海文史资料存稿汇编 8》,第 116 页。

商出而阻挠,存心挟制。董等谋南市发展商业,扩充电灯之公益。建造电灯厂如事多危险,董等以数十万资金合数十人生命,萃于一厂成毁,必先自受其果,绝无轻试之理。众僧甚至夺器毁厂,揭贴殴匠,种种无理取闹”。①

身为两江总督的端方为了弄清状况做出处理,遣人暗地查访,在获知奇缘等毁约在先之后,他当即判令准许电灯公司在紫霞殿开办电厂,但补偿方案须重新确定。经测算,紫霞殿的地价为 4 269 两,房价折合 1 650 两。但因紫霞殿所在处为公地,地款全部上缴府库,僧人们只能拿到房款。这样,公司比原来多花银 3 500 多两,而僧人却较原来少得银 350 多两。

1907 年 3 月 21 日,紫霞殿正式过户给内地电灯公司。1907 年 8 月,内地电灯公司电厂正式建成发电,设备容量 650 千瓦。起初,内地电灯公司经营不善,困难重重。

一则,电力设备规模有限,电力照明效果不甚理想。据《申报》记载:“南市内地电灯公司所装置之电灯近因灯光不甚通明,人咸啧有烦言。公司总理迭据各用户函询后查得,因灯额已满而装接之灯线太细,电力不达所致。”②

二则,因公司管理不善,用户私接电线等原因,导致事故连连。例如,沪南十六铺里外马路之大电灯,因被工匠屡屡将煤精偷减,时常熄灭,公司设法整顿未见实效。③因公司匠人舞弊百出,将煤精窃去,以致灯光明灭无常。④1916 年 5 月 2 日,又发生电线相绞事故,电灯熄灭。对此,《申报》做了详细的报道:

> 前晚南市中华路及南半城内外各要道之电灯线不知如何损坏,以致淞沪警察厅周围及内部之电灯同时熄灭。是时徐警厅长适闻闸北方面发生事故,深恐有人乘机肆扰,立用电话向内地电灯公司询问。据云傍晚开机时查得全夜线机关忽然走火,知系所布之线互相牵住即将该机关住,以致不能通电云云。既而由公司派小工多人四出查看后,在城内第二师范学校附近查见,灯线被风吹动,两线相绞,惟电力甚猛一时不易击开故俟。⑤

此外,因用户在家私接电灯,导致公司电力亏损,灯线走火、焚毁之事时有

① 袁阿泉:《南市电业侧记》,载上海市政协文史资料委员会编:《上海文史资料存稿汇编 8》,第 116 页。

② 《内地电灯公司之整顿》,《申报》,1916 年 3 月 8 日,第 10 版。

③ 《南市竟成黑暗世界》,《申报》,1911 年 7 月 9 日,第 20 版。

④ 《南市电灯公司整顿情形》,《申报》,1911 年 10 月 6 日,第 19 版。

⑤ 《前夜南市之昏暗》,《申报》,1916 年 5 月 4 日,第 10 版。

发生。①

> 上海内地电灯公司近查,境内各铺居户之已装电灯者往往私自购换最多数烛光之大灯泡,及暗中接线添出灯数,并有装设电气风扇情事,公司损失电力,暗亏殊多。②
>
> 内地电灯公司查得装灯各户往往私添灯盏,以致电线走火焚毁灯线之事时有发生。曾经刊发通告规劝各用户切勿贪小私添灯泡,以免贻祸。兹又查得南京街振新织袜厂之电灯线忽然走火,焚毁灯线数丈,察其原因,系被在火表上自行接以铜丝所致,该公司可以其破坏定章议令该厂缴纳罚金十两以偿损失。③

三则,在经营的3年多时间,公司股本不足,资金周转困难,负债累累。据《申报》记载:

> 本埠内地电灯公司,原招之股本十五万,各股东不能缴足,以致不敷周转,借债维持逾三年。城厢内外之商铺装点电灯者渐多,机器电力不足,故又续议招股二十万,添购电机。惟所收股款仍难足数,复向华人添借巨款,弥补亏蚀,旋因借款利昂,而所收数千盏灯费又不敷煤斤人丁薪资之用。至宣统一、二年间,该公司已负债累累,处于危险地位。④

1910年,内地电灯公司由各股东再议筹借巨债,归清旧债,竭力整顿,营业始渐发达。此后,公司业务蒸蒸日上。一方面,鉴于居民店户装灯日多,业务渐形发达,紫霞殿灯厂地位逼窄,不能敷用,电灯机力不足,勘定在自来水厂旁兴造房屋,并在外洋添购机器大加扩充,以达完善之目的。⑤1911年,公司在南市供电数已增至7 000余盏,到1917年供电灯数增至2.3万余盏,成为当时上海的第三大发供电企业。另一方面,煤炭价格低廉,公司得以恢复元气。1916年内地电灯公司将一切借款如数还清,尚可盈余银二万。

---

① 《私接电灯之结果》,《申报》,1916年5月8日,第11版。
② 《内地电灯公司之暗亏》,《申报》,1914年6月17日,第10版。
③ 《私接电灯线之议罚》《申报》,1917年5月14日,第11版。
④ 《内地电灯电车营业之发达》,《申报》,1917年2月4日,第10版。
⑤ 《内地电灯公司之扩张》,《申报》,1909年10月24日,第18版。

三、华商电气股份有限公司的建立与电价之争

1917 年身兼内地电灯公司与华商电车公司总经理的陆伯鸿,为方便经营管理,提出车、灯合并建议。[①]1918 年初,内地电灯公司与华商电车公司合并,组成华商电气股份有限公司,设在上海南车站路 564 号,占地面积 17 767 平方米,呈报上海县公署立案,交通部注册。合并时,电灯公司 4 台机组约 1 350 千瓦,供电灯数 23 878 盏。华商电气公司成立后,由原股东在已有资金的基础上认足 100 万元。至 20 世纪 30 年代前,公司专营区域在沪南区。[②]

华电的董事会是公司的最高权力机构,诸如增资添机、扩大经营、调整电价、人事更迭、制定改章等重大事宜,都得经董事会讨论通过后才能实施。第一届董事会由董事 11 人和监事 3 人组成,用投票方式选举产生。公司下设总务、电务、车务、技工、工务、庶务 6 个科,固定职工从公司刚成立时的 150 人增至抗战前夕的 1 200 余人。[③]

公司成立后不久,就发生了一起南市电业史上罕见的电费加价与反加价事件。这起电价之争的时间从 1918 年的 5 月 14 日起至 7 月 10 日止,历时近两个月。官司从县商业总会一直上升到上海县署、浙沪警察厅、上海护军使署、江苏省实业厅和交通部。

当时正值第一次世界大战,煤价猛涨一倍,极大地影响了发电成本,刚刚起步的华电入不敷出,亏损较多。为了弥补亏损,华电董事会做出决定,从 1918 年 4 月 1 日起,每盏电灯再加价 2 角。为此,该年 5 月 14 日,华界南市区的油豆米业等 8 个团体,联合致信华电经理陆伯鸿,反对加价。此后,至同年 6 月 8 日,又有药材业、麻袋业、茶叶、洋货业、兽皮业、水果业、烟纸业、棉纱业、参业、花衣业、木业等,以及不少居民,总共 26 个团体,群起反对华电的电灯涨价问题,并搜集了当时上海的英法租界、省立闸北水电公司,以及附近 10 多个城市地区电灯的电价,用来与华电电价比较,以示华电无理加价。《申报》为此连续报道了近 40 篇消息。其中之一这样记载道:

---

① 陆伯鸿原名熙顺,1874 年出生于江苏,上海实业界之有力者。与上海犹太人有密切的资金关系。他为前清秀才,在上海法租界之中法中学毕业后赴法国留学。归国后入华商电气公司为工程师,后被推为董事长兼总经理。此外兼任闸北水电公司、浦东电气公司、上海内地自来水公司、大通仁记航业公司、新和兴钢铁厂董事、和兴码头堆栈公司董事兼经理、圣心医院院长、上海法租界工部局华人董事等职。参见陈真、姚洛合编:《中国近代工业史资料》(第一辑),生活·读书·新知三联书店 1957 年版,第 621 页。

② 上海市电力工业局史志编纂委员会编:《上海电力工业志》,第 475 页。

③ 上海市电力工业局史志编纂委员会编:《上海电力工业志》,第 476 页。

> 沪南电灯公司加增燃费,各商家大为反对。昨由商界八团体公函该公司总理陆伯鸿君云,近阅报载,贵公司之加价通告殊深骇,查去年正月贵公司以欧战影响煤价昂贵,每盏月加燃费洋二角,用户知系实情并无异词。讵料贵公司犹嫌未足,将半夜线之电灯缩短时间是为无形之加价,用户以电灯光线充足习惯难改,惟有逆来顺受不置一词,岂知贵公司误为用户乐于加价,不妨继长增高再接再厉,殊不知值此国事纠纷,商业凋敝,开支之大已觉难堪,安能再增丝毫负担,且欧战蔓延既无终了之,希望则贵公司之加价势必亦无。已时窃思北市电灯公司同受欧战影响,迄未闻有加价之议,岂贵公司有异于他公司乎?诚百思不得其解矣。①

可见,反对华电电灯加价得到了当时华界社会各界的支持,其主要理由是:第一,华电一再加价,甚至变相缩短供电时间,进行无形加价,因华界居民用户已用惯电灯,所以一直逆来顺受;第二,对照闸北公司,同样在上海,同样受欧战影响,却没有提出新的加价;第三,现在欧战困难时期,商业也生意清淡,所以已无力再加丝毫负担。

对此,华电坚持电价上涨的方针,态度强硬,毫不妥协。1918 年 5 月 26 日,华电答复商团:"电灯发光于煤,煤价既增,电价不得不涨。"其后,虽然商团提出每灯加洋 1 角的折中方法。华电依旧未能接受,复信商会:

> 贵会为筹双方兼顾之法,每灯加洋 1 角,这使用户是减轻了负担,但对华电补偿煤价提高却无济于事。从前煤价每吨四五两银子时,灯价每盏 1 元 3 角,煤价八九两时,每灯加价 2 角,今煤价每吨涨至十五六两,每盏就是加足 2 角也是入不敷出。经董事会集议,每灯仍加 2 角,请贵会婉劝各团体曲谅照加……成本提高,商品随之而涨价。煤价涨,电价不能不随之而涨。买客如嫌卖客货贵,尽可勿买。用户嫌灯价贵,亦可改用不点。决不能买客强迫卖客牺牲成本。②

同时,华电先是每天派人向各用户催收电费,凡有不付电费的用户都给通知一张,又对拒付用户发出停止供电的最后通牒,接着就派收账员带领工人强行收

① 《南市商家对于电灯加价之反对》,《申报》,1918 年 5 月 14 日,第 10 版。

② 袁阿泉:《南市电业侧记》,载上海市政协文史资料委员会编:《上海文史资料存稿汇编 8》,第 119 页。

费，对拒付之户实行拉线停电，从小商店开刀，先后将大东门协生烛店、大码头某理发店、西门外德和米店、德大烟店、万盛号等五户剪断电线，停止供电，迫使这些商店不得不提早收市打烊。

面对华电强硬的态度，反对电价加价的商业团体通过县商总会告知华电：一是按普通商业习惯，南市商店如滥涨物价，顾客可舍而去租界购物，倘如南市居民厌恶南市电价贵，能否也可舍而向法租界购电？二是按照普通商业习惯，如一老店滥增货价，岂能禁人不开新店，以免竞争。现在华电滥加灯价，我等打算自筹资金，在南市另组第二家电灯公司。另一方面，反电价加价团体于 1918 年 6 月 22 日召开紧急会议，决定自筹资金 5 000 股，每股 20 元，合银 10 万银元，在南市另组第二家电灯公司，以对抗华电的加价行动。

在双方僵持造成两败俱伤之际，经江苏省政府、上海行政当局、县商总会的多方调节下，经过协商，华电和反加价团体达成协定：一是用户全夜灯每盏加洋 1 角 5 分；二是用户半夜灯每盏加洋 1 角 3 分，都从 4 月 1 日起实行；三是包灯户将押柜费取消。①至此，南市电灯加价和反加价的一场旷日持久的争论，才得以全部结束。

这场电价之争实际在很大程度上，反映的是华商电气公司经营之初的困境。一则，公司电力设备机组小、容量低，主要供应电灯照明，成本较高，并且时常发生故障，需要耗时、耗资修复。例如，南市华商电气公司经营初期，南厂内之电机马达时有损坏，电爆裂之事亦常有发生，以致各店铺用户各灯忽尔熄灭②；或因电机损坏，十六铺地带商业繁盛地区用户电灯尽熄，皆以汽油灯、洋烛灯火代用。③

二则，用户私接电器，偷窃电力现象普遍，造成供电设备损坏，华电直接经济损失不小。例如，南市华商电气公司电灯分部，“查得各用户每有私自接线，添置灯额等事，电火过费，损失不菲……前日在高昌庙西栅口福记理发店内，查出私自接线，添灯有三盏。”④再加上欧战影响下煤价昂贵的状况，导致华电寸利必争的营运方针。

进入 20 世纪 20 年代后，随着华电逐年增资添机和设备的更新改进，电力生产力日渐提高，营运状况也逐渐好转。在此期间，华电先后向国外购买德国制造

① 袁阿泉：《南市电业侧记》，载上海市政协文史资料委员会编：《上海文史资料存稿汇编 8》，第 120—122 页。

② 《华商电灯厂之修竣》，《申报》，1919 年 12 月 20 日，第 11 版。

③ 《南市电灯机器损坏三纪》，《申报》，1919 年 9 月 5 日，第 10 版。

④ 《私接电线之控究》，《申报》，1923 年 4 月 1 日，第 15 版。

的3 200千瓦发电机组1台,于1922年装竣投运。这一年,华电最高负荷为2 800千瓦,全年总发电量821万千瓦时。1924年,公司又添设了德国制造的6 400千瓦汽轮发电机组2台,于1925年、1926年建成发电。到1927年,华电最高负荷达5 000千瓦,发电量1 462万千瓦时,5年增长近1倍。①与此同时,华电将旧有1台1 600千瓦发电机折价给浦东和兴钢铁厂,其他小机组也都陆续处理废置不用。至此,华电总装机容量已达1.6万千瓦。锅炉设备也先后进行了调整,至1928年,公司共有拔葛厂水管式锅炉7台。②

在扩充电力设备的基础上,华商电气公司对于电力照明事宜渐次整顿,以谋尽善。1918年,公司鉴于"现以所用之直流电不甚合宜,准备改用交流电,已在外洋购办储积电气之材料,陆续运沪,定于年内开工,沿途装置蓄电器方棚,并换装电线,装备妥洽,其电灯即无忽明忽灭之弊病。"③1920年,华电又从美国购备新式交流电机一部,一旦竣工,即可添装灯盏,其机可供10万盏灯之电力,且光明远胜于直流电机。④

1920年,华商电气公司即开始将所有电灯线、电车线一律换用交流电线,布置全备,实行试用交流电,电光较平昔更为明亮⑤,申请装灯的用户蜂拥而至,公司的电力照明业务日益推广。据报载:

> 华商电气公司自改用交流电以来,各铺请添装灯盏者,多至数百户。⑥
>
> 华商电气公司改用交流电以来,已将各用户之添装灯盏手续,布置妥洽,然后次第装配,核计装至1920年终为止,共总六万盏之灯额,预料明年灯数增额,势恐机力不足,必须亟谋补充方法,现由陆总理与洋工程师磋商之下,以公司营业日益发达,地方商铺居户,报请添装灯盏者,其数日见增多,应将进行手续,尽力布置,以求完备,故拟向外洋添购六万盏灯额之机器一架,适该工师回国之便,从事订购,预计明春即可运沪装配云。⑦
>
> 南市华商电气公司电车、电灯两部分营业,1921年颇形发达,比较上年更有进步……其电灯部分,灯额早已足数,所有最近报装之灯户,暂停装接,一面将外洋运回之新机,赶紧装配,布置一切,以便推广,闻须待阴历三月间

① 上海市电力工业局史志编纂委员会编:《上海电力工业志》,第475页。
② 上海市电力工业局史志编纂委员会编:《上海电力工业志》,第476页。
③ 《华商电气公司之改善》,《申报》,1918年12月26日,第10版。
④ 《华商电气公司交流电机已到》,《申报》,1920年6月12日,第10版。
⑤ 《华商电气公司试用交流电》,《申报》,1920年7月30日,第10版。
⑥ 《华商电气公司预备添灯》,《申报》,1920年8月13日,第11版。
⑦ 《华商电气公司添购大电灯机》,《申报》,1920年9月18日,第10版。

始可完竣、灯额可增多数万盏。①

因此,随着华商电气公司供电能力日益增强,灯户数量日益增长,公司供电成本也日趋下降,经营状况日渐好转。自1922年起,华商电气公司开董事会时,"提议电灯部分,对于沪南地方灯户装置电灯,减收灯费之办法,当众决定,拟自本年阴历二月份为始,将电表码每字减收二分,以两角三分计算。一致通过后,不日即须实行减费,一面将各户电灯大加整理,以谋进步"。②

1927年,华电继续对电力照明降价收费,"向收电灯费每度计洋二角,兹为减轻用户负担起见,经董事部议决,自本年阴历七月份起,减收洋二分,每度实收洋一角八分,嗣后对于电气供给,亦将锐意改进"。③

至20世纪30年代,华商电气公司的电灯价格以每度一角八分,成为华界售电最低的电价。沪上的浦东电气公司、宝明电气公司和真如电气公司,皆自停止发电,分别向沪南的华电和沪北的闸北水电购电,电价酌减,减至每度电价一角八分。这也使得浦东、吴淞、真如三处市民皆可享受比较低廉的电气供应,沪上华界的电力照明价格也趋于统一。④

第二节 沪北办电:由官督商办到商办的闸北水电公司

在公共租界以北是上海早期最大的民族电力企业——商办闸北水电股份有限公司。它位于上海的北端,担负着整个闸北以及附近地区的电力供应。公司经历了由官督商办的闸北水电公司、江苏省立上海闸北水电厂演变而来。至20世纪30年代,闸北水电公司发电装置容量达3.45万千瓦,是当时中国最大的民族电力企业。⑤

一、从官督商办的闸北水电公司到官办的闸北水电厂

公司最早于1909年,在两江总督张人骏的授意下,由上海道蔡伯浩,总工程局总董李平书出面,筹设兴办闸北水电公司。由于市况萧条,难以召集资本,只得向道库和多家商行借得官、商款,先后提拨官款银10万两,又由道署担保借得

① 《华商电气公司营业之发展》,《申报》,1922年2月2日,第14版。
② 《华商电灯减收灯费》,《申报》,1922年2月23日,第15版。
③ 《华商电气公司减收电费》,《申报》,1927年6月11日,第15版。
④ 《市公用局统一电灯价》,《申报》,1931年12月26日,第11版。
⑤ 上海市电力工业局史志编纂委员会编:《上海电力工业志》,第480页。

大清、四明、信诚、源通、裕丰五行号商款 10 万两,上海地方的领用存道库银 6 万两,共计白银 26 万两,随即开办闸北水电事宜。[①]1910 年 6 月,在闸北叉袋角、恒丰路广肇山庄北首(今上海火车站)勘定厂址,开工建造。

1911 年 8 月,水电厂竣工,同年 10 月 27 日召开成立大会,宣告闸北水电公司成立。新任关道刘襄孙到会致贺,工程师恩格尔报告工程及用款情况,创办经营人士绅李平书发表演说,称“闸北居民盼望水电刻不容缓,闸北水电工程以极快时间赶建竣工,除用道署及银行款项外,尚不敷甚巨,仍需从速招股”。[②]

当时的闸北水电公司规模很小,发电设备仅有 2 台德制 50 千瓦 220 伏直流发电机,仅可供 16 支光白炽灯 2 000 盏照明,营业对象限于华界居民及华人企业,营业范围南至租界,北达江湾,东至沙泾江路,西讫潭子湾一带。[③]

闸北水电公司成立后,本想召集股本,偿还各项债款,但辛亥年政局动荡,招股之事难以进行,各项债款催逼甚紧,无法应付,不得已将全部厂房机器、营业权为抵押,先后向日商大仓洋行借得白银 40 万两,以还旧债和添置机器。[④]这笔抵押借款原本是为了扩充建设水电设备之用,但不料又为当局因军务挪移,致使闸北水电公司业务维持周转限于困境,债息无法支付。

1913 年 7 月,公司总理李平书因政治原因出走,厂务无人主持,且延欠日商债息两期未付,债主日商大仓洋行即按合同规定拟接管公司,接收水电厂产权。闸北各界爱国绅商,眼见成立不到 3 年的企业被外人吞并,迫于情势危急,请愿动议江苏省署出面清偿借款,将水电厂收归省办。

1914 年 4 月 16 日,江苏省署在闸北各界人士的联名请愿下,由江苏省实业厅委派曹元度任厂长,接收闸北水电公司,改名为江苏省立上海闸北水电厂。[⑤]

由省署接收后的闸北水电厂,一方面清理债务,另一方面进行一系列整顿,建立规章制度,查禁偷盗水电,完善组织机构,逐渐使水电厂的面貌得以改善,营业状况有所好转。据《申报》记载:

> 闸北水电厂营业以来,已渐渐发达。惟各铺户装有电灯线者,往往添置灯头,窃用电火,未装水管者,窃用自来水,刻经该厂认真调查,竭力整顿,凡

---

① 陈真、姚洛合编:《中国近代工业史资料》第一辑,第 622 页。

② 《闸北水电公司开幕广告》,《申报》,1911 年 10 月 28 日,第 1 版。

③ 张诚忠:《上海早期最大的民族电力企业——记闸北水电公司》,载上海市政协文史资料委员会编:《上海文史资料存稿汇编 8》,第 127 页。

④⑤ 张诚忠:《上海早期最大的民族电力企业——记闸北水电公司》,载上海市政协文史资料委员会编:《上海文史资料存稿汇编 8》,第 127 页。

> 各户拖欠水电价满三个月,即将电线剪断,龙头拆除,预缴之押柜抵作欠款,查有取巧窃用者,定即送官究罚。①

但由于辛亥革命以后,天下军阀纷争,当时江苏省政权亦为地方军阀统治,省派官员竟视闸北水电厂为肥缺,只知营私中饱私囊,无心建设管理,水电厂每年的营业收入,除了正常开支以外,还要上交大量的官利,根本无力筹集更多的资金扩大再生产。1915 年 11 月,闸北水电厂把两台因效率低而停用多年的直流发电机卖与无锡光明电灯公司。水电厂从此无发电设备,电力全靠向工部局电气处购电,馈电量受到限制,最高负荷仅为 1 200 千瓦。

由于闸北水电厂一直管理不善,厂务无人负责,机器失修,再加上苏州河沿岸工厂、码头日渐兴盛,污水排放日益加剧,严重污染河水,终因水厂处理水质不当,造成出厂水质污浊等原因,引起用水居民和工商户纷纷不满,抗议不断。时有社会绅商请示省长公署,将闸北水电厂归商整顿办理或由华商租办,均未获省署同意。

二、将闸北水电公司改归商办的抗争

1920 年以后,水电厂的水电供应已无法满足闸北工商业发展的需要。加上自来水取源于苏州河,水质日趋浑浊,水量不足,使水电危机日趋严重。闸北地方绅商谋求改良、接办闸北水电厂的呼声不断:

> 上海闸北地面日新月异,人烟稠密,自来水电灯两项,均仰给于闸北水电厂,水质浑浊,电灯黑暗,日间火警,竟至无水接济,至下午十时后,方能出水,火警猝发,不限时间,白日火警,无水供给,以致延烧多屋,已非一次。多数居民,有鉴于斯,以生命财产之关系,不顾主权,竟接租界水管,不独水质清洁,即预防火警,亦可有备无患。该厂之营业,是以断难推广……日前横浜路俄罗斯教堂间壁之方浜间(即储电处)无故燃烧,可知该厂主办人员,既无专门学识,又无相当经验,毗连租界,贻笑外侨,且电灯黑暗,负重者互撞受伤,无日无之,救火车辆,行驶迅疾,灯光黯淡,开车者前路茫茫,以致车辆不时损坏,修费不资,职是之故。蒙古路一带电灯线,似蛛网然,究其所以,该厂只图自己省费,不顾公益,然而非常危险,此等地方,一旦失慎,救火人员冒触电之危险,而尽救援之义务。该厂非从彻底改革,万无改良之望,为

① 《水电厂极力整顿》,《申报》,1915 年 8 月 28 日,第 10 版。

此具呈请愿，恳咨请省长令饬该厂竭力改良、以保主权、而免危险、地方幸甚。①

1922年7月，闸北商业公会、自治筹备会等24个团体召开联席会议，讨论用民间的力量来振兴闸北水电。7月19日，会议决定成立商办闸北水电股份有限公司筹备处，筹备处设在宝山路天吉里，推举沈镛、徐懋、陆伯鸿3人为筹备主任，另有2名会计主任陈炳谦、高凤池，2名监察主任钱贵三、周清泉和50名筹备员，从事筹备工作。②

同年8月初，商办闸北水电股份有限公司筹备处设立购地委员会，着手为公司扩建新厂规划和选购地基。8月中旬，筹备处登报招股，股东以华人为限，规定股本总额为银元400万元，收满半数即可开办。与此同时，筹备处具文呈请上海护军使何丰林转呈江苏省巡按使韩国钧，请求将闸北水电厂转归商办，又多次派代表赴南京，向江苏省署和省议会请愿，催促将官厂改归商办：

查闸北水电厂，当成立之初，本为商界所组织。地方商业，虽不若今日之繁盛，而厂中设备，尚未闻有供不应求之弊，查其组织内容，原有电机一部，可发灯六千余盏，足供当时之需……至于电力一项，商办之初，尚有电机一部自行发电，嗣因马力不足，订购英工部局之电，原属权宜之计。孰知收回官办后，因循敷衍，电力之需要虽益广，仍不思恢复旧制，自办电机，一惟英工部局是赖。今所续订合同，为期又将届满，尚未闻有若何筹备。若再因循贻误，势必继续展期，设工部局有无理要求，不知何以应付。闸北工厂林立，时有断电停工情事，商民之损失，何堪设想，主权操于外人，尤不可不早为虑及，此官办后关于电力一部贻误之情形也。总之，水电两项，虽属营业性质，究于地方人民生命财产，有至密切之关系，故各国恒将此种事业，为市民所公有。诚以经营其事者，每视市面之兴盛，年需增加巨额资金，以应地方要需，而谋居民之福利，固不可与寻常营业同日而语。近之如上海租界，其水电两项资本，均两千万以上，犹复旦谋推广，上年英工部局因电厂扩充，更发行公债，以为接济，凡此皆足证为办理水电事业之重要。若我闸北，其范围固不逊于租界，而水电厂以有限之资力，应此广阔之营业，捉襟见肘，竭蹶情形，由来已久，徒以省款支绌，因循敷衍，终无扩充改良之望，以致商民

① 《请议改良闸北水电厂》，《申报》，1921年6月8日，第10版。
② 《商办闸北水电厂初次筹备会》，《申报》，1922年7月20日，第13版。

所感痛苦,亦日深一日。况闸北地势,处处毗连租界,地方事业之良窳,恒为外人所注目,友邦视线所集,国家主权所在,我不自谋,人将代为我谋,眈眈外人,寗俟终日。即如去年东新民路发现工部局越界筑路事,说者即借口水电不良,致有引狼入室之举,思之可为叹息。故前次沪地绅商,曾有改水电厂为官商合办之请,无非冀以商民之财力,促进水电之改良,然犹虑官商性质两歧,未必能收和衷共济之效,现在情迫势急,视昔尤甚,绅等一再集议,佥以该厂实非完全改归商办,不足以应地方要需。①

闸北各界人士也屡次请愿省署,要求将水电厂改归商办,但是省署与省议会方面意见分歧,一直踌躇未决②,并以筹备处未经呈准私自成立为由,遭到查禁。1922 年 11 月省议会议决,将水电厂改归官商合办,遭到闸北各界人士和各团体的反对。

1923 年 12 月 13 日,筹备处发起召开闸北市民大会,在大统路闸北慈善团行市民大会,决议:1.定名称为闸北市民大会,专以力争商办水电为宗旨;2.用本会名义,咨请商办水电公司筹备处根据省议会议决案,向官办水电厂接收办理;3.如官办水电厂不予接收者,全体市民立即停付水电费,以资抵制;4.如停付水电费而不能达到目的者,则从事于进一步之手段,如停付工巡捐及罢市等;5.当场公推严逸士、甘肃周、李广珍、陆端甫、朱仁芳 5 人为执行委员,其任务只为执行此次议案;6.致电省长,请撤销致省议会之咨文,及速公布商办水电案。③

直至 1924 年 3 月 10 日,闸北区川公路祥经丝织厂不慎失火,在救火时因自来水水力不足,扑救不及,竟致灾情扩大,酿成烧死工人数十人之大惨案。此案立马引发闸北地方人士极大愤怒,纷纷向当局提出强烈抗议,并将死者棺材抬到水电厂大统路办事处,各商店相约罢市 3 天。江苏省署最终迫于民情汹涌的强大压力,在 4 月底终于同意将闸北水电厂划归商办。

三、商办闸北水电公司的建立与经营状况

1924 年 8 月 4 日,在闸北大统路慈善团机关,商办闸北水电股份有限公司

① 《闸北水电厂改归商办之请议》,《申报》,1922 年 5 月 30 日,第 13 版。

② 张诚忠:《上海早期最大的民族电力企业——记闸北水电公司》,载上海市政协文史资料委员会编:《上海文史资料存稿汇编 8》,第 127—128 页。

③ 《闸北水电厂问题:闸北市民昨开大会——发出三要电力争商办》,《申报》,1923 年 12 月 14 日,第 14 版。

举行创立会，宣告公司成立，筹备处撤销，经国民政府批准注册，并发给执照。8月5日，公司董事会成立，选举董事10人。8月7日，由董事陆伯鸿等5人赴省署谈判，省署以银126.21万元厂价和银60万元营业权代价把省立闸北水电厂卖给公司。8月31日，公司交款完毕，正式接收水电厂，设立清理处。9月1日，以商办公司的名义对外营业。

此时，公司的营业区为东北沿黄浦江至张华滨，西南沿苏州河到陈家渡，东南至公共租界。西北达彭浦、江湾等乡镇，面积约40平方公里，人口约20万，电用户8 100户。由于没有发电设备，电力购自工部局电气处，馈电最高负荷3 200千瓦。①

从1925年开始，原省立闸北水电厂的各项遗留事务清理完毕，商办闸北水电公司开始全面致力于发展闸北水电事业。

第一，扩建新电厂，加强闸北水电厂供电规模。为筹集资金，公司进行第二次招股，68万余元的股金，数日就认购一空。1926年9月，闸北水电公司在军工路、剪淞路、闸殷路口购地37亩余，作为新电厂厂基。同时，电机向欧美各厂家招标。据报载："其电厂应需机件，已由本埠各大洋行厂家，依照该公司计划投标。截至昨日止，计有禅臣、慎昌、祥兴、雅利、孟阿恩、好时、万泰、求新、美电、美最时、安利、新通、汉运、隆高、联合、德威、瑞丰、开能达、通用、瑞典、西门子、福家、懋利、怡利、天利等家，惟须经该公司董事会详细审核后揭晓。"②

1927年开标，全部机器由捷克斯洛伐克斯可达厂承造，厂房由洽兴营造厂及建兴打桩公司施工，总造价83.7万余元。电厂于9月开工，公司总工程师汪志和报告新电厂计划如下：

> 该公司于前清宣统元年，由邑绅李平书创办，备有五十基罗瓦特直流电机二座，但欠外商债务，于宣统三年，改归官办，代还外债，而营业仍复不振，于民国十三年，又复商办、由委员六人，估计至厂设备价值，由商备价收买，虽额定资本四百万元，因苏州河水源日浊，亟须设立新水厂，于水务方面，投资已约三百余万，故新电厂计划，迟迟至今、始见实现，而现在用电，不得不取给于工部局电厂，闸北给电量，往年无从稽考。于民国十一年，每日平均约二千基罗瓦特，至十三年增至四千，平均每年增加一千，至十六年已达六千基罗瓦特以上，但与工部局馈电合同，将于明年底满期，新电厂必须于合

① 上海市电力工业局史志编纂委员会编：《上海电力工业志》，第481页。
② 《闸北水电公司新电厂之进行》，《申报》，1927年1月19日，第15版。

同满期前完工。新厂系由斯可达洋行承办,发电量预定为一万基罗瓦特,备有万基罗瓦特之透平二座,八百平方公尺面积之锅炉三座,高二十公尺、径二千五百公厘之烟囱二座,均系双套,以资替换,又有三百十四马力之进水机一座。新电厂址,将在新水厂之侧,电力为一万开维埃,由三相通至闸北,六千六百伏而次,变成三万三千伏而次,其路线分二支,所有方脉,均采用单相式,原因单相三只较三相二只为廉,且一相如有损坏,只有局部发生障碍,不致连带,其他两相,即以上海市场,亦以修理单相为易采材料也。曹家渡方脉间之用户,多为电力户,恐方率过坏,故其变压间内添设蓄电机,以调节之,由新厂以至闸北之线,经过吴淞军工路一带,地颇荒僻,易遭电击,普通多用避电针,或地线者,但均不甚完满,故该公司决于每一电杆木,均添扯拉线,以引导电击入地,实一用两便之计。①

该公司决在钱家浜即新厂旁建设电厂一所、内置一万二千开维爱推平(即发电机)两部,以三万三千伏而次高压电力,由架空线输送至闸北,其余关于一切建筑,及他项机件,预估需款一百七十万,已详订计划书、招工投标、以阳历年终为截止期限。②

1930 年 2 月,新电厂全部厂房竣工,新电厂的装机工作仍由斯可达厂承包,同年 7 月全部装竣。新电厂主要发电设备有水管式锅炉 1、2、3 号炉 3 台,蒸发量每台为 25 吨千瓦时,蒸汽压力 3.92 兆帕,汽温 425 摄氏度,这是当时国人经营的火力发电厂中最高的参数,与锅炉配套的双缸汽轮发电机组 1、2 号机 2 台,每台容量为 1 万千瓦,另有 500 千瓦汽轮发电机 1 台专供厂内用电。

1930 年 6 月,济阳桥变电所竣工,7 月,中山路小沙渡变电所竣工,共耗资 300 余万元。12 月 20 日,输电至济阳桥变电所,12 月 24 日,新电厂正式向用户供电。1931 年发电量达 4 360.52 万千瓦时,供电 6 961.24 万千瓦时,最高负荷 1.55 万千瓦,但由于用电负荷直线上升,用量剧增,供电不足部分向美商上海电力公司趸购。③

第二,添设电力照明设施,并逐步降低收费,普及电力照明。由于闸北地区路灯稀少,且多为煤油路灯,光照暗淡,1927 年 2 月,公司在南山路、宋公园路、乌镇路及南星路、大统路等处添装路灯。同年 10 月,又将共和新路及柳营路一

① 《闸北水电事业概况》,《申报》,1928 年 4 月 20 日,第 15 版。

② 《闸北水电两新厂进行消息》,《申报》,1926 年 8 月 23 日,第 15 版。

③ 上海市电力工业局史志编纂委员会编:《上海电力工业志》,第 481 页。

带所有煤油路灯,全部改为电灯。①

此外,闸北水电公司定期核减电灯费,至1929年,“闸北电灯电费便与南市一致,电灯用户电费再减二分,计每度售洋一角八分,足证该公司顾念民生不图厚利。”②

第三,交涉收回被工部局电气处越界供电的营业区域。随着闸北水电公司规模的不断扩大,已经有能力供应虹口、闸北等原接用工部局供应的水电。1927年10月,上海公用局曾报请市长向工部局交涉收回华界在虹口、闸北地区的被越界筑路的水电主权,报告中提出租界工部局在虹口北四川路、狄思威路(今溧阳路)、施高塔路(今山阴路)等地区越界筑路中霸占的路权,致使当时华境被生生隔断,闸北水电厂无法接通该处华界水电。该区域的住户迫于需要不得不接用洋商水电,工部局则趁机征收附带的特别巡捕捐,引起住户不服,往往引发纠纷,要求工部局应将北四川路外超界筑路装接水电之的权利,移归闸北水电公司。据《申报》记载:

> “查北四川路在老靶子路以北一带,系属完全华界,但自公共租界工部局越界筑路以来,两旁居户以租界电气较廉,纷纷接用工部局电气。工部局因此向此等居户征收捕捐,以为逐步侵略之渐。敝局前据闸北水电公司呈报,崇业里旁月宫饭店,拟先缴工部局捕捐,向请改接电气,请为核办等情,当即派员向该饭店筹备处严重交涉,并商由闸北水电公司允将该饭店用电,六折收费。该饭店始将改接租界电气之议完全打消。嗣复据闸北水电公司呈报,崇业里内青社私自接用租界电气,请为制止等情,当又派员向其交涉。据云该社安置亚细亚洋行抽汽油机,需用电气马达,由该行自行接用租界电气,此时尚须与该行交涉,始可改用闸北电气,定下星期将交涉情形具报本局等情。查该处一带居户接用租界电气者不止青社一处,若一一向其交涉,殊不胜其烦,且亦非根本解决之道,又该处居户所以乐用租界正气,不外以租界电价较廉,而于国权损失一点不甚了解,致有此种现象。补救之法,除由敝局商由关北水电公司,将该处电价特别酌量核减外,其接用租界电气有损国权易启侵略一点,务请贵处通知宣传科尽力宣传,俾一般市民彻底了解,则上项现象自可渐次消除,国家主权不致旁落。”③

① 上海市电力工业局史志编纂委员会编:《上海电力工业志》,第481页。

② 《闸北定期减电灯费十九年份起与南市一致》,《申报》,1929年11月1日,第16版。

③ 《华界居民勿用租界电气》,《申报》,1927年12月29日,第20版。

经过几年反复谈判协商，终于在 1931 年 7 月，闸北水电公司收回了租界北面的给水权，和英商自来水公司谈判的结果是，由闸北水电公司一次付给英商自来水公司规银 25 067 两和银元 3 000 元，以抵作该区域内一切供水管道设备的费用。同年 7 月，闸北水电公司又和上海市政府补签了经营水电事业的合约，合约规定以当时江湾、彭浦、闸北、引翔四区全部，以及殷行区内张华浜以南之区域，蒲淞区内在苏州河北岸自陈家渡以北直达真如、蒲淞两区界线所划直线以东之区域，为闸北水电公司的营业区域，允许公司在该区域内经营水电事业 50 年专营权。至 1933 年上海华界“沪南”与“闸北”两电厂总体概况如表 47。

表 47 1933 年上海华界“沪南”“闸北”电厂概况表

电厂名称	华商电气公司	闸北水电公司
投资总额(元)	4 279 321	6 509 332
实收资本(元)	4 000 000	3 000 000
资产总额(元)	8 963 684	16 767 049
固定资产(元)	6 202 039	8 673 024
收入总数(元)	3 309 375	2 887 804
费用总数(元)	2 425 986	2 220 314
用户总数(户)	41 530	22 898
发电容量(千瓦)	16 000	20 500
发电度数(度)	52 660 564	69 998 231
购电度数(度)	3 135 897	16 879 060
最高负荷(千瓦)	12 300	14 685
负荷系数(%)	58.5	54.4

资料来源：根据建设委员会 1934 年 10 月出版的《中国电气事业统计》第四号第 11 表摘录。

第三节 “示范”与“抗争”：上海租界与华界办电特点比较

纵观近代上海悬灯办电，华洋两界始终充斥着示范与抗争。一方面，租界电力产业发展所带来的好处，为华界起而效仿树立了榜样，刺激华界电业在无耐依赖租界技术和设备的基础上，迎头追赶，但经营产业发展过程中弊端丛生。另一方面，为了维护民族尊严和权益，在办电中力争收回主权与利益，华界不断与租

界进行着抗争,主要在以下几个方面:

首先,从华、洋两界办电时间来看,存在"彼先吾后"的特点。电力照明产业在近代上海兴起甚早,西人首于1882年在公共租界建立电厂,成为中国电力事业的榜样。此后,19世纪末,上海华界于才起而仿行办电。

究其原因,华洋两界的市政管理机构的态度起到举足轻重的作用。如前所述,公共租界办电之初,上海道面对这一西洋新技术,不但不去模仿吸收,反而认为电灯"设有不测,焚屋伤人无法可救",并发出通知,禁止中国人使用电灯,并布置在公共租界工作的谳员调查中国商人点用电灯的情况。10余年后,公共租界因电力照明系统的使用,晚上灯火辉煌,商业繁盛,而属于中国地界的上海县城使用的还是油灯,照明效果暗淡无光,形成鲜明对比。因此,租界办电的客观成效,对华界起了示范与刺激的作用,这才有了华界南北两市电力产业的创设与起步。

其次,从华、洋两界办电规模来看,存在"彼兴吾薄"的特点。就电厂设立之初的资本与发电容量而言,"上电"初始资本101 000两,发电容量6 400千瓦。上海华商电气公司初始资本10万两,发电容量360千瓦。闸北水电厂初始资本26万两,发电容量完全购自工部局电气处。1911年,上海两家外资电厂的发电容量占上海总发电容量的95.6%。而美商上海电力公司实力最为雄厚。

至20世纪30年代初,上海电力公司以其强大的发电能力,成为上海用电的主要供应商,不仅包揽了公共租界所有的售电业务,而且经常越过租界向华界供电。据统计,到1932年,上海电力公司的用户总数达68 256户,包括了上海大部分的工厂企业,公司直接、间接供电地区人口达到211万,覆盖面甚广,且售电价格最为低廉。①至1933年,公共租界与华界电力照明产业相关数据见表48。

表48 1933年上海公共租界、华界电厂发电容量与电价比较表

电厂名称	发电容量(千瓦)	照明电价(每度/分)
上海电力公司	161 000	0.12—0.045
华商电气公司	16 000	18—10.8
闸北水电公司	20 500	18—10.8

资料来源:根据建设委员会1934年10月出版的《中国电气事业统计》第四号第11表摘录。

从表48可以看出,与公共租界相较,华界经营的电气公司总的说来规模不

① 熊月之:《上海通史第八卷·国民经济》,第215页。

大,供电量有限,供电范围较小,主要用于照明用电,电价也因此较高,难以与上海电力公司匹敌。

与此同时,相较于租界,华界办电资金不足,管理不善,自然会影响到电力照明的品质,除了电力不足,灯光时暗时明,故障重生外,严重者更可能引起火灾,危险万状。

并且,华界办电对租界及其西方电力科技有着强烈的依赖性。华界的电气公司,无论是华电还是闸北电厂,初建时都重金聘用外籍工程师为常年技术顾问,并由他们主持新电厂的设计和筹建工作;①电厂的电机皆从外洋引进;在设备发生故障时,也仰赖洋商更换、维修。据《申报》记载:

> 华商电气公司北厂(即紫霞殿老厂)电机一部,车轴忽然断裂,不能开用,连忙赶托某洋行用电接法修整,一面将城内灯线移接南厂之电机,惟路途较远,灯光不明,该公司经理董事急欲将新装之交流机试用,但机炉虽备,而附带之帮浦未到,亦难开试,当向该洋行交涉,昨得回信,日内到埠,即可试用。②
>
> 华商电气公司之电灯部分交流电机器损坏后,即以电车部分之机器暂为借用,俾将紧要各户之电灯路灯照常燃点……惟闻此项交流电机之损坏,实非损在叶子板,乃损坏于引擎上擦电所用之刷齿,均系钢质及紫铜质所造成,齿已日渐折去,平日未及检点修理,以致一旦损坏,即不能为力。该公司曾在沪上特请著名之各灯厂洋工程师洋加察看,据云此种物质,非从外洋机厂如法修配,不能适用,沪地则尚并无此等材料,所以一时难以着手修理,只得请承办是项交流电机之某洋行,赶紧电致外洋添配,大约在一二月间方得抵沪,现因各用户纷纷催请公司内从速发电,俾电灯燃点后,不致损及营业云云。该公司闻得汉口电灯厂内购进新电机四架,除配用外,余存两架,亦系交流电机,似可借来暂用,一旦外洋添配之机件抵沪,装置完固后,再行交还,以故该公司陆总理,已派人前往汉口电灯厂,接洽商借。③

究其原因,市政管理机构的态度与支持力度在产业发展中起着至关重要的作用。公共租界市政管理工部局为发展电力产业发行了大量的债券,并实行了

---

① 上海市电力工业局史志编纂委员会编:《上海电力工业志》,第 476 页。
② 《华商电气公司电机损坏》,《申报》,1920 年 3 月 23 日,第 11 版。
③ 《华商电气公司赶筹发电方法》,《申报》,1921 年 4 月 1 日,第 10 版。

较为科学和有力的管理,扶持产业不断发展、壮大。但就华界而言,市府支持力度不但相当有限,无所作为,而且在产业管理上无章可循,染指企业利润,阻碍电力产业的良性发展。

例如,如前所述,南市地区办电之初,是由道库拨付银 4 000 两,资本就相当有限,电灯厂开办几个月,银两就悉数用尽,经济窘迫之下,上海道就以南市马路还未振兴和无从筹款为由,要求还机关厂。①改南市电业由官办为商办,成立内地电灯公司后,惨淡经营,市府也未加以援手,公司扩充需款,原有资本不敷周转,只得向汇丰抵借洋款。②

闸北水电公司同样也面临资金不足的困难。公司成立之初虽得到拨借官款 10 万两,但其后政局动荡,招股之事难以进行,各种官、商债款催逼甚紧,公司无法应付,只得以全部厂房机器、营业权为抵押,先后向日商大仓洋行借得白银 40 万两,以还旧债和添置机器。由省署接收水电厂后,由于省署治厂只图小利,不下决心彻底改造,水电厂每年的营业收入,除了正常开支以为,还要上交大量的官利,根本无力筹集更多的资金扩大再生产,以致经营多年仍无大的起色。③面对闸北各界人士和各团体要求商办电力产业的请愿与抗争,省署诸多阻挠,严重阻碍华界电力产业的发展进程。

再次,从华、洋两界办电用户来看,窃电欠费在外资电厂中绝不多见,而国人经营之电厂,则甚为普遍。④华界电灯用户往往为了节省费用起见,不免采取不法手段。在南市电业史上,私接窃电就甚为严重。用户私接电器,偷窃电力是造成发电设备损坏,安全事故频仍的一个重要原因。尤其是在华界电业机组小、容量低、设备差的条件下,窃电所造成的严重后果更为突出。

例如,《申报》记载:"上海华商电气公司近查境内装用电灯各户有私自接线添多灯,特派司员详细调查,得悉用户私自接线添灯者有二十余户,共八十余盏,按之公司定章,每盏应罚洋五十元,总计罚数在四千元以上。旋经各用户纷纷央人恳说,从轻处罚,尚未解决,现闻陆总理拟仿照租界灯公司定章,向外洋订购灯表来沪,按户装置,以免再有私接灯线致受损失。"⑤

---

① 袁阿泉:《南市电业侧记》,载上海市政协文史资料委员会编:《上海文史资料存稿汇编 8》,第 112 页。

② 陈真、姚洛合编:《中国近代工业史资料》第一辑,第 619 页。

③ 张诚忠:《上海早期最大的民族电力企业——记闸北水电公司》,载上海市政协文史资料委员会编:《上海文史资料存稿汇编 8》,第 127—128 页。

④ 王树槐:《中国早期的电气事业,1882—1928:动力现代化之一》,载《中国现代化论文集》,台北:"中央研究院"近代史研究所,1991 年 3 月,第 469 页。

⑤ 《偷装电灯之取缔》,《申报》,1918 年 4 月 13 日,第 11 版。

究其原因，虽然华电和闸北水电公司皆采取了一系列措施查捉、禁止私接窃电，但面对市民的低素质行为，市府无所作为，对其听之任之，因此，诸如私接灯头、私换大号灯泡、私装风扇等类似现象还是时有发生，甚至连公司内部的股东中也有窃电情况。①

从次，从华、洋两界办电矛盾冲突来看，存在依附与抗争并存的特点。一方面，华界一些地区仍需要依靠上海电力公司越界供电，需要从外洋那里获得设备与技术上的支持。另一方面，因涉及供电区域、电价等权益问题，华界经营的电气公司与外商控制的电力公司时常会发生这样或那样的冲突，特别是在越界筑路地带，纠纷迭起。②

例如，近代上海建立起的租界，屡屡越界筑路，竖立电杆，强行规定华界居民接用租界水电，必须编订租界门牌，缴纳巡捕捐，损害了中国主权与华人的利益，这也激起了华界绅商的不满。③为维护民族权益，闸北、华商、浦东等电气公司，都在章程中制定了外商不得参股的条款，并在这些地区展开对市政主权与电力用户的竞夺。

最后，从产业性质上看，近代上海公共租界的电力产业经历了由商办到市营再到商办的历程，而华界的电力产业则恰恰相反，经由官办或官督商办，向商办经营与管理方式的转换，集中反映出主政者在产业发展中，经管能力与扶持力度的差距。如前所述，租界的这种产业经管方式采用的是资本主义世界通行的办法，以招标方式出让经营租界公用事业的特许权。④主政者在产业发展中发挥了市政管理者的作用，调整、规范产业的建设进程与工程质量，在商业公司面临电业发展前期“投资大、受益小”的情势下由政府出面扶持，推动产业走上规模之路。

华界办电虽然也有仿效这种办法，让商人参与建设。但华界办电反映出的更多是近代中国新式企业“官督商办”的特点，就是在官府的监督之下，先由官方提供部分官款作为垫支资本，同时指定与官方有一定联系的人物出面，向社会招募资金，兴办企业，政府从中获利并监督控制。⑤华界电力照明产业兴起的官办性质集中反映了晚清中国在创办新式企业时，必须有政府出面和支持，否则不可

---

① 袁阿泉：《南市电业侧记》，载上海市政协文史资料委员会编：《上海文史资料存稿汇编 8》，第122—125 页。

② 熊月之：《上海通史第八卷·国民经济》，第 215 页。

③ 张诚忠：《上海早期最大的民族电力企业——记闸北水电公司》，载上海市政协文史资料委员会编：《上海文史资料存稿汇编 8》，第 126—127 页。

④ 张仲礼主编：《近代上海城市研究》，第 470 页。

⑤ 朱荫贵：《国家干预经济与中日近代化》，东方出版社 1994 年版，第 155 页。

能获准兴办和维持下去的必然性。这也是清政府对新式近代企业最重要和占统治地位的管理方式。

而综观华界市府在电力照明产业中的作用,应该说主政者对电气事业不甚明了,且缺少远见,“既无专责机构,又无一定规程”[①],且政府投资办电大多为赢取官利,最后改归商办往往是因为市府办电不利,“未能统筹全局,应付需要”[②],民间商业力量奋起要求振兴产业。因此,“沪南”与“闸北”电厂最终都走上了商办道路。正如当时有关人士指出的,闸北水电厂已是有名无实,不可救药,要求省署通盘规划改水电厂为完全商办。闸北各界人士也屡次请愿省署,要求将水电厂改归商办。[③]

---

① 王树槐:《中国早期的电气事业,1882—1928:动力现代化之一》,载《中国现代化论文集》,台北:“中央研究院”近代史研究所,1991 年 3 月,第 459 页。

② 陈真、姚洛合编:《中国近代工业史资料》第一辑,第 623 页。

③ 张诚忠:《上海早期最大的民族电力企业——记闸北水电公司》,载上海市政协文史资料委员会编:《上海文史资料存稿汇编 8》,第 128 页。

结语：工部局主导下近代上海电力照明产业的发展与城市现代化进程

电力对人类社会生活产生了重大影响，不仅推动了生产技术由一般的机械化到电气化、自动化的转变，促使生产力迅速发展，更改变了人们的生活方式。今天，我们生活在一个全电气时代，电力已成为世界上任何一个国家和民族生产、生活中不可或缺的能源动力。

综观电力在近代中国应用的肇始，是从照明领域推进上海都市化与现代化的进程的，且这一进程与西方化是密切相关的。近代上海电力照明产业的兴起与演进作为清末民初上海现代化进程的一环，反映了上海开埠后，工部局按照英美国家的市政建设与市政管理方法，以及英美国家对产业经营与管理模式，发展公共租界城市建设的意图，并由此带动华界电力产业兴起与演进的现代化趋势。

首先，电力照明产业的兴起是在公共租界内由英籍商人牵头创办，从英美引进技术，并由工部局以管理市政建设的方式发展起来的，反映了工部局移植英美国家市政建设与市政管理模式在近代上海实行现代化市政建设与管理体制的历史进程。

自 1843 年上海开埠后，工部局主导下公共租界的现代市政管理也开始起步，一系列迥异于中世纪城市的市政设施，诸如新式道路规划与铺设、煤气灯、自来水、电灯、电话、公园等次第创建和发展起来，并逐步形成一套卓有成效的市政管理体制，使近代上海公共租界出现了中国传统城市所没有的新气象，电力照明产业的创设便是其中重要的一个环节。

由于电力照明产业在近代上海的兴起与发展初期，业务主要集中在城市道路照明市场，产业的公用性质成为政府介入最直接的理由。工部局作为近代上海公共租界的管理者，实质上担任着地区政府的角色，对公共租界公用事业建设有着义不容辞的责任。当局利用政府权力在产业发展中进行了有意识的组织和安排，扮演了“裁判员”“执法员”，从市政管理者到经营者的角色，规划与协调着产业的工程质量、规模及其进程，进而使得近代上海电力照明产业的兴起与初期发展更多呈现出“自上而下”政府主导型演进的特点。

一方面，当局出于对城市公共建设方案的理解和纳税人利益的考虑，出让公共租界电力照明权，促使“上电”能够直接、有效地引进西方先进技术用于公共租界道路建设，并且采取经济的手段，在市场范围内进行调节，鼓励“上电”与“上海煤气公司”的市场竞争，自己则充当“裁判员”，与公司签订照明合同，决定道路照明方式，使竞争的结果有利于改善道路照明环境，初步奠定了近代上海公共租界照明领域电气化的基础。

另一方面，工部局面对“上电”实际运营中的技术缺憾，运用了行政的手段监督、调整产业的发展进程，以“执法人”的身份对电力照明质量进行严格的监督和把关，同时放缓电力照明建设的步伐，采取路灯双轨制保证道路照明质量。并在“上电”无力承担电气事业发展初期“投资大，回报小”的压力时，工部局出面扶持，推动电气事业走上公营道路。

其次，工部局收购“上电”后，成为公共租界电气事业的经营者，借鉴英美国家产业经营与管理模式，全面推动公共租界电力照明产业的规模化之路。

其一，在产业建设投资上，工部局着手逐年统一发行债券筹款，以解决电力工业建设初期巨大的设备及资金投入，成为推动公共租界电业发展的重要融资方法。同时，当局开始每年斥资购买电气设备，扩大电厂规模，以发展和满足日益扩大的公、私照明用电的需求。

其二，在技术上，工部局着手引进英国先进的电力照明技术，在公、私照明领域全面推进电气化的进程。在公共照明领域，工部局电气处陆续引进了闭式电弧灯、普通白炽灯、焰弧灯、金属丝白炽灯系统与煤气灯竞争公共照明市场份额。最终，工部局电气处所引进的金属丝电气路灯在公共照明市场应用中获得成功，使产业规模有了质的飞跃。电气处开始引进各类型号的金属丝电气路灯，全面替代其他类型的照明路灯，并将之应用于私人小巷与弄堂的照明服务中，使得电气路灯数目大大增加，产业份额也节节高升，奠定了公共租界公共电力照明产业的格局，道路照明条件大大改善；在私人照明领域，工部局电气处也采用了性价比更高的金属丝电气灯，私人照明用电逐年增加，总体产业规模逐年成长。加上电气处电力设施规模齐备，售电价格最低，上海的各类私人电力照明用户都向公共租界集中，选择加入电气处的售电网络，推动了电力照明方式日渐普及。

其三，在管理体制上，工部局效仿英国大城市将电业控制在政府手中的经管模式，将电气事业置于工部局纳税人会议、董事会、工务委员会、财务委员会、电气委员会五重机构的监管之下。一方面，工部局代表在沪侨民社会的利益，倾向于将电气事业的经营、管理权掌握在纳税人手中，而不是享有特权的公司。

另一方面，工部局也积极探索增强电气处在工程、财务方面的经营运作的灵活性，特别是随着各种用途的电力需求的不断增大，独立营运的管理体制，能使企业在经营规模与盈利空间上加快步伐,更上一层楼。为此,工部局成立了电气委员会与电气特别委员会专门负责电气处的业务运作与管理,并在经营、管理产业中注意聘请各类有经验的专业人员担任相关管理职务,还充分借助英美先进科技成果,借鉴英国市政电气管理经验,制定了上海都市发展规划,绩效明显。

再次,由公共租界作为上海现代化的先行区、示范区,推动、刺激华界"仿租界之式"创办自己的电力事业。公共租界发展电力照明产业所带来的现代城市文明,为华界与上海周边地区早期城市现代化的启动提供了直观、真实、具体的仿效样板。正如沈渭滨、顾卫民指出:"上海城市近代化,其实质是租界近代化。租界的发展,一开始就是近代型的,充满西方近代城市色彩;租界的发展,对于非租界地区有一种示范作用。"①

可以说,工部局不仅催生了新兴电气产业在近代上海的诞生,也影响着电力照明业建设的每一步进程。正是工部局在公共照明领域的现实建设和推广中,电力照明潜移默化为居民日常生活所习惯和接受。这也促使近代上海公共租界的电气事业建设能够紧跟英美步伐,且相较于国内其他省市遥遥领先,在工部局和美国摩根财团的相继经营下,建成中国国内规模最大,设备容量及发电量"远东第一"的电企。不仅带动了电力照明业向法租界、华界渐次推进,也对此后各地口岸地区电气事业建设有着示范与推动作用。

最后,综观工部局租界建设,推动近代上海城市现代化进程的动机与效果问题,应当看到,殖民主义者在租界铺路、悬灯、发展工业用电,主观上是为了他们自己的生活与生产的便利,是为了租界外侨利益和生活服务,也是为了从产业经营与投资中获得巨额利润,但其结果在客观上使外侨得益的同时,居住在租界的中国居民也可受益,其现代化的城市、产业经管模式,对华界与周边口岸城市现代化建设起到了示范和刺激的作用作用。正如陈旭麓先生所说:"租界是罪恶的渊薮,但从文明的发展来说,又不完全是罪恶。从民族感情的角度,从我们遭到外来侵略来看,租界是罪恶多端的,但从人类文明的发展来看,资产阶级要按自己的面貌改造世界,这又有利于整个人类的历史进步。"②

---

① 熊月之等:《"租界与近代中国社会"学术讨论会综述》,《史林》1988 年第 4 [illegible]

② 熊月之等:《"租界与近代中国社会"学术讨论会综述》,《史林》1988 年第[illegible]

参 考 文 献

一、档案史料

1.《上海公共租界工部局电力委员会会议录》，卷宗号：U1-1-94～U1-1-99，U1-1-101。

2.《上海公共租界工部局关于市政电气的材料，1915—1932》，卷宗号：U1-1-1063。

3.《上海公共租界工部局出售电气处材料，1906—1908》，卷宗号：U1-5-91。

4.《上海公共租界工部局年报，1882—1929》，卷宗号：U1-1-895～U1-1-942。

5. 上海市档案馆编：《工部局董事会会议录》(28 本)，上海古籍出版社 2001 年版。

二、文史资料

1. 任光明：《从大英自来火房到杨树浦煤气厂》，载《20 世纪上海文史资料文库 9》，上海书店出版社 1999 年版。

2. 吴筹中：《二十年代上海滩的水、电、煤气》，载《20 世纪上海文史资料文库 9》，上海书店出版社 1999 年版。

3. 上海市政协文史资料委员会编：《上海文史资料存稿汇编 8》，上海古籍出版社 2001 年版。(1)吴筹中：《旧上海的水、电和煤气》；(2)孙宏良：《从上海电气公司到工部局电气处》；(3)袁阿泉：《南市电业侧记》；(4)张诚忠：《上海早期最大的民族电力企业——记闸北水电公司》；(5)孙廷琮：《上海的路灯》；(6)邵蒙：《从自来火房到煤气公司——记上海的英商煤气厂》；(7)谢富宗、吴菊娟：《王兼士经营闸北水电公司二三事》。

三、地方志

[illegible]上海市专志系列丛刊《上海租界志》编纂委员会编：《上海租界志》，上海[illegible]院出版社 2001 年版。

[illegible]专志系列丛刊《上海价格志》编纂委员会编：《上海价格志》，上海[illegible]社 1998 年版。

[illegible]海县县志编纂委员会编：王孝俭主编：《上海县志》，上海人民出

4. 上海市电力工业局史志编纂委员会编:《上海电力工业志》,上海社会科学院出版社 1994 年版。

5. 蔡君时:《上海公用事业志(1840—1986)》,上海社会科学院出版社 2000 年版。

6. 胡祥翰编:《上海小志》卷 2,传经堂书店印本 1930 年版。

7. 吴馨等修,姚文楠等纂:《上海县续志》,台北:成文出版社 1970 年版。

8. 黄苇,夏林根编:《近代上海地区方志经济史料选辑》,上海人民出版社 1984 年版。

9. 李维清编:《上海乡土志》,劝学所铅印本 1907 年版。

10. 周振鹤主编:《上海历史地图集》,上海人民出版社 1999 年版。

四、工业史资料

1.《大英自来火公司》,《中国近代工业史资料第二辑》,生活・读书・新知三联书店 1958 年版。

2.《上海电力公司概况》,《中国近代工业史资料第二辑》,生活・读书・新知三联书店 1958 年版。

3.《上海法商电车点灯公司》,《中国近代工业史资料第二辑》,生活・读书・新知三联书店 1958 年版。

4.《各个时期帝国主义在我国榨取的工业的平均利润率》,《中国近代工业史资料第二辑》,生活・读书・新知三联书店 1958 年版。

5.《上海电力公司历年利润》,《中国近代工业史资料第二辑》,生活・读书・新知三联书店 1958 年版。

6.《美商中国电气股份有限公司资产负债表的分析和历年利润率》,《中国近代工业史资料第二辑》,生活・读书・新知三联书店 1958 年版。

7.《上海法商电车电灯公司历年利润和股息分配》,《中国近代工业史资料第二辑》,生活・读书・新知三联书店 1958 年版。

8.《1923 年度英帝国主义经营的上海电力公司的剩余价值率》,《中国近代工业史资料第二辑》,生活・读书・新知三联书店 1958 年版。

9.《美帝国主义经营时期的上海电力公司剩余价值率》,《中国近代工业史资料第二辑》,生活・读书・新知三联书店 1958 年版。

10.《全国中外电厂发电容量和发电数比较(1923、1932、1936、1947)》,《中国近代工业史资料第二辑》,生活・读书・新知三联书店 1958 年版。

11.《上海大英自来火公司历年在华利润》,《中国近代工业史资料第二辑》,生活・读书・新知三联书店 1958 年版。

12.《中国电力有限公司历年在华利润》,《中国近代工业史资料第二辑》,生活·读书·新知三联书店 1958 年版。

13.《上海华商电气公司》,《中国近代工业史资料第一辑》,生活·读书·新知三联书店 1957 年版。

14.《上海闸北水电公司》,《中国近代工业史资料第一辑》,生活·读书·新知三联书店 1958 年版。

15. 李代耕:《中国电力工业发展史料(1879—1949)》,水利电力出版社 1983 年版。

16. 孙毓棠:《中国近代工业史资料》第 1 辑,科学出版社 1957 年版。

五、报刊资料

1. 南京建设委员会全国电气事业指导委员会:《中国电力》,1937 年,中国国家图书馆民国期刊。

2.《申报》《北华捷报》《字林西报》《点石斋画报》、Electrical Review。

六、其他史料

1. 建设委员会全国电气事业指导委员会:《全国电气事业电价汇编》,民国二十六年四月编印。内容包括:1)全国电气事业电价简表;2)主要电气事业电价详表;3)电价统计图表。

2. 罗志如:《统计表中之上海》,中央研究院社会科学研究所集刊,第四号,1932 年。包括:(1)上海电力公司历年营业及工程状况表(1893—1930);(2)上海市各电气公司历年营业及工程状况表(1928—1930);(3)上海工厂自动发电与向外购电比较表(1929);(4)上海公共租界工部局电气处历年供给工业用电度数表(1910—1928)。

3. 上海市地方协会编:《上海市统计》,上海市地方协会,1933 年。

4.《近十五年来上海之罢工停业》,上海市政府社会局 1933 年,交通大学研究所藏。

5.《费唐法官研究上海公共租界情形报告书》(1—3 册),工部局华文处,1931 年。

七、主要论著

1. 陈中熙的《三十年来中国之电力工业》,中国工程师学会:《三十年来之中国工程》,台北:华东印书馆 1948 年版。

2. 朱大经:《十年来之电力事业》,载谭熙鸿主编:《十年来中国经济(1936—1945)》(上册),中华书局 1948 年版。

3. 蒯世勋等编著:《上海公共租界史稿》,上海人民出版社 1980 年版。

4. 张仲礼:《近代上海城市研究》,上海人民出版社 1990 年版。

5. 施福康:《上海社会大观》,上海书店出版社 2000 年版。

6. 薛理勇主编:《上海掌故辞典》,上海辞书出版社 1999 年版。

7. 熊月之:《上海通史第八卷・国民经济》,上海人民出版社 1999 年版。

8. 熊月之:《上海名人名事名中大观》,上海人民出版社 2005 年版。

9. 罗苏文:《上海传奇:文明嬗变的侧影(1553—1949)》,上海人民出版社 2004 年版。

10. [美]罗兹・墨菲:《上海——现代中国的钥匙》,上海人民出版社 1986 年版。

11. 徐润:《上海公共租界史稿》,上海人民出版社 1980 年版。

12. 王垂芳:《上海洋商史(1843—1956)》,上海社会科学院出版社 2007 年版。

13.《中国电力发展的历程》,中国电力出版社 2002 年版。

14. 顾炳权:《上海历代竹枝词》,上海书店出版社 2001 年版。

15. 顾炳权:《上海洋场竹枝词》,上海书店出版社 1996 年版。

16. 赵曾钰:《上海的公用事业》,商务印书馆 1948 年版。

17. 葛兆光:《中国思想史》,复旦大学出版社 2007 年版。

18.《上海近代社会经济发展概况(1882—1931)》,上海社会科学院出版社 1985 年版。

19. 徐新吾、黄汉民:《上海近代工业史》,上海社会科学院出版社 1988 年版。

20. 丁日初主编:《上海近代经济史》第一卷(1843—1894),上海人民出版社 1994 年版。

21. 丁日初主编:《上海近代经济史》第二卷,上海人民出版社 1997 年版。

22. 忻平:《从上海发现历史——现代化进程中的上海人及其社会生活》,上海大学出版社 2009 年版。

23. 阮笃成编著:《租界制度与上海公共租界》,上海书店 1993 年版。

24. 陈伯海:《上海文化通史》,上海文艺出版社 2001 年版。

25. 刑建榕:《老上海珍档秘闻》,上海辞书出版社 2007 年版。

26. 上海市博物馆等编:《中国的租界》,上海古籍出版社 2004 年版。

27. 卜舫济:《上海租界略史》,凯利与沃尔什印刷公司 1928 年版。

28. 张仲礼主编:《东南沿海城市与中国现代化》,上海人民出版社 1996 年版。

29. 唐振常:《上海史》,上海人民出版社 1989 年版。

30. 章开沅主编:《比较的审视:中国早期现代化研究》,浙江人民出版社1993年版。

31. 徐雪筠编译:《上海近代社会经济发展概论》,上海社会科学院出版社1985年版。

32. 熊月之:《上海租界与上海社会变迁》,上海社会科学院出版社1992年版。

33. 马逢洋主编:《上海:记忆与想象》,文汇出版社1996年版。

34. 苏珊曼:《中国的城市与历史变迁》,《城市研究(三)》,天津教育出版社1990年版。

35. 夏晋麟:《上海租界问题》,中国太平洋国学会1932年版。

36. 刘惠吾:《上海近代史(上、下)》,华东师范大学1985年、1987年版。

37. 乐正:《近代上海人社会心态(1860—1910)》,上海人民出版社1991年版。

38.《上海百年掠影1840—1940》,上海历史博物馆,上海人民美术出版社1992年版。

39. 史梅定主编:《追忆——近代上海图史》,上海古籍出版社1996年版。

40. 信之主编:《旧上海社会百态》,上海人民出版社1990年版。

41. 古厩忠夫主编:《上海史——巨大都市的形成和人的营生》,东方书店1995年版。

42. 朱华等编著:《上海一百年》,上海人民出版社1999年版。

43. 陈伯熙:《老上海》(上册),泰东图书局印行1919年版。

44. 郑亦芳:《中国电气事业的发展(1882—1949)》,台北:师范大学历史研究所1988年(未刊稿)。

45. 吴政宪:《繁星点点:近代台湾电灯发展(1895—1945)》,台北:台湾师范大学历史研究所1999年版。

46. 小滨正子:《近代上海的公共性与国家》,上海古籍出版社2003年版。

47. 朱荫贵:《国家干预经济与中日近代化》,东方出版社1994年版。

48. 汤国彦主编:《中国历史银锭》,云南人民出版社1999年版。

49. 中国人民银行总行参事室金融史料组编:《中国近代货币史资料(第一辑)》,中华书局1964年版。

50. 中国人民银行上海市分行编:《历年上海洋厘和日拆行市统计》,载《上海钱庄史料》,上海人民出版社1960年版。

51. 张芝林:《上海公共租界办电始末》,《档案与史学》1998年第5期。

52. 张芝林:《近代上海的早期照明》,《档案与史学》1999 年第 1 期。

53. 杨臣铸:《发光强度坎德拉的历程》,《计量史话》2004 年第 9 期。

54. 周武:《晚晴上海市政演进与新旧冲突》,载张仲礼:《中国近代城市发展与社会经济》,上海社会科学出版社 1999 年版。

55. 刑建榕:《水电煤:近代上海公用事业的演进及华洋不同心态》,《史学月刊》2004 年第 4 期。

56. 熊月之:《照明与文化:从油灯、蜡烛到电灯》,《社会科学》2003 年第 3 期。

57. 沈祖炜:《近代上海市政建设的资金来源》,《档案与史学》1989 年第 6 期。

58. 张秀莉:《19 世纪上海外商企业中的华董》,《史林》2004 年第 4 期。

59. 卢汉超:《西方物质文明在近代上海》,唐振常、沈恒春主编:《上海史研究(二编)》,学林出版社 1988 年版。

60. 熊月之:《上海租界的双重影响》,唐振常、沈恒春主编:《上海史研究(二编)》,学林出版社 1988 年版。

61. 郑祖安:《五卅运动和上海租界统治的动摇》,唐振常、沈恒春主编:《上海史研究(二编)》,学林出版社 1988 年版。

62. 卢汉超:《上海租界华人参政运动述论》,唐振常、沈恒春主编:《上海史研究(二编)》,学林出版社 1988 年版。

63. 郑祖安:《近代上海城市地名研究》,唐振常、沈恒春主编:《上海史研究(二编)》,学林出版社 1988 年版。

64. 郑祖安:《"虹口"考略》,唐振常、沈恒春主编:《上海史研究(二编)》,学林出版社,1988 年版。

65. 郑祖安:《近代闸北的兴衰》,唐振常、沈恒春主编:《上海史研究(二编)》,学林出版社 1988 年版。

66. 王树槐:《上海浦东电气公司的发展,1919—1937》,《中央研究院近代史研究所集刊》第 23 期,1994 年 6 月。

67. 王树槐:《设立沪西电力公司的谈判 1932—1935》,《中央研究院近代史研究所集刊》第 22 期,1993 年 6 月。

68. 王树槐:《中国早期的电气事业,1882—1928:动力现代化之一》,《中国现代化论文集》,台北:"中央研究院"近代史研究所,1991 年 3 月。

69. 王树槐:《振亨电灯公司发展史》,《中华民国建国八十年学术讨论会论文集》,台北近代中国出版社 1991 年版。

70. 王树槐:《首都电厂的成长,1928—1937》,《中央研究院近代史研究集刊》第 20 期,1992 年。

71. 王树槐:《江苏武进戚墅堰电厂的经营,1928—1937》,《中央研究院近代史研究所集刊》第 21 期,1993 年。

72. 王树槐:《江苏省第一家民营电气事业:镇江大照电气公司,1904—1937》,《中央研究院近代史研究所集刊》第 24 期(下),1995 年。

73. 王树槐:《九江映庐电灯公司:自营与政府的整理(1917—1937)》,《中央研究院近代史研究所集刊》第 27 期,1997 年。

74. 王树槐:《国民政府接管民营电厂的政策与实践——以南昌开明电灯公司为例》,《中央研究院近代史研究所集刊》第 28 期,1997 年。

75. 王树槐:《政府接管前后的广州电力公司,1909—1938》,《中央研究院近代史研究所集刊》第 31 期,1999 年 6 月。

76. 金丸裕一(Kanemaru):《中国民族工业の黄金时期と电力产业——1879—1924 年の上海市・江苏省を中心に》,《ァジァ研究》,第 39 卷 4 号。

77. 金丸裕一:《工部局电气处的停电问题——1925 年 7 月 6 日前后》,载《近きに在りて》1992 年 5 月,第 21 号。

78. 金丸裕一:《统计表中之江苏电业——以建国十年时期为中心的讨论稿》,《立命馆经济学》第 48 卷 5 号,1999 年。

79. 金丸裕一:《从破坏到复兴? ——从经济史来看"通往南京之路"》,《近代中国》第 122 期,1997 年。

80. 金丸裕一:《中国の工业化と电力产业》,东京:都立大学人文科学研究所,1991 年(未刊稿)。

81. 金丸裕一:《江北にぉけゐ电力产业の成长—企业城下町　南通のヶース》,《帝京史学》第 9 号,1994 年。

82. 金丸裕一:《支那事变之后、日本にょゐ中国电力产业の调查と复旧计画》,载《立命馆经济学》第 53 卷 5、6 号,2005 年。

83. 金丸裕一:《占领期青岛にぉけゐ电气事业——日中合办膠澳电气公司设立前史》,载本庄比佐子编著:《日本の青岛占领と山东の社会经济 1914—22 年》,东洋文库论丛第 66。

84. 田岛俊雄:《现代中国の电力产业:「不足の経済」と产业组织》,京都昭和堂株式会社,2008 年。

85. 朱荫贵、杨琰:《需求主导型中国电力产业的演进和特点——评田岛俊雄编著〈现代中国的电力产业:短缺经济与产业组织〉》,《日本当代中国研究》,

2009 年。

86. 曹聚仁:《上海春秋》,生活・读书・新知三联书店 2007 年版。

87. 林美莉:《外资电业的研究(1882—1937 年)》,台北:台湾大学历史学研究所硕士论文,1990 年 6 月(未刊稿)。

88. 孙怀仁:《公用事业论》,商务印书馆 1939 年版。

89. 林兰芳:《工业化的推手——日治时期台湾的电力事业》,台湾地区政治大学历史系,2011 年。

90. 樊果:《陌生的"守夜人":上海公共租界工部局经济职能研究》,天津古籍出版社 2012 年版。

91. [美]彭慕兰著,史建云译:《大分流:欧洲、中国及现代世界经济的发展》,江苏人民出版社 2003 年版。

92. 陈宝云:《上海公共租界电气事业前后两种运营模式之异同》,《石家庄经济学院学报》2012 年第 6 期。

93. 熊月之等:《"租界与近代中国社会"学术讨论会综述》,《史林》1988 年第 4 期。

94. 满振祥:《租界市政与上海近代化》,《乐山师范学院学报》2008 年第 1 期。

95. 李益彬:《租界与近代中国城市市政早期现代化》,《内江师范学院学报》2003 年第 3 期。

96. 朱婷:《近代上海租界政体制度与城市经济发展》,《上海经济研究》2004 年第 11 期。

97. 吴俊范:《1900—1949 年间上海水乡景观蜕变的复原与分析》,《中国历史地理论丛》2010 年第 1 期。

98. 马长林:《上海租界城市管理法规的发展与演变》,《上海城市规划》2009 年第 2 期。

99. 陈琍:《上海城市生态的近代转型——以晚清上海道路为中心》,《中国历史地理论丛》2007 年第 3 期。

100. 熊月之、罗苏文、周武:《略论近代上海市政》,《学术月刊》1999 年第 6 期。

101. 薛轶群:《电气事业的主权之争与公私之争:1929 年上海工部局出售电气处之考察》,胡春惠、吕绍理、徐有威主编:《2009 年两岸三地历史学研究生研讨会论文选集》,台湾政治大学历史学系・香港珠海书院亚洲研究中心・上海大学历史学系,2010 年。

102. Hausman, William J, Global Electrification: Multinational Enterprise and International Finance in the History of Light and Power, 1878—2007, Cambridge Studies in the Emergence of Global Enterprise, 2008.

103. Tim Wright, Electric Power Production in Pre-1937 China, The China Quarterly, No.126(Jun., 1991).

104. Tim Wright, Growth of the Modern Chinese Coal Industry: An Analysis of Supply and Demand, 1896—1936, Modern China, Vol.7, No.3 (Jul., 1981).

105. James H.Williams and Navroz K.Dubash, Asian Electricity Reform in Historical Perspective, Pacific Affairs, Vol.77, No.3, The Political Economy of Electricity Reform in Asia(Fall, 2004).

106. Brian Bowers, A History of Electric Light & Power, Published by Peter Peregrinus Ltd., Stevenage, UK and New York, 1982.

107. Thomas P. Hughes, Networks of power: Electrification in Western Society, 1880—1930(Baltimore and London): The Johns Hopkins University Press, 1983.

108. R. A. S. Hennessey, The Electric Revolution, Tyne England: Oriel Press Ltd., 1972.

109. John K. Chang, Development of Mainland China 1912—1949, The Journal of Economic History, Vol.27, No.1, Cambridge University Press on behalf of the Economic History Association, Mar., 1967.

110. Charles Francis Brush, Some Reminiscences of Early Electric Lighting, Journal of the Franklin Institute, CCVI, July 1928.

111. T. C. Martin, The Electric Industry in America in 1887, Electrical World, IX, January 29, 1887.

112. Harold C. Passer, The Electrical Manufacturers, 1875—1900: A Study in Competition, Entrepreneurship, Technical Change, and Economic Growth, Cambridge: Harvard University Press, 1953.

113. Brian Bowers, A History of Electric Light & Power, London: Peter Peregrinus Ltd in association with the Science Museum, 1982.

114. I.C.R.Byatt, The British Electrical Industry, 1875—1914: The Economic Returns to a New Technology, Oxford: Clarendon Press, 1979.

115. Payson Jones, A power History of the Consolidated Edison System,

1878—1900, New York: Consolidated Edison Co., 1940.

116. Andre Millard, Edison and the Business of Innovation, Baltimore and London: The Johns Hopkins University Press, 1900.

117. W.Bernard Carlson, Invention, Science, and Business: The Professional Career of Elihu Thomson, Ph.D. diss., University of Pennsylvania, 1984.

118. Leonard Reich, The Marking of American Industrial Research: Science and Business at GE and Bell, 1876—1926, New York: Cambridge University Press, 1985.

119. Charles Francis Brush, Some Reminiscences of Early Electric Lighting, Journal of the Franklin Institute, CCVI, July 1928.

120. Leonard S. Hyman, America's Electric Utilities: Past, Present and Future, Public Utilities Reports, Inc. and Merrill Lynch, Pierce, Fenner & Smith Inc.1983, 1985.

121. Jacob Martine Gould, Output and Productivity in the Electric and Gas Utilities 1899—1942, National Bureau of Economic Research, Inc., 1946.

122. I.C.R.Byatt, The British Electrical Industry 1875—1914, Clarendon Press.Oxford, 1979.

123. Linda Simon, Dark Light: Electricity and Anxiety from the telegraph to the X-ray, Harcourt, Inc., Orlando, Florida, 2004.

大 事 记

1879 年　5 月 28 日　英国电气工程师毕晓浦在公共租界乍浦路利用 1 台蒸汽直流发电机组进行弧光灯发光试验，获得成功，国内第一台电灯在上海问世。

1882 年　4 月　曾任公共租界工部局总董的英国人立德尔等筹银 5 万两，创办上海电气公司，设电厂于南京路江西路口，安装 1 台 16 马力(11.93 千瓦)蒸汽发电机组。

1883 年　5 月　上海电气公司在乍浦路另建新厂，并在百老汇路立杆放线，办理用户装灯业务。

6 月　外滩道路照明，全用弧光灯代替煤气灯。

1888 年　11 月 1 日　上海电气公司进行改组，在乍浦路 41 号成立新申电气公司。

1890 年　4 月　上海开始使用白炽灯，电压 100 伏，频率 100 赫。

1893 年　8 月 20 日　工部局以银 6.61 万两购进新申电气公司全部产业，成立电气处。

1894 年　是年　工部局电气处对第一批 12 家用户安装电度表，实行装表计费，每千瓦时收费 16 银分。

1896 年　5 月 21 日　工部局电气处在斐伦路 30 号兴建中央电站，落成发电。

1897 年　7 月 14 日　法租界公董局在洋泾浜畔建成洋泾浜电气厂，以直流电供给法租界道路和用户照明。

12 月　上海南市马路工程善后局在十六铺老太平码头创办上海南市电灯厂。除夕，南市第一盏电灯放光，上海县令黄爱棠亲率官员前往观看。

是年　工部局电气处敷设第一条地下电力电缆，长 2.27 公里，向低压直流照明用户供电。

1901 年　6 月　上海公共租界开始日夜供电，电压改为 200 伏。

1903 年　12 月　上海南市电灯厂移至十六铺南侧行仁码头另建厂房，安装机组，竣工发电。

1904 年 公共租界电网频率由 100 赫开始改为 50 赫。

1905 年 12 月 上海南市电灯厂归属于上海城厢内外总工程局。此时，南市邻近黄浦江一带道路共装设路灯 1 010 余盏。

是年 工部局电气处开始向用户出租电动机，鼓励各工厂使用电力。

1906 年 5 月 上海城厢内外总工程局总董李平书等在南市紫霞殿集股，创办上海内地电灯股份有限公司。翌年，2 台 325 千瓦发电机组建成投运。

6 月 26 日 国际东方公司联合法国几家财团组成上海法商电车电灯公司，资本 300 万法郎。

1907 年 9 月 工部局电气处新中央电站扩建的国内第一台 800 千瓦汽轮发电机组竣工投运，该站发电设备总容量 4 400 千瓦。

1908 年 1 月 31 日 上海法商电车电灯公司卢家湾蒸汽机发电厂第一台 50 千瓦。

直流发电机组投入运行，电压 100 伏。至 1911 年，发电设备总容量 1 500 千瓦。

2 月 工部局电气处开始以直流电供电车用电，电压 500 伏。

同月 上海南市电灯厂结束营业，并入上海内地电灯公司。

1910 年 5 月 上海内地电灯公司在南市包家宅(今花园港路)上海内地自来水厂旁空地上建造电灯分厂，供电负荷增至电灯 7 000 余盏。

1911 年 10 月 27 日 李平书等集股创办闸北水电公司，设厂于闸北广肇山庄北首，装有 2 台 50 千瓦直流发电机组。

11 月 工部局电气处施放第一条三相 6 600 伏地下电力电缆，向用户供应三相交流电，在英商增裕面粉厂安装全市第一只三相电度表。

1913 年 4 月 12 日 工部局电气处在杨树浦沈家滩建成江边电站，安装 2 台 2 000 千瓦发电机组投入运行。至民国 12 年，发电设备总容量 12.1 万千瓦，成为远东最大的火力发电厂。

5 月 闸北水电公司全部电力向工部局电气处趸购转售，2 台 50 千瓦直流发电机组停止发电。

12 月 5 日 上海法商电车电灯公司改为交流单相 110 伏、三相 190 伏供电，频率 50 赫。

1914 年 4 月 闸北水电公司由江苏省署接办，更名为江苏省立上海闸北水电厂。

1915 年 陆伯鸿等创办的上海华商电车公司，购置 1 台 1 600 千瓦汽轮发电机组，在车站路建厂自行发电，供给车用，余电售给上海内地电灯公司。

1917 年 2 月 11 日 上海内地电灯公司与华商电车公司合并,在车站路 564 号成立上海华商电气股份有限公司,并发行股票。至 1925 年,发电设备总容量 1.6 万千瓦,居全国民营电气事业之首。

6 月 上海华商电气公司将每千瓦时电价增至 2 角,并对抗缴电费的用户执行停电,激起工商界强烈不满,经交通部、江苏省政府等出面协商调解,适当加价后,这场风波才告平息。

1923 年 3 月 6 日 工部局电气处线路部工人 300 余人迫于生活,要求增加工资,首次自发举行罢工,历时 14 天。在工部局警方镇压下,罢工失败,于 19 日结束,部分工人被开除。

11 月 15 日 工部局电气处江边电站在对英国派生斯公司(Parsons)制造的 2 万千瓦汽轮机进行超速试验时,因转子锻件缺陷引起爆裂,造成飞车事故,当场死亡 7 人,重伤 15 人。

1924 年 8 月 4 日 商办闸北水电股份有限公司成立。

9 月 1 日,接办江苏省立上海闸北水电厂业务。

1925 年 7 月 17 日 工部局电气处工会首次组织工人举行罢工,发电处被迫接受复工条件。

9 月 8 日,处长在厂门口打着横幅,欢迎工人进厂复工。

1927 年 2 月 19 日 上海工人举行第二次武装起义,上海华商电气公司 280 余人参加总同盟罢工。

4 月 13 日 上海华商电气公司工人举行罢工,停驶电车。

同日,工部局电气处工人 800 余人参加抗议集会和示威游行。

1929 年 8 月 28 日 工部局将电气处全部资产及经营权,以银 8 100 万两出售给美国和国外电力公司,更名为上海电力公司。

附录一：近代上海公共租界公共照明状况分布表(1913—1929)

煤气路灯	1913年移去					1913年安装					1913年煤气灯燃点数				
	中	北	东	西	总	中	北	东	西	总	中	北	东	西	总
“C”型	19	7	2		28	1	1			2	119	211	35	106	471
“R”型												2			2
“B”型												17	25		42
“F”型	4				4						51	3	4	1	59
其他型											1	5		5	11
高压型											19				19
总　数	23	7	2		32	1	1			2	190	238	64	112	604

电气路灯	1913年移去					1913年安装					1913年电气路灯分布				
	中	北	东	西	总	中	北	东	西	总	中	北	东	西	总
焰弧灯						1				1	44	11		16	71
闭式弧光灯	63	64	27	14	168						7	34	7	6	54
金属丝灯															
400cp						64	71	27	14	176	68	71	35	19	193
200cp						5		2	10	17	14	15	29	36	94
100cp						6		1	8	15	6	1	108	24	139
60cp	4			7	11	14	2	3	49	68	109	83	147	333	672
总　数	67	64	27	21	179	90	73	33	81	277	248	215	326	434	1 223

煤气路灯	1914年移去					1914年安装					1914年煤气灯燃点数				
	中	北	东	西	总	中	北	东	西	总	中	北	东	西	总
“C”型	2	2		2	6	4	5			9	121	214	35	104	474
“R”型												2			2
“B”型												17	25		42
“F”型	2				2						49	3	4	1	57
其他型											1	5		5	11
高压型						11				11	30				30
总　数	4	2		2	8	15	5			20	201	241	64	110	616

(续表)

电气路灯	1914 年移去					1914 年安装					1914 年电气路灯分布				
	中	北	东	西	总	中	北	东	西	总	中	北	东	西	总
焰弧灯	1		14		15						43	11		2	56
闭式弧光灯		2			2						7	32	7	6	52
金属丝灯															
400cp	9	1			10						62	74	35	50	221
200cp			1		1						14	16	34	36	100
100cp											6	1	112	57	176
60cp	2	1	30		33						108	88	164	374	734
总　数	12	4	45		61						240	222	352	525	1 339
煤气路灯	1915 年移去					1915 年安装					1915 年煤气灯燃点数				
	中	北	东	西	总	中	北	东	西	总	中	北	东	西	总
“C”型	2	2	1		5		4		1	5	119	216	34	105	474
“R”型												2			2
“B”型												17	25		42
“F”型											49	3	4	1	57
其他型							2	1		3	1	7	1	5	14
高压型							6			6	30	6			36
总　数	2	2	1		5		12	1	1	14	199	251	64	111	625
电气路灯	1915 年移去					1915 年安装					1915 年电气路灯分布				
	中	北	东	西	总	中	北	东	西	总	中	北	东	西	总
焰弧灯	34	10			44						9	1		2	12
闭式弧光灯	1	19			20						6	13	7	6	32
金属丝灯															
400cp		3	1		4	18	32	1	2	53	80	103	35	52	270
200cp			2		2	63	1	5		69	77	17	37	36	167
100cp								8		8	6	1	120	57	184
60cp			1		1			50	18	68	108	88	213	392	801
总　数	35	32	4		71	81	33	64	20	198	286	223	412	545	1 466

(续表)

煤气路灯	1916年移去					1916年安装					1916年煤气灯燃点数				
	中	北	东	西	总	中	北	东	西	总	中	北	东	西	总
"C"型		1	1		2			2		2	119	215	35	105	474
"R"型												2			2
"B"型												17	25		42
"F"型		1			1						49	2	4	1	56
其他型											1	7	1	5	14
高压型											30	6			36
总　数		2	1		3				2	2	199	249	65	111	624

电气路灯	1916年移去					1916年安装					1916年电气路灯分布				
	中	北	东	西	总	中	北	东	西	总	中	北	东	西	总
焰弧灯	9	1		2	12										
闭式弧光灯	6	13	7	6	32										
金属丝灯															
2 000cp			1		1	4				4	4				4
400cp	4	12	12	4	24	16	24	5	9	46	96	127	39	61	323
200cp			16	2	18	49		5	5	59	122	5	30	37	194
100cp	27	1	4		32	1	6		28	35	7	7	104	83	201
60cp						2	32	39	64	137	83	119	239	420	861
总　数	46	27	40	14	119	72	62	49	106	281	312	258	412	601	1 583

煤气路灯	1917年移去					1917年安装					1917年煤气灯燃点数				
	中	北	东	西	总	中	北	东	西	总	中	北	东	西	总
"C"型	11				11	1	1			2	109	216	35	105	465
"R"型												2			2
600cpS型							5		1	6		5		1	6
300cpS型											1	3	1	2	7
"B"型												17	25		42
"F"型						2	4			6	49	2	4	1	56
其他型												4		3	7
高压型											32	10			42
总　数	11				11	3	10		1	14	191	259	65	112	627

(续表)

电气路灯	1917 年移去					1917 年安装					1917 年电气路灯分布				
	中	北	东	西	总	中	北	东	西	总	中	北	东	西	总
金属丝灯															
2 000cp											4				4
1 000cp						14				14	14				14
800cp	14				14	21				21	7				7
400cp	1	8	1		10		5	2		7	95	124	40	61	320
200cp	1	1			2	3	7			10	124	11	30	37	202
100cp		2			2		26	1		27	7	31	105	83	226
60cp	13	1	1		15	13	14	11	60	98	83	132	250	479	944
总　数	29	12	1	1	43	51	52	14	60	177	334	298	425	660	1 717
煤气路灯	1918 年移去					1918 年安装					1918 年煤气灯燃点数				
	中	北	东	西	总	中	北	东	西	总	中	北	东	西	总
“C”型	19		3	18	40		5	24		29	100	220	50	87	463
“R”型												2			2
600cpS 型												5		1	6
300cpS 型												4	1	2	7
“B”型												17	25		42
“F”型											49	2	4	1	56
其他型									1	1	6				6
高压型											32	10			42
总　数	19		3	18	40		5	24	1	30	187	260	86	91	624
电气路灯	1918 年移去					1918 年安装					1918 年电气路灯分布				
	中	北	东	西	总	中	北	东	西	总	中	北	东	西	总
金属丝灯															
2 000cp											4				4
1 000cp											14				14
800cp						11				11	18				18
400cp							7	1		8	95	131	41	61	328
200cp	9		2		11		6		2	8	115	17	28	39	199
100cp	6	6		1	13	1	6	4	6	17	2	31	109	38	230
60cp				8	8	12	4	30	30	76	95	136	280	501	1 012
总　数	15	6	2	9	32	24	23	35	38	120	343	315	458	689	1 805

（续表）

煤气路灯	1919 年移去					1919 年安装					1919 年煤气灯燃点数				
	中	北	东	西	总	中	北	东	西	总	中	北	东	西	总
“C”型	1	16		1	18	2				2	101	204	56	86	447
“R”型		1			1							1			1
600cpS 型												5		1	6
300cpS 型												4	1	2	7
“B”型												17	25		42
“F”型											49	2	4	1	56
其他型											6				6
高压型											32	10			42
总　数	1	17		1	19	2				2	188	243	86	90	507
电气路灯	1919 年移去					1919 年安装					1919 年电气路灯分布				
	中	北	东	西	总	中	北	东	西	总	中	北	东	西	总
金属丝灯															
2 000cp											4				4
1 000cp						3			1	4	17			1	18
800cp	3				3		3			3	15	3			18
400cp	4	1			5	1	4	3		8	92	134	44	61	331
200cp	1	1	2	2	6		9		32	41	114	25	26	69	234
100cp			1	16	17	5	21	2	44	72	7	52	110	116	285
60cp	1	2		27	30	3	5	25	20	53	97	139	306	494	1 035
总　数	9	4	3	45	61	12	42	30	97	181	346	353	485	741	1 925
煤气路灯	1920 年移去					1920 年安装					1920 年煤气灯燃点数				
	中	北	东	西	总	中	北	东	西	总	中	北	东	西	总
“C”型	3				3						98	204	56	86	444
“R”型												1			1
600cpS 型				1	1							5			5
300cpS 型												4	1	2	7
“B”型												17	25		42
“F”型											49	2	4	1	56
其他型											6				6
高压型	1				1						31	10			41
总　数	4			1	5						184	234	86	89	602

(续表)

电气路灯	1920 年移去					1920 年安装					1920 年电气路灯分布				
	中	北	东	西	总	中	北	东	西	总	中	北	东	西	总
金属丝灯															
2 000cp	4				4										
1 000cp						3			11	14	20			12	32
800cp	6			12	18	1			1	2	2				2
600cp						71			2	73	71			2	73
400cp	29				29	3				3	66	134	44	61	305
240cp	1			2	3						6				6
200cp				1	1	13			3	16	125	25	26	70	247
100cp	1			4	5	25			5	30	32	52	110	120	314
60cp						14	2	56	10	82	100	141	360	500	1 101
总　数	41			19	60	130	2	56	32	220	423	352	540	765	2 080
煤气路灯	1921 年移去					1921 年安装					1921 年煤气灯燃点数				
	中	北	东	西	总	中	北	东	西	总	中	北	东	西	总
“C”型	1				1						97	204	56	86	443
“R”型												1			1
600cpS 型												5			5
300cpS 型												4	1	2	7
“B”型				1	1							16	25		41
“F”型											49	2	4	1	56
其他型											6				6
高压型						1				1	32	10			42
总　数	1			1	2	1				1	184	242	86	89	601
电气路灯	1921 年移去					1921 年安装					1921 年电气路灯分布				
	中	北	东	西	总	中	北	东	西	总	中	北	东	西	总
金属丝灯															
1 000cp									2	2	20			14	34
800cp											2				2
600cp						2	1		1	4	73	1		3	77
400cp	1	1			2						65	133	44	61	303
200cp				4	4				2	2	128	25	26	68	247
100cp							1	1	23	25	32	53	111	134	330
60cp				38	38	2	9	11	72	94	129	150	371	534	1 184
总　数	1	1		42	44	4	11	12	100	127	426	362	552	825	2 186

（续表）

煤气路灯	1922年移去					1922年安装					1922年煤气灯燃点数				
	中	北	东	西	总	中	北	东	西	总	中	北	东	西	总
“C”型	3		5		8						92	204	51	86	435
“R”型												1			1
600cpS型												5			5
300cpS型												4	1	2	7
“B”型												16	25		41
“F”型	2				2						47	2	4	1	54
其他型											6				6
高压型	3				3	1				1	30	10			40
总　数	8		5		13	1				1	177	242	81	89	589
电气路灯	1922年移去					1922年安装					1922年电气路灯分布				
	中	北	东	西	总	中	北	东	西	总	中	北	东	西	总
金属丝灯															
1 000cp						2				2	22			14	36
800cp						1				1	3				3
600cp											73	1		3	77
400cp	1		1		2		2		1	3	64	135	43	62	304
250cp						2		4		6	2		4		6
200cp		2		3	5	3		1	19	23	131	23	27	84	265
100cp			33	14	47	4		3	4	11	36	53	81	133	303
60cp			1	5	6	24	3	122	16	165	137	153	492	545	1 327
总　数	1	2	35	22	60	36	5	130	40	211	468	365	647	841	2 321
煤气路灯	1923年移去					1923年安装					1923年煤气灯燃点数				
	中	北	东	西	总	中	北	东	西	总	中	北	东	西	总
“C”型											94	204	51	86	435
“R”型												1			1
600cpS型												5			5
300cpS型												4	1	2	7
“B”型												16	25		41
“F”型											47	2	4	1	54
其他型	1				1						5				5
高压型	2				2						28	10			38
总　数	3				3						174	242	81	89	586

(续表)

电气路灯	1923 年移去					1923 年安装					1923 年电气路灯分布				
	中	北	东	西	总	中	北	东	西	总	中	北	东	西	总
金属丝灯															
1 000cp						14				14	36			14	50
800cp	1				1						2				2
600cp	3				3	11				11	81	1		3	85
400cp	6		2	1	9	10		2		12	68	135	43	62	308
250cp	1				1	5	2		11	18	6	2	4	11	23
200cp				1	1	11				11	142	23	27	83	275
100cp	5	6		7	18	5	26		30	61	36	73	81	156	346
60cp	6	11	10	14	41	7	11	48	48	114	138	153	530	579	1 400

煤气路灯	1924 年移去					1924 年安装					1924 年煤气灯燃点数				
	中	北	东	西	总	中	北	东	西	总	中	北	东	西	总
"C"型		4		11	15	37		2		39	131	200	53	75	459
"R"型														1	1
600cpS 型		1			1							4			4
300cpS 型				1	1	1				1	1	3	1	2	7
"B"型		16		25	41										
"F"型	47	2	4	1	54										
其他型	4				4		2	9	16	27	1	2	9	16	28
高压型	5				5	2				2	25	10			35
总　数	56	23	29	13	112	40	2	11	16	96	158	219	63	94	534

电气路灯	1924 年移去					1924 年安装					1924 年电气路灯分布				
	中	北	东	西	总	中	北	东	西	总	中	北	东	西	总
金属丝灯															
1 000cp						2			1	3	38			15	53
800cp											2				2
600cp	2				2	8	2			10	87	3		3	93
400cp	2	9	5	1	17	3	6	4		13	69	132	42	61	304
250cp	1				1	11	10	4	13	38	16	12	8	24	60
200cp		2			2						142	21	27	83	273
100cp				5	5	16	17	11	8	52	52	90	92	159	393
60cp	20	8	5	18	51	31	45	75	15	166	149	190	600	576	1 515
总　数	25	10	10	24	78	71	80	94	37	282	555	448	769	821	2 693

(续表)

煤气路灯	1925 年移去					1925 年安装					1925 年煤气灯燃点数				
	中	北	东	西	总	中	北	东	西	总	中	北	东	西	总
“C”型	16	10	2	5	33				4	4	115	190	51	74	430
“W”型						11			1	12	11			1	12
Suggs 型							1			1		1			1
“G”型						1		9		10	1		9		10
其他型	1	2	9	16	28										
“R”型				1	1										
600cpS 型												4			4
300cpS 型		1			1						1	2	1	2	6
高压型											25	10			35
总　数	17	13	11	22	63	12	1	9	5	27	153	207	61	77	498

电气路灯	1925 年移去					1925 年安装					1925 年电气路灯分布				
	中	北	东	西	总	中	北	东	西	总	中	北	东	西	总
金属丝灯															
1 000cp											38			15	53
800cp											2				2
600cp	4				4				2	2	83	3		5	91
400cp	2		1	12	15	2		1		3	69	132	42	49	292
250cp	2	1	3	3	9	34	3	1	38	76	48	14	6	59	127
200cp	2				2						140	21	27	83	271
100cp			7	2	9	6	11	3	127	147	58	101	88	284	531
60cp	6	1	47	80	134	8	3	115	27	153	151	192	668	532	1 534
总　数	16	2	58	97	173	50	17	120	194	381	589	463	831	1 018	2 901

煤气路灯	1926 年移去					1926 年安装					1926 年煤气灯燃点数				
	中	北	东	西	总	中	北	东	西	总	中	北	东	西	总
“C”型				13	13	30	7			37	145	197	51	61	454
“W”型											11			1	12
Suggs 型				1	1		1			1		1			1
“G”型											1		9		10
600cpS 型												4			4
300cpS 型											1	2	1	2	6
高压型	25	10		25											
总　数	25	10	1	13	49	30	8			38	158	204	61	64	487

(续表)

电气路灯	1926 年移去					1926 年安装					1926 年电气路灯分布				
	中	北	东	西	总	中	北	东	西	总	中	北	东	西	总
金属丝灯															
1 000cp				1	1				3	3	38			17	55
800cp											2				2
600cp									3	3	83	3		8	94
400cp	2	1	23	35	61	4	9			13	71	131	28	14	244
250cp	33	1	10	23	67	171	39	47	161	418	186	52	43	107	478
200cp	140	21	27	83	271										
100cp	11		58	26	95	76	17	95	229	417	128	118	125	487	853
60cp	29	13	63	66	171	8	9	195	84	296	130	188	800	541	1 659
总　数	215	36	181	234	666	259	65	346	480	1 150	633	492	996	1 264	3 385
煤气路灯	1927 年移去					1927 年安装					1927 年煤气灯燃点数				
	中	北	东	西	总	中	北	东	西	总	中	北	东	西	总
“C”型	18	38	2	17	75						127	159	49	44	379
“W”型						19	39		17	75	30	39		18	87
Suggs 型												1			1
“G”型											1			9	10
600cpS 型												4			4
300cpS 型											1	2	1	2	6
总　数						19	39		17	75	159	205	59	64	487
电气路灯	1927 年移去					1927 年安装					1927 年电气路灯分布				
	中	北	东	西	总	中	北	东	西	总	中	北	东	西	总
金属丝灯															
1 000cp				3	3						38			14	52
800cp											2				2
600cp	1	2			3				12	12	82	1		20	103
400cp	1	9			10				6	6	70	122	28	20	240
250cp	10	7		7	24	10	50		2	62	186	95	43	192	516
100cp	2			1	3	41	12	6	13	72	162	130	131	499	922
60cp	4	4	2	8	18	5	17	17	18	57	131	201	815	551	1 698
50cp						7				7	7				7
总　数	18	22	2	19	61	63	79	23	51	216	678	549	1 017	2 963	3 540

(续表)

煤气路灯	1928年移去					1928年安装					1928年煤气灯燃点数				
	中	北	东	西	总	中	北	东	西	总	中	北	东	西	总
"C"型											127	159	49	44	379
"W"型											30	39		18	87
Suggs型												1			1
"G"型											1		9		10
600cpS型												4			4
300cpS型											1	2	1	2	6
总数											159	205	59	64	487
电气路灯	**1928年移去**					**1928年安装**					**1928年电气路灯分布**				
	中	北	东	西	总	中	北	东	西	总	中	北	东	西	总
金属丝灯															
1 000cp	20				20						18			14	32
800cp											2				2
600cp	43				43	40				40	79	1		20	100
400cp	3	14	1	2	20		1	1		2	67	109	28	18	222
250cp	8			7	15	86	38	3	39	166	264	133	46	224	667
100cp		1	3	25	29	25	16	3	72	116	187	145	131	546	1 009
60cp	8	5	23	29	65	27	14	162	48	251	150	210	954	570	1 884
50cp											7				7
总数	82	20	27	63	192						774	598	1 159	1 392	3 923
煤气路灯	**1929年移去**					**1929年安装**					**1929年煤气灯燃点数**				
	中	北	东	西	总	中	北	东	西	总	中	北	东	西	总
"C"型											127	159	49	44	379
"W"型											30	39		18	87
Suggs型												1			1
"G"型	1				1								9		9
600cpS型				1	1							4			4
300cpS型											1	2	1	1	5
总数	1			1	2						158	205	59	63	485

(续表)

电气路灯	1929 年移去					1929 年安装					1929 年电气路灯分布				
	中	北	东	西	总	中	北	东	西	总	中	北	东	西	总
金属丝灯															
1 000cp				11	11						18			3	21
800cp											2				2
600cp				2	2	8				10	87	1		28	116
400cp		1		3	4	18					67	108	28	17	220
250cp	13			31	44						261	137	50	383	781
100cp		1	2	88	91	10	4	4	140	158	191	145	149	815	1 300
60cp	6	2	52	105	165	4	1	20	357	382	152	216	994	488	1 850
50cp						8	8	92	23	131	7				7
总数	19	4	54	240	317	30	13	116	532	691	785	607	1 221	1 684	4 297

附录二:工部局电气处供电状况一览表(1893—1929)

时间	家用电器(盏)(1)	增长率	用户数(2)	增长率	售电(度)						最大输出功率(千瓦时)	增长率	负荷系数(3)
					私人照明	公共照明	动力电热	牵引	总计售电	增长率			
1893	2 100		27										
1894	2 965	41.2%											
1895	6 902	133%											
1896	8 996	30.3%											
1897	9 945	10.5%											
1898	10 778	8.3%							451 509				
1899	13 876	28%							470 758	3.6			
1900	17 148	23%	54						523 922	11.29	292		
1901	21 812	27%	107	98%					568 669	8.5	320	9%	
1902	31 841	46%	246	130%					754 342	32.7%	444	38%	
1903	42 500	34%	516	110%					996 021	32%	580	26%	

(续表)

时间	家用电器(盏)(1)	增长率	用户数(2)	增长率	售电(度)						最大输出功率(千瓦时)	增长率	负荷系数(3)
					私人照明	公共照明	动力电热	牵引	总计售电	增长率			
1904	66 840	57%	918	78%	853 147	319 499	16 834		1 214 562	22%	858	48%	16.2
1905	88 201	31%	1 167	27%	1 277 140	410 241	34 350		1 776 323	46.3%	1 090	27%	18.6
1906	108 525	23%	1 581	35%	1 704 563	451 950	65 932		2 307 675	30%	1 411	29%	18.6
1907	140 846	30%	2 110	33%	2 065 499	457 207	141 146		2 743 388	18.9%	1 630	15%	19.2
1908	171 918	22%	2 732	29%	2 391 586	445 143	158 455	1 430 889	4 632 775	68.9%	2 500	53%	21.1
1909	190 634	11%	3 269	20%	2 740 487	632 314	323 161	2 001 718	5 988 836	29.2%	3 100	24%	22.05
1910	215 405	12%	3 927	20%	3 164 996	801 613	453 826	2 110 208	6 834 150	14.1%	3 240	4.5%	24.06
1911	267 476	24%	4 669	16%	3 634 623	913 679	820 304	2 551 235	8 300 437	21.5%	4 007	24%	23.65
1912	337 159	26%	6 870	47%	5 455 885	938 784	2 426 065	2 859 334	12 130 537	46.1%	6 000	50%	23.52
1913	428 755	27%	10 987	60%	8 607 546	987 517	7 205 706	3 127 677	21 888 230	80.4%	8 100	35%	30.8
1914	528 747	23%	14 955	36%	12 325 247	1 055 272	15 626 314	3 626 838	32 885 822	50.2%	11 190	38%	33.6
1915	621 078	17%	18 104	21%	14 073 166	1 005 259	31 313 159	3 395 813	50 014 128	52.1%	13 909	24%	40.8
1916	694 833	12%	21 859	21%	14 285 888	1 058 772	42 942 438	3 873 698	62 102 478	24.2%	18 617	33.8%	38.2
1917	722 424	3.97%	23 453	7.3	15 206 019	1 128 896	58 312 094	3 843 433	78 796 232	26.9%	20 187	8.4%	44.38
1918	740 610	1.13%	25 033	6.7%	14 444 261	1 141 973	66 924 747	3 764 678	86 543 469	9.8%	21 222	5.12%	46.77
1919	844 391	14%	27 903	11.5%	16 378 793	1 192 650	80 575 362	4 191 332	102 622 803	18.6%	27 553	29.8%	42.39
1920	926 811	9.76%	30 642	9.8%	20 298 672	1 454 812	118 079 283	4 706 865	144 881 342	41.2%	35 380	28.41%	46.7

(续表)

时间	家用电器(盏)(1)	增长率	用户数(2)	增长率	售电(度) 私人照明	公共照明	动力电热	牵引	总计售电	增长率	最大输出功率(千瓦时)	增长率	负荷系数(3)
1921	72 120	17%	33 334	8.7%	22 458 625	1 703 212	156 210 627	4 992 282	185 364 746	28%	41 074	16.1%	51.5
1922	93 242	29%	36 792	10.4%	24 793 079	1 836 419	200 221 968	5 605 895	232 457 361	25.4%	51 340	25%	51.5
1923	114 949	23%	39 929	8.5%	27 626 473	2 182 615	236 479 506	5 977 267	272 265 861	17.1%	62 903	22.5%	49.42
1924	127 440	11%	44 205	10.7%	29 418 821	2 269 795	269 448 399	6 170 386	307 307 401	12.9%	63 459	0.88%	55.12
1925	130 613	19%	48 363	9.4%	32 462 792	2 902 220	258 978 893		294 343 905	−4.2%	72 930	14.92%	53.06
1926	160 097	15%	54 271	12.2%	37 018 836	2 831 604	368 395 370		408 245 810	38.7%	86 100	18.06%	61.79
1927	174 919	19%	59 363	9.4%	39 930 227	2 984 160	357 428 998		400 348 385	−1.9%	86 025	−0.09%	59.91
1928	193 805	11%	64 127	8%	45 214 393	2 951 262	410 194 560		458 360 215	14.5%	95 250	10.72%	61.90

说明：(1) 1893 年此数为公共租界私人 16 支烛光电力照明数(盏)，另上海及近郊地区所有电灯数为 6 325 盏；1894 年此数为公共租界私人 16 支烛光电力照明数(盏)，另上海及近郊地区所有电灯数为 9 091 盏，且 1894 年另有住户照明电弧灯 43 盏，1897 年减为 29 盏，后取消；1895—1901 年此数为折合 8 支烛光的灯数(盏)，另 1895 年上海及近郊所有 8 支烛光灯数为 19 782 盏；1901—1907 年此数为折合 8 支烛光的灯数(盏)，包括电灯、电热器、电水壶数，不包括路灯、电动机；1908—1920 年此数为折合 16 支烛光(30 瓦)的灯数(盏)；1921—1922 年此数为私人电力用户用电量(千瓦)，其中 1922 年此数包括电灯、电风扇、电热器、烹饪、电动机等，但不包括公共照明与牵引用电；1923—1928 年此数包括公共照明与牵引用电量。

(2) 此数以房屋为计算单位。

(3) 负荷系数：1924 年及以前的计算公式为：$\frac{\text{售出的千瓦小时数}}{\text{输电线上最高负荷} \times 8\,760} \times 100\%$

自 1925 年起的计算公式为：$\frac{\text{发出的千瓦小时数}}{\text{发电机上最高负荷} \times 8\,760} \times 100\%$

资料来源：《上海公共租界工部局年报(1893—1928 年)》，上海市档案馆藏，卷宗号：U1-1-906～U1-1-941；上海市专志系列丛刊《上海租界志》编纂委员会编：《上海租界志》，第 401—403 页。

附录三:1895 年工部局电气处私人电力照明用户名目

用户	地点	白炽灯数量		
		1号线路	2号线路	3号线路
安德森先生库房 Stonehouse Building				40盏
协和洋行 Robt. Anderson & Co.	北京路			48盏
礼查饭店 Astor House Hotel	黄浦路	78盏		94盏
阿迪斯先生 C.S.Addis			142盏	
小艾特金森 B.Atkinson			10盏	
宝昌先生 P.Brunat		32盏		
太古洋行 Butterfield & Swire	外　滩	138盏		
布克兄弟 Brand Brothers				50盏
坎普贝尔先生寓所 R.M.Campbell	九江路			126盏
中央饭店 Central Hotel	外　滩		276盏	
捷报馆 China Gazette Office	河南路	60盏		
轮船招商局 China Merchants' S.N.Co.	外　滩			200盏
中国互助轮船公司 China Mutual S.N. Co.	外　滩		30盏	
康科迪亚总会 Club Concordia	广东路	240盏		
礼和洋行 Carlowitz & Co.	九江路			194盏
中央捕房 Central Police Station				62盏
轮船招商局 China Navigation Co.		122盏		
天祥洋行 Dodwell Carlill & Co.	外　滩	184盏		
惇信洋行 Dyce & Co.	九江路			74盏
埃勒斯先生 A.Ehlers				22盏
《新闻报》馆 Sin Wan Pao	山东路			58盏
法国领事馆 French Consulate		144盏		
公济医院 General Hospital	北苏州路			72盏
大北电报公司 Great Northern Telegraph Co.		38盏		
汇丰银行 Hongkong & Shanghai Bank	外　滩	540盏		

(续表)

用　　户	地　点	白炽灯数量		
		1号线路	2号线路	3号线路
老公茂洋行　Ilbert & Co.	九江路			32盏
钟楼会客室　Clock Tower		32盏		
艾薇博士　Dr. Ivy			52盏	
怡和洋行　Jardine Matheson & Co.	外　滩		640盏	
壁利洋行　Liddel Brothers & Co.				32盏
麦克利奥医生　Dr. Macleod	黄浦路			120盏
上海共济总会　Masonic Club	外　滩		226盏	
信义洋行　Mandl & Co.	九江路			30盏
商船高级船员协会　Mercantile Marine Officers' Association	北苏州路		158盏	
马礼逊洋行　Morrison & Gratton	外　滩		116盏	
轮机工程师协会　Marine Engineers' Institute				76盏
《字林西报》大楼　North-China Daily News Office	九江路		182盏	
大英火轮船公司　P. & O.S.N.Co.	外　滩		238盏	
波特先生　E.E.Porter	四川路			94盏
泰和洋行　Reiss & Co.	汉口路			130盏
舒马赫先生　B.Schmacker	福州路			32盏
上海总会　The Shanghai club	外　滩	1 010盏		
西班牙领事馆　Spanish Consulate	黄浦路		102盏	
道台府　Sheng Taotai	九江路			40盏
斯多噶先生　A.P.Stokes	福州路			44盏
工部局监察室　Municipal Surveyor's Office				42盏
友宁保险公司　Union Insurance Society			72盏	
亨达利洋行　L.Vrard & Co.	南京路			46盏
屈臣氏大药房　Watson & Co.				40盏
同孚洋行　Wisner & Co.				100盏
日升　Yat Sing				30盏
扬子保险有限公司　Yangtsze Insurance Association, Limited			24盏	
电灯厂　Works			64盏	24盏
总计		**6 902盏**		

资料来源：《上海公共租界工部局年报(1895年)》，上海市档案馆藏，卷宗号：U1-1-908。

附录四:工部局电气处经营情况图

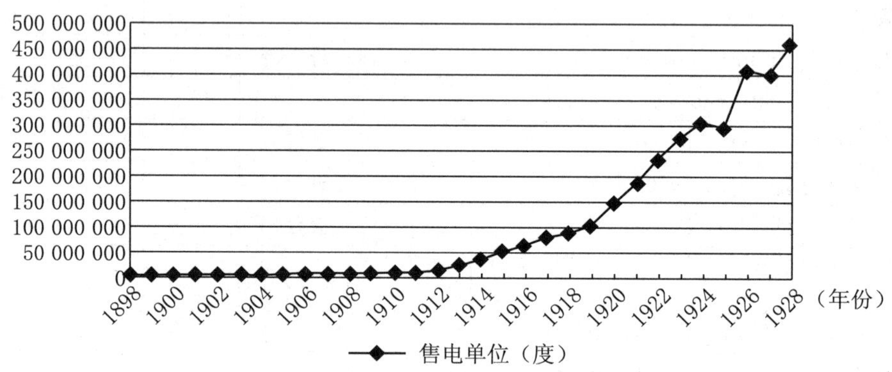

工部局电气处售电状况增长趋势图

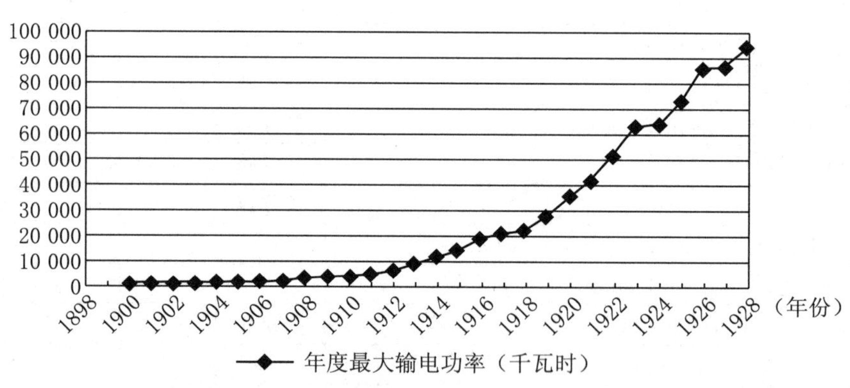

工部局电气处年度最大输电功率增长趋势图

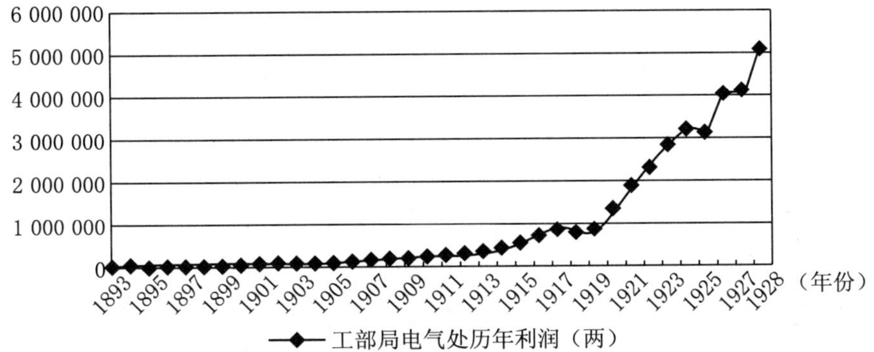

工部局电气处历年利润增长趋势图(1893—1928 年)

资料来源:《上海公共租界工部局年报(1893—1928 年)》,上海市档案馆藏,卷宗号:U1-1-906～U1-1-941。

附录五：上海电气公司股价一览表（1882年6月—1887年1月）

单位：两

1882年

6月8日 160(100)　6月9日 145(100)　6月10日 145(100)　6月12日 145(100)　6月13日 142.5(100)　6月14日 140(100)　6月15日 142.5(100)　6月16日 142.5(100)　6月17日 140(100)　6月19日 140(100)　6月20日 142.5(100)　6月21日 142.5(100)　6月22日 142.5(100)　6月23日 142.5(100)　6月24日 142.5(100)　6月26日 142.5(100)　6月27日 142.5(100)

7月1日 140(100)　7月2日 140(100)　7月3日 140至137.5(100)　7月4日 140至138(100)　7月5日 140(100)　7月6日 141.5(100)　7月7日 141.5(100)　7月8日 138.75(100)　7月9日 138.75(100)　7月10日 140(100)　7月11日 140(100)　7月12日 136.25(100)　7月13日 138.75(100)　7月14日 138.5(100)　7月15日 137.5(100)　7月16日 136.5(100)　7月17日 136(100)　7月18日 137.5(100)　7月19日 136(100)　7月20日 137(100)　7月21日 136(100)　7月22日 135(100)　7月23日 135(100)　7月24日 132.5(100)　7月25日 130(100)　7月26日 130(100)　7月27日 135(100)　7月28日 135(100)　7月29日 135(100)　7月30日 135(100)　7月31日 136(100)

8月1日 136(100)　8月2日 135(100)　8月3日 136(100)　8月4日 135(100)　8月5日 135(100)　8月6日 135(100)　8月7日 134(100)　8月8日 135(100)　8月9日 134(100)　8月10日 134(100)　8月11日 135(100)　8月12日 132.5(100)　8月13日 132.5(100)　8月14日 132(100)　8月15日 131(100)　8月16日 132(100)　8月17日 131(100)　8月18日 130(100)　8月19日 130(100)　8月20日 130(100)　8月21日 130(100)　8月24日 127(100)　8月26日 127(100)　8月27日 127(100)　8月28日 127(100)　8月29日 127(100)　8月30日 127(100)　8月31日 127(100)

9月1日 127(100)　9月2日 127.5(100)　9月3日 127.5(100)　9月4日 127.5(100)　9月5日 127.5(100)　9月6日 128(100)　9月7日 127(100)　9月8日 127(100)　9月9日 127(100)　9月10日 127(100)　9月11日 127(100)　9月12日 126(100)　9月13日 126(100)　9月14日 127(100)　9月15日 127(100)　9月16日 127(100)　9月17日 126(100)　9月18日 126(100)　9月19日 126(100)　9月20日 126(100)　9月21日 126(100)　9月22日 127(100)　9月23日 127(100)　9月24日 127(100)　9月25日 127(100)　9月26日 127(100)　9月27日 127(100)　9月28日 127(100)　9月29日 127(100)　9月30日 127(100)

10月1日 127(100)　10月2日 127(100)　10月3日 127(100)　10月4日 126(100)　10月5日 127(100)　10月6日 127(100)　10月7日 127(100)　10月8日 126(100)　10月9日 125(100)　10月10日 125(100)　10月11日 125(100)　10月12日 125(100)　10月13日 124(100)　10月14日 124(100)　10月15日 124(100)　10月16日 124(100)　10月17日 120(100)　10月18日 120(100)　10月19日 120(100)　10月20日 120(100)　10月21日 120(100)　10月22日 120(100)　10月23日 120(100)　10月24日 105(100)　10月25日 105(100)　10月26日 105(100)　10月27日 100(100)　10月28日 100(100)　10月29日 100(100)　10月30日 100(100)　10月31日 95(100)

11月1日 95(100)　11月2日 90(100)　11月3日 90(100)　11月4日 80(100)　11月5日 80(100)　11月6日 80(100)　11月7日 75(100)　11月8日 70(100)　11月9日 67(100)　11月10日 65(100)　11月11日 61(100)　11月12日 60(100)　11月13日 61(100)　11月14日 61(100)　11月15日 61(100)　11月16日 61(100)　11月17日 61(100)　11月18日 62(100)　11月19日 62(100)　11月20日 62(100)　11月21日 65(100)　11月22日 65(100)　11月23日 67(100)　11月24日 68(100)　11月25日 68(100)　11月26日 68(100)　11月27日 69(100)　11月28日 69(100)　11月29日 70(100)　11月30日 70(100)

12月1日 69.5(100)　12月2日 70(100)　12月3日 70(100)　12月4日 70(100)　12月5日 71(100)　12月6日 71(100)　12月7日 71.5(100)　12月8日 72.5(100)　12月9日 72.5(100)　12月10日 72.5(100)　12月11日 73(100)　12月12日 73(100)　12月13日 73(100)　12月14日 72.5(100)　12月15日 73(100)　12月16日 73(100)　12月17日 73(100)　12月18日 73(100)　12月19日 73(100)　12月20日 73(100)　12月21日 73(100)　12月22日 73(100)　12月23日 73(100)　12月24日 73(100)　12月25日 73(100)　12月26日 73(100)　12月27日 73(100)　12月28日 72(100)　12月29日 72(100)　12月30日 72(100)

1883年

1月1日 70(100)　1月2日 70(100)　1月3日 68(100)　1月4日 68(100)　1月5日 67.5(100)　1月6日 68(100)　1月7日 66(100)　1月8日 62(100)　1月9日 60(100)　1月10日 60(100)　1月11日 60(100)　1月12日 60(100)　1月13日 60(100)　1月14日 60(100)　1月15日 55(100)　1月17日 55(100)　1月18日 50(100)　1月19日 50(100)　1月20日 50(100)　1月21日 45(100)　1月22日 45(100)　1月23日 40(100)　1月24日 45(100)　1月25日 45(100)　1月26日 45(100)　1月27日 40(100)　1月28日 40(100)　1月29日 40(100)　1月30日 40(100)　1月31日 40(100)

2月1日 42.5(100)　2月2日 45(100)　2月3日 45(100)　2月4日 45(100)　2月20日 65.5(100)　2月21日 70(100)　2月23日 65(100)　2月24日 65(100)　2月26日 70(100)　2月28日 71(100)

3月1日 71(100)　3月2日 70(100)　3月3日 70(100)　3月4日 70(100)　3月5日 70(100)　3月6日 70(100)　3月7日 70(100)　3月8日 70(100)　3月9日 70(100)　3月10日 70(100)　3月11日 70(100)　3月12日 70(100)　3月13日 70(100)　3月14日 68(100)　3月15日 68(100)　3月16日 68(100)　3月17日 68(100)　3月18日 68(100)　3月19日 68(100)　3月21日 68(100)　3月22日 68(100)　3月23日 68(100)　3月24日 68(100)　3月25日 68(100)　3月26日 68(100)　3月27日 65(100)　3月28日 65(100)　3月29日 65(100)　3月30日 65(100)　3月31日 65(100)

4月1日 65(100)　4月2日 65(100)　4月3日 65(100)　4月4日 65(100)　4月5日 62(100)　4月9日 55(100)　4月10日 55(100)　4月11日 62(100)　4月12日 62(100)　4月13日 62(100)　4月14日 62(100)　4月15日 62(100)　4月18日 63(100)　4月19日 63(100)　4月20日 63(100)　4月21日 63(100)　4月22日 63(100)　4月23日 60(100)　4月24日 60(100)　4月26日 59(100)　4月27日 58(100)　4月28日 60(100)　4月30日 60(100)

5月2日 61(100)　5月4日 61(100)　5月5日 61(100)　5月7日 61(100)　5月8日 61(100)　5月9日 62(100)　5月10日 62(100)　5月11日 62(100)　5月12日 62.5(100)　5月13日 62.5(100)　5月14日 63(100)　5月15日 63(100)　5月16日 63(100)　5月17日 63(100)　5月18日 63(100)　5月19日 62(100)　5月20日 60.05(100)　5月21日 62(100)　5月22日 60(100)　5月23日 60(100)　5月24日 60(100)　5月25日 60(100)　5月26日 60(100)　5月27日 60(100)　5月28日 60(100)　5月29日 60(100)　5月30日 60(100)　5月31日 60(100)

6月1日 60(100)　6月2日 60(100)　6月3日 60(100)　6月4日 60(100)　6月5日 60(100)　6月6日 60(100)　6月7日 60(100)　6月8日 60(100)　6月9日 60(100)　6月10日 60(100)　6月11日 60(100)　6月12日 60(100)　6月13日 60(100)　6月14日 60(100)　6月15日 60(100)　6月16日 60(100)　6月17日 60(100)　6月20日 60(100)　6月22日 60(100)　6月23日 58.5(100)　6月25日 58.5(100)　6月26日 58.5(100)　6月28日 59(100)　6月29日 59(100)　6月30日 58.5(100)

7月1日 58(100)　7月2日 58(100)　7月3日 58(100)　7月4日 58(100)　7月5日 58(100)　7月6日 58(100)　7月7日 58(100)　7月8日 54(100)　7月9日 50(100)　7月10日 48(100)　7月11日 45(100)　7月12日 40(100)　7月13日 40(100)　7月14日 40(100)　7月15日 40(100)　7月16日 40(100)　7月17日 40(100)　7月18日 35(100)　7月19日 30(100)　7月20日 30(100)　7月21日 32(100)　7月22日 32(100)　7月24日 33(100)　7月26日 42(100)　7月27日 45(100)　7月28日 45(100)　7月29日 45(100)

8月3日 40(100)　8月4日 40(100)　8月6日 40(100)　8月13日 40(100)　8月14日 40(100)　8月15日 40(100)　8月22日 38(100)　8月24日 38(100)　8月26日 38(100)　8月27日 38(100)　8月31日 38(100)

9月1日 38(100)　9月2日 35(100)　9月3日 35(100)　9月4日 35(100)　9月5日 35(100)　9月6日 35(100)　9月7日 35(100)　9月8日 35(100)　9月9日 35(100)　9月10日 35(100)　9月11日 35(100)　9月12日 35(100)　9月13日 35(100)　9月14日 35(100)　9月15日 35(100)　9月16日 35(100)　9月17日 35(100)　9月18日 35(100)　9月19日 35(100)　9月20日 35(100)　9月21日 35(100)　9月22日 35(100)　9月23日 35(100)　9月24日 35(100)　9月25日 35(100)　9月26日 35(100)　9月27日 35(100)　9月30日 35(100)

10月1日 35(100)　10月2日 35(100)　10月3日 35(100)　10月4日 35(100)　10月5日 35(100)　10月6日 35(100)　10月7日 35(100)　10月8日 35(100)　10月9日 35(100)　10月13日 35(100)　10月14日 35(100)　10月15日 35(100)　10月16日 35(100)　10月18日 35(100)　10月19日 35(100)　10月20日 35(100)　10月26日 35(100)　10月28日 35(100)　10月29日 35(100)　10月30日 35(100)

11月3日 35(100)　11月6日 35(100)　11月7日 35(100)　11月8日 35(100)　11月12日 35(100)　11月14日 35(100)　11月15日 35(100)　11月17日 无市　11月21日 无市　11月22日 无市　11月23日 30(100)　11月24日 30(100)　11月29日 30(100)　11月30日 30(100)

12月1日 30(100)　12月2日 30(100)　12月3日 30(100)　12月4日 30(100)　12月5日 30(100)　12月6日 30(100)　12月7日 30(100)　12月8日 30(100)　12月9日 30(100)　12月10日 30(100)　12月11日 30(100)　12月13日 30(100)　12月14日 30(100)　12月15日 30(100)　12月16日 30(100)　12月17日 30(100)　12月19日 30(100)　12月20日 30(100)　12月21日 30(100)　12月22日 30(100)　12月24日 30(100)　12月25日 30(100)　12月27日 30(100)　12月28日 30(100)　12月29日 30(100)　12月30日 30(100)　12月31日 30(100)

1884年

1月1日 30(100)　1月2日 30(100)　1月4日 30(100)　1月5日 30(100)　1月7日 30(100)　1月8日 30(100)　1月9日 30(100)　1月10日 30(100)　1月11日 无市　1月12日 无市　1月14日 无市　1月15日 无市　1月16日 无市　1月17日 无市

2月2日 30(100)　2月6日 30(100)　2月7日 30(100)　2月9日 30(100)　2月11日 25(100)　2月13日 30(100)　2月15日 30(100)　2月16日 25(100)　2月18日 25(100)　2月19日 25(100)　2月21日 25(100)　2月26日 25(100)　2月27日 25(100)　2月28日 25(100)　2月29日 25(100)

3月2日 25(100)　3月9日 25(100)　3月10日 25(100)　3月11日 25(100)　3月12日 25(100)　3月13日 25(100)　3月14日 25(100)　3月15日 25(100)　3月16日 25(100)　3月17日 25(100)　3月19日 25(100)　3月20日 25(100)　3月21日 25(100)　3月26日 25(100)　3月27日 25(100)　3月28日 25(100)

4月1日 25(100)　4月2日 25(100)　4月3日 25(100)　4月6日 25(100)　4月7日 25(100)　4月8日 25(100)　4月10日 25(100)　4月13日 20(100)　4月16日 25(100)　4月18日 20(100)　4月20日 20(100)　4月22日 20(100)　4月23日 20(100)　4月24日 20(100)　4月27日 16(100)　4月30日 15(100)

5月2日 16(100)　5月3日 16(100)　5月6日 16(100)　5月10日 16(100)　5月11日 15(100)　5月13日 15(100)　5月15日 15(100)　5月17日 15(100)　5月22日 15(100)　5月24日 15(100)　5月31日 15(100)

6月2日 15(100)　6月3日 15(100)　6月4日 15(100)　6月5日 15(100)　6月7日 15(100)　6月8日 15(100)　6月10日 13(100)　6月13日 15(100)　6月15日 15(100)　6月17日 15(100)　6月18日 15(100)　6月21日 15(100)　6月22日 13.5(100)　6月23日 15(100)　6月25日 15(100)　6月28日 15(100)

7月1日 15(100)　7月2日 15(100)　7月3日 15(100)　7月4日 15(100)　7月5日 15(100)　7月6日 15(100)　7月7日 15(100)　7月8日 15(100)　7月9日 15(100)　7月10日 15(100)　7月11日 15(100)　7月13日 15(100)　7月15日 15(100)　7月16日 15(100)　7月18日 15(100)　7月20日 15(100)　7月21日 15(100)　7月22日 15(100)　7月23日 15(100)　7月24日 15(100)　7月25日 15(100)　7月27日 15(100)　7月29日 15(100)　7月30日 15(100)　7月31日 15(100)

8月1日 15(100)　8月2日 15(100)　8月3日 15(100)　8月4日 15(100)　8月5日 15(100)　8月6日 15(100)　8月7日 15(100)　8月8日 15(100)　8月11日 15(100)　8月14日 15(100)　8月18日 15(100)　8月26日 15(100)

9月2日 15(100)　9月6日 15(100)　9月7日 15(100)　9月12日 15(100)　9月17日 15(100)　9月19日 15(100)　9月21日 15(100)　9月25日 15(100)　9月28日 15(100)

10月1日 15(100)　10月4日 15(100)　10月8日 15(100)　10月9日 15(100)　10月10日 15(100)　10月21日 15(100)　10月25日 15(100)

11月3日 15(100)　11月12日 15(100)　11月13日 15(100)　11月17日 15(100)　11月19日 15(100)

12月8日 15(100)　12月10日 10(100)　12月11日 10(100)　12月12日 10(100)　12月13日 10(100)　12月15日 10(100)　12月17日 10(100)　12月18日 10(100)　12月19日 10(100)　12月21日 10(100)　12月26日 10(100)　12月27日 10(100)　12月28日 10(100)

1885年

1月1日 10(100)　1月2日 10(100)　1月5日 10(100)　1月6日 10(100)　1月8日 10(100)　1月10日 10(100)　1月11日 10(100)　1月12日 10(100)　1月13日 10(100)　1月14日 10(100)　1月15日 10(100)　1月18日 10(100)　1月19日 10(100)　1月21日 10(100)　1月23日 10(100)　1月24日 10(100)　1月25日 10(100)　1月26日 10(100)　1月27日 10(100)　1月28日 10(100)　1月29日 10(100)　1月30日 10(100)　1月31日 10(100)

2月1日 10(100)　2月2日 10(100)　2月3日 10(100)　2月4日 10(100)　2月5日 10(100)　2月6日 10(100)　2月7日 10(100)　2月8日 10(100)　2月9日 10(100)　2月11日 10(100)　2月19日 10(100)　2月20日 10(100)　2月21日 10(100)　2月22日 10(100)　2月23日 10(100)　2月24日 10(100)　2月25日 10(100)　2月26日 10(100)　2月27日 10(100)　2月28日 10(100)

3月1日 10(100)　3月2日 10(100)　3月8日 10(100)　3月9日 10(100)　3月10日 10(100)　3月11日 10(100)　3月12日 10(100)　3月14日 3(100)　3月15日 3(100)　3月16日 3(100)　3月17日 3(100)　3月20日 2(100)　3月21日 2.5(100)　3月22日 3.5(100)　3月23日 3.75(100)　3月25日 3.75(100)　3月26日 3.75(100)　3月27日 3.75(100)　3月28日 3.75(100)　3月29日 3.75(100)　3月30日 3.75(100)

4月1日 3(100)　4月2日 3(100)　4月3日 3(100)　4月4日 3(100)　4月5日 3(100)　4月6日 2.5(100)　4月7日 2.5(100)　4月8日 3(100)　4月9日 3(100)　4月11日 3(100)　4月13日 3(100)　4月14日 3(100)　4月15日 3(100)　4月16日 3(100)　4月18日 3(100)　4月19日 3(100)　4月22日 3(100)　4月23日 3(100)　4月25日 3(100)　4月28日 3(100)

5月3日 3(100)　5月4日 3(100)　5月5日 3.25(100)　5月6日 3.25(100)　5月8日 3(100)　5月9日 3(100)　5月10日 3(100)　5月11日 3(100)　5月12日 3(100)　5月14日 3(100)　5月15日 3(100)　5月19日 3(100)　5月21日 3(100)　5月23日 3(100)　5月27日 3.5(100)　5月28日 3.5(100)　5月31日 3.5(100)

6月5日 3.5(100)　6月6日 3.5(100)　6月7日 3.5(100)　6月8日 3.5(100)　6月9日 3.5(100)　6月10日 3.5(100)　6月11日 3.5(100)　6月12日 3.5(100)　6月13日 4(100)　6月14日 4(100)　6月17日 4(100)　6月18日 4(100)　6月19日 4(100)　6月20日 4(100)　6月21日 4(100)　6月23日 4(100)　6月24日 4(100)　6月25日 4(100)　6月26日 5(100)　6月27日 5.5(100)　6月28日 5.5(100)　6月29日 5.5(100)　6月30日 5.5(100)

7月1日 5.5(100)　7月5日 5.5(100)　7月6日 5.5(100)　7月7日 5(100)　7月8日 5(100)　7月9日 5(100)　7月10日 5(100)　7月14日 5(100)　7月17日 5(100)　7月18日 5(100)　7月20日 5(100)　7月25日 5(100)　7月27日 5(100)　7月28日 4(100)　7月29日 4(100)　7月31日 4(100)

8月1日 4(100)　8月2日 4(100)　8月3日 4(100)　8月8日 4(100)　8月10日 4(100)　8月11日 4(100)　8月13日 4.25(100)　8月16日 4.25(100)　8月19日 4(100)　8月22日 4(100)　8月24日 4(100)　8月27日 4(100)　8月31日 4(100)

9月3日 4(100)　9月5日 4(100)　9月9日 4(100)　9月11日 4(100)　9月13日 4(100)　9月14日 4(100)　9月16日 4(100)　9月18日 4(100)　9月20日 4(100)　9月21日 4.5(100)　9月27日 4.5(100)　9月30日 4.5(100)

10月2日 4.5(100)　10月6日 4.5(100)　10月11日 4(100)　10月17日 4(100)　10月25日 4(100)

11月4日 4(100)　11月5日 4(100)　11月11日 4(100)　11月14日 4(100)　11月19日 4(100)　11月24日 4(100)　11月26日 4(100)　11月27日 4(100)　11月29日 4(100)

12月1日 4(100)　12月2日 4(100)　12月3日 4(100)　12月8日 4(100)　12月10日 4(100)　12月13日 4(100)　12月15日 4(100)　12月16日 4(100)　12月27日 4(100)　12月30日 4(100)

1886年

1月1日 4(100)　1月2日 4(100)　1月4日 4(100)　1月5日 4(100)　1月6日 4(100)　1月7日 4(100)　1月9日 4(100)　1月10日 4(100)　1月13日 4(100)　1月19日 4(100)　1月29日 4(100)

2月14日 2月19日 2月20日 2月28日
4(100) 4(100) 4(100) 4(100)

3月3日 3月4日 3月5日 3月6日 3月8日 3月9日 3月10日 3月12日 3月13日 3月15日 3月22日 3月24日 3月25日 3月27日 3月28日 3月29日 3月30日
4(100) 4(100) 4(100) 4(100) 4(100) 4(100) 4(100) 4(100) 4(100) 4(100) 4(100) 4(100) 4(100) 4(100) 4(100) 4(100) 4(100)

4月1日 4月2日 4月3日 4月4日 4月9日 4月11日 4月15日 4月16日 4月17日 4月20日 4月21日 4月25日 4月26日 4月28日 4月29日 4月30日
4(100) 4(100) 4(100) 4(100) 4(100) 4(100) 4(100) 4(100) 4(100) 4(100) 4(100) 4(100) 4(100) 4(100) 4(100) 4(100)

5月3日 5月4日 5月9日 5月10日 5月12日 5月13日 5月16日 5月18日 5月19日 5月22日 5月23日
4(100) 4(100) 4(100) 4(100) 4(100) 4(100) 4(100) 4(100) 4(100) 4(100) 4(100)

6月3日 6月14日 6月19日 6月29日 6月30日
4(100) 4(100) 4(100) 4(100) 4(100)

7月1日 7月2日 7月3日 7月4日 7月9日 7月11日 月12日 7月13日 7月19日 7月20日 7月24日
4(100) 4(100) 4(100) 4(100) 4(100) 4(100) 4(100) 4(100) 4(100) 4(100) 4(100)

8月2日 8月19日
4(100) 4(100)

9月9日 9月19日
4(100) 4(100)

10月19日 10月25日 10月30日
4(100) 4(100) 4(100)

11月29日
4(100)

12月24日 12月30日
3.5(100) 3.5(100)

1887年
1月2日 1月9日
3.5(100) 3.5(100)

资料来源:《申报》逐年摘录。

附录六:工部局电气处账目总览表(1893—1928)

1893 年工部局电气处账目

支出		收入	
工资	2 635.93	照明收费	10 944.34
杂费	392.08	器材出售	2 972.35
煤	1 784.11		
火险	81.03		
租税	615.52		
维修	299.82		
保养	1 191.4		
利息	898.65		
偿债基金	6 018.15		
总计	13 916.69	总计	13 916.69

1893 年工部局电气处资产负债表

资产			
存余			11 022.7
弧光灯设备	24 287		
新增	1 440		
		25 727.31	
白炽灯设备	30 713		
新增	850.5		
		31 563.57	
电气材料和仓储		17 653.57	
有价证券		51	
			74 995.45
总计			86 018.15

负债		
债券		80 000
设备折旧	1 833	
偿债款项	4 185.15	
		6 018.15
总计		86 018.15

1894 年电气处收支预算 单位:两

收入		支出	
弧光灯收入	22 820	工资	8 568
白炽灯收入	13 750	杂费	1 160
		煤	7 537
		火险	200
		租税	1 850
		维修	1 400
		保养	2 710
		利息	4 400
总计	36 570	总计	27 825
设备折旧按 10%估计	5 707		
净利润	3 038		

1894 年工部局电气处账目

支出		收入	
工资	8 629.36	照明收费	36 550.52
杂费	1 100.83	器材出售	3 194.06
煤	8 982.67		
火险	300		
租税	1 882.08		
维修	630.62		
保养	3 955.74		
利息	4 400		
偿债基金	9 863.28		
总计	39 744.58	总计	39 744.58

1894 年工部局电气处资产负债表

资产			
存余			26 537.14
弧光灯设备	25 727		
新增	5 341		
		31 068.26	
白炽灯设备	31 564		
新增	14 374		
		45 937.4	
电气材料和仓储		16 820.69	
有价证券		861.77	
新电厂房屋土地建设	8 307		
契约合同	26 500		
		34 806.62	
			129 494.74
总计			156 031.88

负债		
1893 年债券	80 000	
1894 年债券	60 000	
		140 000
1893 年偿债基金	6 018.15	
利息	150.45	
	6 168.6	
1894 年偿债基金	9 863.28	
		16 031.88
总计		156 031.88

1895 年电气处收支预算 单位:两

收入		支出	
弧光灯收入	24 800	工资	9 320
白炽灯收入	16 500	杂费	975
		煤	13 500
		火险	300
		租税	1 850
		维修	2 100
		保养	3 220
		1893 年发行债券利息 5.5%	4 400
		1894 年发行债券利息 6%	3 600
总计	41 300	总计	39 265
利润 2 035			
用于设备折旧估计和偿债基金			

1895 年工部局电气处账目

支出		收入	
工资	9 590.18	照明收费	
杂费	636.81	器材出售	48 115.57
煤	12 576.11		
火险	425.76		
租税	1 886.34		
维修	1 148.67		
保养	5 504.81		
利息	8 937.5		
偿债基金	7 409.39		

1895 年工部局电气处资产负债表

资产			
存余			26 122.58
弧光灯设备	31 086		
新增	30 067		
		61 135.63	
白炽灯设备	45 937		
新增	32 682		
		78 620.14	
电气材料和仓储		31 481.87	
有价证券		1 261.09	

负债		
1893 年债券	80 000	
1894 年债券	60 000	
1895 年债券	75 000	
		215 000
偿债基金	16 031.9	
利息	157.97	
	16 189.9	
1895 年偿债基金	7 409.39	
		23 599.24

1896 年电气处收支预算 单位:两

收入		支出	
弧光灯收入	26 420	工资	9 696
白炽灯收入	24 000	杂费	800
		煤	9 900
		火险	538
		租税	700
		维修	2 100
		保养	3 899
		1893 年发行债券利息 5.5%	4 400
		1894 年发行债券利息 6%	3 600

(续表)

1895 年工部局电气处账目

支出		收入	
总计	48 115.57	总计	481 15.57

1895 年工部局电气处资产负债表

资产				负债		
家具	117.52					
1894 年电厂房屋土地	34 807					
年度房屋土地建设	5 054					
		39 860.41				
			212 476.66			
总计			238 599.24	总计		2 388 599.24

1896 年电气处收支预算 单位:两

收入		支出	
		1895 年发行债券利息 5%	3 750
总计	50 420	总计	39 383
利润:11 037			
用于设备折旧估计和偿债基金			

1896 年工部局电气处账目

支出		收入	
工资	10 700.43	照明收费	
杂费	1 233.51	器材出售	56 430.99
煤	11 484.9		
火险	660.44		
租税	810.7		
维修	759.16		
保养	6 506.16		
偿债基金	12 525.69		
总计	56 430.99	总计	56 430.99

1896 年工部局电气处资产负债表

资产				负债		
存余			2 664.86	1893 年债券	80 000	
弧光灯设备	61 136			1894 年债券	60 000	
新增	11 471			1895 年债券	75 000	
出售旧弧光灯设备器材	3 985	68 622.08				215 000
白炽灯设备	78 620			1895 年偿债基金	23 599.2	
新增	18 458			利息	809.49	
出售旧的白炽灯设备器材	1 535	95 942.67			24 408.7	
电气材料和仓储		37 532.61		1896 年偿债基金	12 525.7	
有价证券		158.8				36 934.42
友宁保险		184.33				
家具		347.32				
1895 年来电厂房屋土地	39 860					
年度房屋土地建设	7 021					
		46 881.75				
			249 269.56			
总计			251 934.42	总计		251 934.42

1897 年电气处收支预算 单位:两

收入		支出	
弧光灯收入	28 860	工资	11 139
白炽灯收入	25 800	杂费	840
		煤	11 328
		火险	538
		租税	60
		维修	1 400
		保养	4 495
		1893 年发行债券利息 5.5%	4 400
		1894 年发行债券利息 6%	3 600
		1895 年发行债券利息 5%	3 750
总计	54 660	总计	42 150
利润:12 510			
用于设备折旧估计和偿债基金			

1897 年工部局电气处账目

支出		收入	
工资	12 003.7	照明收费	
杂费	752.88	器材出售	78 179.84
煤	14 752.83	友宁保险	
火险	618.38	公司投保	
租税	67.51	分红	11.84
维修	1 040.28		
保养	7 549.29		
利息	13 525.58		
偿债基金	27 881.23		
总计	78 191.68	总计	78 191.68

1897 年工部局电气处资产负债表

资产				负债		
存余			3 292.31	1893 年债券	80 000	
弧光灯设备	68 622			1894 年债券	60 000	
新增	3 862			1895 年债券	75 000	
		72 483.96				215 000
白炽灯设备	95 543			1896 年偿债基金	36 934.4	
新增	5 750			利息	976.34	
		101 292.87			37 910.8	
电气材料和仓储		52 740.29		1897 年偿债基金	27 881.2	
有价证券		3 437.59				65 791.99
友宁保险		184.33				
家具		347.32				
1896 年来电厂房屋土地建设	46 882					
年度房屋土地建设	131.6					
		47 013.32				
			277 499.68			
总计			280 791.99	总计		280 791.99

1898 年电气处收支预算 单位:两

弧光灯		白炽灯	
收入	支出	收入	支出
私人照明 2 000	贷款利息 42%of 11 750	4 800 每盏 7.5	贷款利息 58%11 750
公共照明	4 935	36 000	6 815
122 盏 250 两每年	费用 580		费用 580
30 500	煤 11 200		煤 10 020
20 盏半年 2 500	火险 265		保险 367
总计 33 000	租税 35		维修 882
35 000	维修 600		租税 35
	保养 5 330		保养 3 100
	工资 6 250		工资 6 250
	设备折旧 7% on 72 484		设备折旧 7%on 101 293
	5 074		房屋折旧 3%585
	房屋折旧 3% 585		总计 35 724
	总计 34 854		

1898 年工部局电气处账目

支出		收入	
工资	12 269.85	照明收费	
杂费	2 232.97	器材出售	87 638.71
煤	22 695.95		
火险	1 194.76	友宁保险	
租税	109.71	公司投保	

1898 年工部局电气处资产负债表

资产			负债		
			1893 年债券	80 000	
			偿还	65 000	
弧光灯设备	72 484		1894 年债券	60 000	
新增	9 545		1895 年债券	75 000	
		82 028.84	1898 年债券	60 000	210 000
白炽灯设备	1E+05		1897 年偿债基金	65 792	

1899 年电气处收支预算 单位:两

弧光灯		白炽灯	
收入	支出	收入	支出
私人照明 3 750	收支平衡	11 000 盏	收支平衡 9 529
公共照明		6 402	38 000
141 盏 250 两每年	费用 1 000		费用 1 000
35 250	煤 13 000		煤 12 500

(续表)

1898 年工部局电气处账目

支出		收入	
维修	2 432.68	分红	12.2
保养	5 927.84		
偿债基金	27 188.72		
总计	87 650.91	总计	87 650.91

1898 年工部局电气处资产负债表

资产

新增	6 739		
		108 031.69	
电气材料和仓储		40 673.57	
有价证券		1 495.93	
友宁保险		184.33	
家具		366.32	
1897 年来电厂房屋土地建设	47 013		
年度房屋土地建设	39.51		
		47 052.83	
			279 833.51
资产平衡			26 576.03
总计			306 409.54

负债

利息	3 428.83	
	69 200.8	
1898 年偿债基金	27 188.7	
		96 409.54
总计		306 409.54

1899 年电气处收支预算 单位：两

弧光灯 收入	弧光灯 支出	白炽灯 收入	白炽灯 支出
总计 39 000	火险 890		保险 1 016
	租税 120		租税 120
	维修 900		保养 1 800
	保养 3 500		工资 5 500
	工资 6 400		设备折旧 7%on 106 800
	设备折旧 7% on 87 500		7 476
	6 125		房屋折旧 3%24 000
	房屋折旧 3% on 24 000 720		720
	6 845		总计 39 661
	总计 39 057		

1899 年工部局电气处账目

支出		收入	
工资	12 854.73	照明收费	
利息	9 945.97		
杂费	1 043.96	器材出售	80 125.91
煤	18 842.51		
火险	1 018.89	友宁保险	
租税	114.29	公司投保	
维修	6 261.26	分红	12.98
保养	4 888.91		
偿债基金	25 168.37		
总计	80 138.89	总计	80 138.89

1899 年工部局电气处资产负债表

资产

弧光灯设备	82 029		
新增	2 222		
			84 251.26
白炽灯设备	1E+05		
新增	53 227		
			161 259.03
电气材料和仓储		41 695.76	
有价证券		952.58	
友宁保险		184.33	
家具		366.32	
1898 年来电厂房屋土地建设	47 053		
年度房屋土地建设	663.3		
		47 716.13	
			90 915.12
总计			336 425.41

负债

1893 年债券	80 000	
偿还	65 000	
1894 年债券	60 000	
1895 年债券	75 000	
1898 年债券	60 000	
1898 年偿债基金	96 409.5	
利息	209.25	
1899 年偿债基金	25 168.4	
透支	4 638.25	
总计		336 425.41

1900 年电气处收支预算 单位：两

弧光灯 收入	弧光灯 支出	白炽灯 收入	白炽灯 支出
私人照明 3 750	收支平衡	14 000 盏	收支平衡 1 810
公共照明	7 619	48 760	
144 盏 250 两每年	杂费 600		杂费 600
36 000	煤 10 000		煤 10 000
	火险 450		保险 850
总计 39 750	租税 60		
	维修 3 000		租税 60
	保养 3 600		保养 1 300
	工资 6 430		工资 7 000
	折旧 20% on 18 455		折旧 15%on 108 265
	3 691		15 440
	总计 39 750		总计 48 760

1900 年工部局电气处账目

支出		收入	
工资	138 686.68	照明收费	
利息	11 180.37		
杂费	1 234.61	器材出售	94 901.24
煤	21 957.16		
火险	1 031.81	友宁保险	
租税	172.36	公司投保	
维修	6 979.41	分红	14.3
保养	5 007.23		
偿债基金	33 483.91		
总计	94 915.54	总计	94 915.54

1900 年工部局电气处资产负债表

资产

弧光灯设备	84 251		
新增	279.4		
			84 530.68
白炽灯设备	2E+05		
新增	2 337		
			163 596.21
电气材料和仓储		54 913.86	
有价证券		249.58	
友宁保险		184.33	
家具		369.68	
1899 年来电厂房屋土地建设	47 716		
年度房屋土地建设	72		
		47 788.13	
			103 505.58
总计			351 632.47

负债

1893 年债券	80 000	
偿还	65 000	
1894 年债券	60 000	
1895 年债券	75 000	
1898 年债券	60 000	
1900 年偿债基金	33 483.91	
利息	221.5	
收支平衡	95 787.16	
透支	4 638.25	
总计		351 632.47

1901 年电气处收支预算 单位：两

弧光灯 收入	弧光灯 支出	白炽灯 收入	白炽灯 支出
私人照明 4 200	收支平衡	1 800 盏	收支平衡 3 226
公共照明		7 424	60 400
144 盏 250 两每年	杂费 600		杂费 600
36 000	煤 12 500		煤 16 350
	火险 258		保险 774
总计 40 200	租税 90		利息 8 156
	维修 3 000		租税 90
	保养 3 600		保养 1 600
	工资 7 000		工资 7 000
	折旧 20% on 15 045		折旧 15%on 117 363
	3 009		17 604
			维修 5 000
	总计 40 200		总计 60 400

(续表)

1901 年工部局电气处账目

支出		收入	
工资	13 759.34	照明收费	
杂费	5 178.37	器材出售	103 334.14
煤	28 242.56		
火险	1 461.77	友宁保险	
租税	251.45	公司投保	
维修	8 273.37	分红	16.74
保养	4 647.71		
偿债基金	30 713.71		
总计	103 350.88	总计	103 350.88

1901 年工部局电气处资产负债表

资产			负债		
			1893 年债券	80 000	
			偿还	65 000	
弧光灯设备	15 045		1894 年债券	60 000	
新增	3 193		1895 年债券	75 000	
1900 年设备折旧 20%	3 009	15 229.14	1898 年债券	60 000	
白炽灯设备	1E+05		1900 年偿债基金	13 774.1	
新增	17 495		利息	232.57	
1900 年设备折旧 15%	17 604	117 253.84	1901 年偿债基金	30 713.7	
电气材料和仓储		52 855.21			
有价证券		9.76	白炽灯设备折旧	17 604.46	
友宁保险		184.33	弧光灯设备折旧	3 009.06	
家具		577.09	减去	20 613.5	
年度房屋土地建设					
		47 788.13			
收支平衡		209.34			
总计		234 106.84	总计		234 106.84

1902 年电气处收支预算　单位:两

支出		收入	
工资	16 000	公共照明	
利息	1 100	私人照明	113 950
杂费	580		
煤	2 140		
火险	100		
租税	280		
维修	8 100		
保养	4 100		
折旧	20 500		
偿债基金	24 170		
总计	113 950	总计	113 950

1902 年工部局电气处账目

支出		收入	
工资	15 890.62	照明收费	122 384.38
利息	10 287.83		
杂费	5 422.11	器材出售	1 643.81
煤	27 123.66		
火险	1 554.86	友宁保险	
租税	238.32	公司投保	
维修	5 772.95	分红	21.9
保养	6 929.03		
偿债基金	50 830.71		
总计	124 050.09	总计	12 400.09

1902 年工部局电气处资产负债表

资产			负债		
			1893 年债券	80 000	
			paid off on 31st december 1898	65 000	
弧光灯设备	15 229		1894 年债券	60 000	
新增	6 209		1895 年债券	75 000	
1901 年设备折旧 20%	3 046	18 392	1898 年债券	60 000	
白炽灯设备	1E+05		1901 年偿债基金	24 106.8	
新增	26 262				
1901 年设备折旧 15%	17 588	125 928	1902 年偿债基金	50 830.7	
电气材料和仓储		86 790.16			
有价证券		219.71	白炽灯设备折旧	17 587.94	
友宁保险		184.33	弧光灯设备折旧	3 045.84	
家具		813.09	减去	20 633.8	
本年度房屋土地建设			收支平衡	16 007.7	
		47 984.13			
总计		280 311.42	总计		280 311.42

1903 年电气处收支预算　单位:两

支出		收入	
工资	19 000	公共照明	39 000
利息	16 500	私人照明	79 250
杂费	3 500	器材出售	2 000
煤	35 156		
火险	1 700		
租税	350		
维修	5 000		
保养	7 500		
折旧	15 000		
偿债基金	16 544		
总计	120 250	总计	120 250

1903 年工部局电气处账目

支出		收入	
发电:			
杂费	1 623.06	售电	122 892.89
煤	38 005.28	电表租赁	2 469.72
火险	1 693	设备安装	5 780.43
保养	8 710.49		
维修	5 663.24		
工资	6 380.53		
输电:			
杂费	657.09		
火险	12.59		
保养	4 774.01		
维修	1 677.28		
工资	6 380.52		
租赁与税收	831.81		

1903 年工部局电气处资产负债表

资产			负债		
土地		7 919.4	1893 年偿债基金	15 000	
工厂 1902 年	39 608		1894 年偿债基金	60 000	
2%折旧	792.2		1895 年偿债基金	75 000	
1903 年新增	13 217		1898 年偿债基金	60 000	
变电站 1902 年	2 000		1903 年偿债基金	150 000	
2%折旧	40				360 000
1903 年新增	29.05		市政款项		67 785.75
		54 022.56	仓储补给		4 000
发电设备 1902 年	81 602		1902 年净收入	54 303.8	
出售	6 050		1903 年减少债务	2 069.66	
7%折旧	5 289				52 231.11
1903 年新增	97 442				
		167 705.39			
输电设备 1902 年	41 914				

1904 年电气处收支预算　单位:两

支出		收入	
工资	29 500	售电	137 500
利息	30 000	电表租赁	3 000
杂费	3 000	安装	2 000
煤	37 000		
火险	2 000		
租税	760		
维修	4 000		
保养	5 000		
折旧	11 000		
偿债基金	20 240		
总计	142 500	总计	142 500

(续表)

1903 年工部局电气处账目

支出		收入	
管理费用：		总计：	131 143.04
杂费	10 191.46		
工资	1 929.41		
折旧：			
房屋	792.17		
变电站	40		
发电设备	5 288.64		
输电设备	4 839.41		
家具	40.65		
偿债基金	31 611.8		
总计：	131 143.04		

1903 年工部局电气处资产负债表

资产			负债	
3%折旧	1 257			
1903 年新增	22 708			
		63 363.94		
室内配线 1902 年	13 000			
10%折旧	1 300			
1903 年新增	9 340			
		21 039.73		
变压器与传动装置 1902 年	18 261			
12.5%折旧	2 283			
1903 年新增	12 813			
		28 791.08		
公共照明设备		15 592.57		
家具设备 1902 年	813.1			
5%折旧	40.65			
1903 年新增	184.3	956.69		
储存品		122 281.87		
存煤		2 162.3		
友宁保险		184.33		
总计		484 019.86	总计	484 019.86

1904 年电气处收支预算 单位：两

支出	收入

1904 年工部局电气处账目

支出		收入	
发电：		售电	156 953.09
杂费	1 487.96	电表租赁	4 002.56
煤	51 257.12	设备安装	4 034.68
火险	2 089.98	发动机与	
保养	5 852.2	弧光灯出租	413.75
维修	4 863.45		
工资	11 098.41		
输电：			
杂费	1 442.66		
火险	19.03		
保养	2 651.51		
维修	4 209.77		
工资	11 217.2		
租赁与税收	876.93		
管理费用：			
杂费	2 242.48		
工资	13 382.96		
折旧：			
房屋	1 056.51		
变电站	40.58		
发电设备	5 354.91		
输电设备	10 005.89		
家具	49.87		
偿债基金	36 204.66		
总计：	165 404.08	总计：	165 404.08

1904 年工部局电气处资产负债表

资产			负债		
土地		7 919.4	1893 年偿债基金	15 000	
工厂 1903 年	52 034		1894 年偿债基金	60 000	
2%折旧	1 057		1895 年偿债基金	75 000	
1904 年新增	23 061		1898 年偿债基金	60 000	
变电站 1903 年	1 989		1903 年偿债基金	150 000	
2%折旧	40.58		1904 年偿债基金	120 000	480 000
1904 年新增	1 893		市政款项		137 268.43
		77 879.11	仓储补给		3 000
发电设备 1903 年	2E+05		1903 年净税收		52 234.11
出售	8 661		收支平衡		1 306.99
7%折旧	5 355				
1904 年新增	1E+05				
		257 341.35			
输电设备 1903 年	63 364				
3%折旧	1 939				
1904 年新增	39 197				
		100 622.46			
室内配线 1903 年	21 040				
10%折旧	2 234				
1904 年新增	19 787				
		38 592.58			
变压器与传动装置 1903 年	28 791				
12.5%折旧	3 884				
1904 年新增	14 432				
		39 338.48			
1903 年公共照明 15 592.57 新增	3 077.03	16 720.53			
家具设备 1903 年	956.7				
5%折旧	49.87				
1904 年新增	298.9	1 250.71			
储存品		109 394.28			
发动机与弧光灯出租		5 895.05			
友宁保险		184.33			
总计	673 809.53		总计		673 809.53

1905 年电气处收支预算 单位：两

支出		收入	
工资	40 000	售电	195 000
利息	39 000	电表租赁	6 900
杂费	7 000	安装	800
煤	47 000		
火险	3 000		
租税	1 200		
维修	9 000		
保养	8 000		
折旧	28 000		
电表替换	7 000		
偿债基金	13 500		
总计	202 700	总计	202 700

(续表)

1905 年工部局电气处账目

支出		收入	
发电:		售电	216 982.21
杂费	897.95	电表租赁	6 229.24
煤	65 360.41	设备安装	4 034.68
火险	2 812.48	发动机与	
保养	9 820.8	弧光灯出租	1 015.63
维修	7 117.29		
工资	14 870.67		
输电:			
杂费	1 866.67		
火险	25.41		
保养	2 343.92		
维修	3 003.73		
工资	16 579.35		
租赁与税收	1 216.48		
管理费用:			
杂费	2 616.84		
工资	16 805.71		
折旧:			
房屋	1 066.19		
变电站	78.44		
发电设备	12 431.97		
输电设备	14 885.38		
家具	64.81		
设备租赁	884.26		
偿债基金	49 477.69		
总计:	224 227.08	总计	224 227.08

1905 年工部局电气处资产负债表

资产		
土地		7 919.4
工厂 1904 年	74 038	
2%折旧	1 066	
1905 年新增	8 733	
变电站 1904 年	3 841	
2%折旧	78.44	
1905 年新增	2 116	
		87 583.23
发电设备 1904 年	3E+05	
出售	7 121	
7%折旧	12 432	
1905 年新增	53 162	
		290 950.92
输电设备 1904 年	1E+05	
3%折旧	3 115	
1905 年新增	37 728	
		135 235.85
室内配线 1904 年	38 593	
10%折旧	11 213	
1905 年新增	30 267	
		57 646.79
变压器与传动装置 1904 年	39 338	
12.5%折旧	8 934	
1905 年新增	13 985	
		44 389.17
1904 年公共照明 14 386.83 新增	4 900.23	19 287.06
家具设备 1904 年	1 206	
5%折旧	64.81	
1905 年新增	62.27	1 203.17
储存品		70 154.19
发动机与弧光灯出租		6 895.63
友宁保险		184.33
债权人		55 705.51
现金		1 073.9
总计		778 229.15

负债		
1893 年偿债基金	15 000	
1894 年偿债基金	60 000	
1895 年偿债基金	75 000	
1898 年偿债基金	60 000	
1903 年偿债基金	150 000	
1904 年偿债基金	120 000	
1905 年偿债基金	200 000	680 000
仓储补给		2 640.21
发动机与弧光灯存款		926.36
债权人		38 861.13
汇丰银行账目		5 977.79
1904 年偿债基金	53 541.1	
偿还	3 717.44	
		49 823.66
总计		778 229.15

1906 年电气处收支预算 单位:两

支出		收入	
工资	49 800	售电	276 000
利息	45 000	电表租赁	7 200
杂费	5 000	安装	1 600
煤	86 750		
火险	3 000		
租税	1 200		
维修	14 600		
保养	13 000		
折旧	28 000		
偶然性事件	3 200		
偿债基金	45 800		
总计	284 800	总计	284 800

1906 年工部局电气处账目

支出		收入	
发电:		售电	279 414.2
杂费	91.4	电表租赁	8 026.5
煤	81 128.45		
火险	3 079.65	发动机与	
保养	15 653.13	弧光灯出租	1 519.61
维修	12 702.25		
工资	16 116.91		
输电:			
杂费	2 429.04		
火险	25.42		
保养	1 884.54		
维修	3 394.11		
工资	19 221.43		

1906 年工部局电气处资产负债表

资产		
土地		24 600
工厂 1905 年	81 705	
2%折旧	1 692	
出售	2 280	
1906 年新增	14 345	
变电站 1905 年	5 878	
2%折旧	120.7	
		97 835.4
发电设备 1905 年	3E+05	
7%折旧	20 983	
1906 年新增	29 678	
		299 646.64

负债		
1893 年偿债基金	15 000	
1894 年偿债基金	60 000	
1895 年偿债基金	75 000	
1898 年偿债基金	60 000	
1903 年偿债基金	150 000	
1904 年偿债基金	120 000	
1905 年偿债基金	200 000	
1906 年偿债基金	189 000	869 000
仓储补给		735.55
发动机与弧光灯存款		1 746.85
债权人		22 003.3
储备基金		13 905.6
1905 年偿债基金	49 823.7	
净收益负债	17 303.1	

1907 年电气处收支预算 单位:两

支出		收入	
工资	49 800	售电	336 000
利息	515 000	电表租赁	10 000
杂费	9 450	安装	2 000
煤	90 000		
火险	3 000		
租税	1 200		
维修	18 300		
保养	14 860		
折旧	58 330		
其他	318 000		
偿债基金	30 000		
总计	348 000	总计	348 000

（续表）

1906 年工部局电气处账目

支出		收入	
租赁与税收	1 070.15		
管理费用：			
杂费	17 165.81		
工资	4 269.51		
折旧：			
房屋	1 692.4		
变电站	120.74		
发电设备	20 982.65		
输电设备	20 704.52		
家具	67.92		
设备租赁	1 025.67		
偿债基金	66 134.61		
总计	288 960.31	总计	288 960.31

1906 年工部局电气处资产负债表

资产			负债	
输电设备 1905 年	1E+05			67 126.78
3%折旧	4 246			
1906 年新增	32 383			
		163 372.03		
室内配线 1905 年	57 647			
10%折旧	6 539			
1905 年新增	15 496			
		66 603.71		
变压器与传动装置 1905 年	44 389			
12.5%折旧	6 973			
1906 年新增	15 395			
		44 389.17		
1905 公共照明 12.5%折旧后 16 340.84 新增	1 871.81	18 212.65		
家具设备 1905	1 203			
5%折旧	67.92			
1906 年新增	694.9	1 830.19		
储存品		78 108.43		
发动机与弧光灯出租		8 262.1		
友宁保险		184.33		
债权人		64 833.11		
现金		98 217.89		
总计		974 518.08	总计	974 518.08

1907 年电气处收支预算 单位：两

支出	收入

1907 年工部局电气处账目

支出		收入	
发电：		售电	335 886.46
杂费	299.45	电表租赁	10 242.5
煤	78 022.94		
火险	3 192.42	发动机与弧光灯出租	2 443.07
保养	12 081.82		
维修	12 056.37		
工资	21 884.3		
输电：			
杂费	3 797.77		
火险	25.42		
保养	2 543.3		
维修	2 521.79		
工资	21 124.78		
租赁与税收	2 039.71		
管理费用：			
杂费	24 034.31		
工资	2 250		
折旧：			
房屋	1 929.74		
变电站	120.74		
发电设备	23 924.2		
输电设备	25 383.94		
家具	102.68		
设备租赁	1 157.77		
偿债基金	105 866.38		
总计	348 572.03	总计	348 572.03

1907 年工部局电气处资产负债表

资产			负债		
土地		28 700	1893 年偿债基金	15 000	
工厂 1906 年	92 078		1894 年偿债基金	60 000	
2%折旧	1 930		1895 年偿债基金	75 000	
			1898 年偿债基金	60 000	
1907 年新增	98 373		1903 年偿债基金	150 000	
变电站 1906 年	5 758		1904 年偿债基金	120 000	
2%折旧	120.7		1905 年偿债基金	200 000	
1907 年新增	550		1906 年偿债基金	189 000	
			1907 年偿债基金	250 000	1 119 000
		194 707.53	仓储补给		1 716.59
发电设备 1906 年	3E+05		发动机与弧光灯存款		3 291.99
			债权人		86 057.02
7%折旧	23 924		储备基金		18 005.6
1907 年新增	2E+05		1906 年偿债基金	67 126.8	
出售	2 135	519 928.09	净收益负债	38 620	
输电设备 1906 年	2E+05				105 746.78
3%折旧	5 218				
1907 年新增	48 656				
		206 809.68			
室内配线 1906 年	66 604				
10%折旧	8 089				
1907 年新增	14 669				
		73 184.1			
变压器与传动装置 1906 年	52 812				
12.5%折旧	8 897				
1907 年新增	14 462				
		58 376.88			
1905 年公共照明 12.5%折旧后 15 032.45	新增 876.26	15 908.71			

1908 年电气处收支预算 单位：两

支出		收入	
发电		售电	
杂费	700	照明：每单位 0.105 两	
煤	91 100	总共 3 900 000 度	419 250
保养	9 000	牵引：每单位 0.48 和 0.46 两	
维修	14 000	总共 2 000 000 度	91 600
工资	33 318		
输电		电表租赁	15 000
杂费	3 000	发动机与弧光灯租赁	3 300
保养	5 000		
维修	6 000		
工资	30 394		
租税	5 500		
管理费用	43 600	总计	529 150
保险	5 000		
利息	83 000		
折旧	92 829		
过道	3 485		
偶然性事件	10 000		
偿债基金	93 224		
总计	529 150		

（续表）

1907 年工部局电气处账目

支出	收入

1907 年工部局电气处资产负债表

资产			负债	
家具设备 1906	1 830			
5%折旧	102.7			
1907 年新增	278.4	2 005.88		
储存品		88 137.45		
发动机与弧光灯出租		7 104.33		
友宁保险		184.33		
现金、银行存款等		119 772.24		
总计		1 333 818.06	总计	1 333 818.06

1908 年电气处收支预算 单位：两

支出	收入

1908 年工部局电气处账目

支出		收入	
发电：		售电	
杂费	566.62	照明等	385 731.19
煤	84 940.28	牵引	66 560.67
保养	11 951.86		452 291.86
维修	15 099.73	发动机与	
工资	31 906.36	弧光灯出租	2 573.47
通道	586.91	电表出租	12 704.03
输电：			
杂费	3 954.31		
保养	4 071.73		
维修	5 372.4		
工资	28 824.48		
租赁与税收	4 536.36		
保险	3 614.42		
管理费用：	39 606.31		
折旧：			
房屋、工厂	3 897.18		
变电站	131.76		
发电设备	28 279.68		
输电设备	30 227.88		
设备租赁	1 719.64		
家具	116.6		
摩托车与卡车	1 328.18		
偿债基金	166 636.64		
总计	467 569.36	总计	467 569.36

1908 年工部局电气处资产负债表

资产			负债		
土地		105 460.52	1893 年偿债基金	15 000	
工厂 1907 年	2E+05		1894 年偿债基金	60 000	
2%折旧	3 897		1895 年偿债基金	75 000	
老房子	23 237		1898 年偿债基金	60 000	
1908 年新增	37 159		1903 年偿债基金	150 000	
变电站 1907 年	6 187		1904 年偿债基金	120 000	
2%折旧	131.8	204 600.68	1905 年偿债基金	200 000	
发电设备 1907 年	5E+05		1906 年偿债基金	189 000	
7%折旧	28 280		1907 年偿债基金	250 000	
1908 年新增	1E+05		1908 年偿债基金	250 000	1 369 000
		636 567.24	暂借款		50 000
输电设备 1907 年	2E+05		发动机与弧光灯存款		6 737.47
3%折旧	6 678		债权人		39 759.25
1908 年新增	37 431		储备基金		21 530.01
室内配线 1907 年	73 184		仓储		345.41
折旧 10%	9 556		净收益负债		164 244.3
1908 年新增	27 127		土地		18 005.6
变压器与传动装置 1907 年	58 377				
12.5%折旧	10 705				
1908 年新增	11 671				
公共照明 1907	15 909				
12.5%折旧	3 290				
1908 年新增	15 163				
		415 443.66			
家具设备		5 318.8			
设备租赁		10 585.33			
摩托车与卡车		8 759.65			
存储品		188 455.24			
友宁保险		184.33			
现金、银行存款等		1 147.5			
债权人		91 636.81			
总计		1 669 622.31	总计		1 669 622.31

1909 年电气处收支预算 单位：两

支出		收入	
发电		售电	
杂费	600	照明：每单位 0.12 两	
煤	78 785	总共 3 220 000 度	38 644
保养	14 000	牵引：每单位 0.48 和 0.46 两	
维修	12 000	总共 750 000 度	35 700
工资	30 783		
输电		电表租赁	13 000
杂费	3 100	发动机与弧光灯租赁	3 000
保养	5 000		
维修	3 000		
工资	31 115		
租税	2 500		
管理费用	36 927	总计	438 100
保险	3 500		
利息	74 315		
折旧	66 000		
偶然性事件费用	10 000		
偿债基金	66 475		
总计	438 100		

1909 年工部局电气处账目

支出		收入	
发电：		售电	
杂费	664.63	照明等	408 904.19
煤	101 793.18	牵引	91 675.6
保养	9 187.99	总计	500 579.79
维修	11 479.38	发动机与	
工资	32 916.61	弧光灯出租	2 862.91
通道	924.89	电表出租	14 980.75

1909 年工部局电气处资产负债表

资产			负债		
土地		109 995.32	5%利率的债券	75 000	
工厂 1908 年	2E+05		5.5%利率的债券	15 000	
2%折旧	4 112		6%利率的债券	1 279 000	
1909 年新增	29 348		总计		1 369 000
变电站 1908 年	6 055		暂借款		120 000
2%折旧	131.8		汇丰银行透支		41 862.97
1909 年新增	286	229 990.19	存款账户		15 542.07

1910 年电气处收支预算 单位：两

支出		收入	
发电		售电	
杂费	800	照明：每单位 0.094 两	
煤	102.36	总共 5 256 000 度	494 064
保养	8 000	总共 5 256 001 度	
维修	14 000	总共 5 256 002 度	87 200
工资	33 990		
输电		电表租赁	17 000

（续表）

1909 年工部局电气处账目

支出		收入	
输电：			
杂费	2 848.88		
保养	8 723.47		
维修	4 332.89		
工资	30 721.83		
通道	1 233.7		
租赁与税收	5 671.45		
保险	4 401.16		
管理费用：	46 965.73		
折旧：			
房屋、工厂	4 112.26		
变电站	131.76		
发电设备	47 330.86		
输电设备	37 390.78		
设备租赁	1 526.19		
家具	288.07		
摩托车与卡车	2 098.82		
偿债基金	163 678.92		
总计	518 423.45	总计	518 423.45

1909 年工部局电气处资产负债表

资产			负债	
发电设备 1908 年	6E+05		杂项债权人	68 041.24
7%折旧	47 331		准备账户	18 005.6
1909 年新增	90 988		储备折旧金	48.22
		680 224.76	呆账	199.72
输电设备 1908 年	2E+05		净收益负债	239 800.06
3%折旧	7 800			
1909 年新增	74 013			
室内配线 1908 年	90 755			
折旧 10%	12 269			
1909 年新增	20 211			
变压器与传动装置 1908 年	59 343			
12.5%折旧	12 164			
1909 年新增	33 875			
公共照明 1908	27 782			
12.5%折旧	5 158			
1909 年新增	18 195			
		525 245.89		
家具设备		5 858.7		
设备租赁		20 872.64		
摩托车与卡车		7 139.49		
存储品		159 743.25		
友宁保险		184.33		
现金、银行存款等		1 147.5		
未使用设备		24 451		
运输设备存储		19 079.68		
悬账		2 602.61		
杂项债券与未收款项		88 964.52		
总计		1 875 499.88	总计	1 875 499.88

1910 年电气处收支预算　单位：两

支出		收入	
杂费	3 000	发动机与弧光灯租赁	4 000
保养	15 000		
工资	36 386		
租税	4 000		
管理费用	47 791	总计	602 264
保险	5 000		
利息	94 000		
折旧	111 000		
偶然性事件费用	20 000		
通道	2 500		
盈利	104 437		
总计	602 264		

1910 年工部局电气处账目

支出		收入	
发电：		售电	
杂费	861.53	照明等	479 111.02
煤	102 705.14	牵引	89 209.12
保养	6 115.97	总计	568 320.14
维修	11 184.98	发动机与	
工资	34 853.98	弧光灯出租	3 625.16
通道	612.71	电表出租	17 501.25
输电：		灯泡出售	679.54
杂费	3 675.32		
保养与维修	16 375.25		
工资	39 014.37		
通道	627.89		
租赁与税收	6 649.74		
保险	4 975.85		
管理费用：	59 433.58		
折旧：			
房屋、工厂	4 699.21		
变电站	137.47		

1910 年工部局电气处资产负债表

资产			负债		
土地		114 530.12	5%利率的债券	75 000	
工厂 1909 年	2E+05		5.5%利率的债券	15 000	
2%折旧	4 699		6%利率的债券	1 429 000	
1910 年新增	9 879		总计		1 519 000
变电站 1909 年	6 209				
2%折旧	137.5		汇丰银行透支		34 533.21
		235 032.37	存款账户		25 957.1
发电设备 1909 年	7E+05		杂项债权人		59 220.16
7%折旧	53 661		准备账户		18 005.6
1910 年新增	21 821		储备折旧金		72.5
		648 385.37	呆账		131.11
输电设备 1909 年	3E+05		净收益负债		338 258.15
3%折旧	10 048				
1910 年新增	76 922				
室内配线 1909 年	98 697				
折旧 10%	14 290				
1910 年新增	22 280				
变压器与传动装置 1909 年	81 055				
12.5%折旧	16 398				
1910 年新增	13 599				
公共照明 1909	40 818				
12.5%折旧	7 459				

1911 年电气处收支预算　单位：两

支出		收入	
发电		售电	
杂费	800	照明：每单位 0.098 两	
煤	114 654	总共 5 700 000 度	558 600
保养	7 000	牵引 2 500 000 度	95 088
维修	14 000	设备租赁	6 500
工资	32 560		
输电			
杂费	3 500		
保养	18 000		
工资	43 817		
租税	10 000		
管理费用	59 567	总计	660 188
保险	6 000		
利息	105 000		
折旧	131 256		
偶然性事件费用	10 000		
通道	650		
盈利	103 384		

（续表）

1910 年工部局电气处账目

支出		收入	
发电设备	53 660.66		
输电设备	48 191.94		
设备租赁	3 750.25		
家具	320.47		
摩托车与卡车	1 934.55		
偿债基金	190 333.23		
总计	590 126.09	总计	590 126.09

1910 年工部局电气处资产负债表

资产			负债	
1910 年新增	15 878			
		605 729.78		
家具设备		9 667.7		
设备租赁		27 391.64		
摩托车与卡车		5 204.94		
存储品		266 373.34		
友宁保险		184.33		
现金、银行存款等		1 294.7		
悬账		2 389.43		
杂项债券与未收款项		129 044.11		
总计		2 045 227.83	总计	2 045 227.83

1911 年电气处收支预算 单位：两

支出		收入	
总计	660 188		

1911 年工部局电气处账目

支出		收入	
发电：		售电	
杂费	353.16	照明等	544 834.94
煤	110 330.26	牵引	95 856.55
保养	9 576.02	总计	640 691.49
维修	9 346.32	发动机与	
工资	32 548.91	弧光灯出租	5 337.08
	162 154.67		
输电：		灯泡出售	2 789.95
杂费	5 459.1		
保养与维修	19 917.59		
工资	40 734.84		
通道	1 834.14		
租赁与税收	6 456.56		
保险	5 511.5		
管理费用：	70 961.19		
折旧：			
房屋、工厂	4 896.78		
变电站	137.47		
发电设备	60 275.96		
输电设备	54 123.6		
设备租赁	5 596.52		
家具	536.39		
摩托车与卡车	2 064.55		
偿债基金	208 148.66		
总计	648 818.52	总计	648 818.52

1911 年工部局电气处资产负债表

资产			负债	
土地		84 193.6	5%利率的债券	75 000
工厂 1910 年	2E+05		5.5%利率的债券	15 000
2%折旧	4 897		6%利率的债券	1 779 000
1911 年新增	2 093		总计	1 869 000
变电站 1910 年	6 072			
2%折旧	137.5			
1911 年新增	1 873		存款账户	34 059.35
江边电站	18 231	252 194.09	杂项债权人	53 101.53
发电设备 1910 年	6E+05			
7%折旧	60 276		储备折旧	3 000
1911 年新增	1E+05		呆账	928.46
江边电站	4 840	729 077.29		
输电设备 1910 年	4E+05		净收益负债	325 927.23
3%折旧	12 356		盈利	116 016.53
1911 年新增	63 208			
地缆	40 622			
室内配线 1910 年	57 031			
折旧 10%	7 796			
1911 年新增	11 368			
电表	50 941			
变压器与传动装置 1910 年	78 256			
12.5%折旧	15 815			
1911 年新增	16 459			
公共照明 1910	49 237			
12.5%折旧	9 444			
1911 年新增	4 768			
		698 028.41		
家具设备		14 505.05		
设备租赁		45 285.65		
摩托车与卡车		3 140.39		
存储品		325 889.61		
友宁保险		184.33		
现金、银行存款等		120 151.25		
杂项债权人		128 145.59		
悬账		1 237.84		
总计		2 403 038.1	总计	2 403 038.1

1912 年电气处收支预算 单位：两

支出		收入	
发电	190 670	售电	
输电	76 000	照明、电热、工业动力	567 000
租税	10 000	牵引	101 088
管理费用	74 750		
保险	7 000	设备租赁	7 600
利息	125 000		
折旧	134 000		
通道	1 500		
偶然性事件	10 000		
收支平衡	46 668		
总计	675 588	总计	675 588

（续表）

1912 年工部局电气处账目

支出		收入	
发电：		售电	
杂费	726.13	照明等	654 029.03
煤	137 366.81	牵引	100 478.03
保养	15 297.61	总计	754 507.06
维修	6 260.05	发动机与	
工资	34 093.33	弧光灯出租	5 619.81
通道	537.16		
输电：		灯泡出售	1 363.72
杂费	8 882.14		
保养与维修	34 485.03		
工资	44 460.9		
通道	1 744.99		
租赁与税收	7 681.13		
保险	5 243.95		
管理费用：	72 532.44		
折旧：			
房屋、工厂	4 938.64		
变电站	174.92		
发电设备	65 074.71		
输电设备	60 105.29		
设备租赁	8 588.72		
家具	805.07		
摩托车与卡车	2 064.55		
偿债基金	238 425.67		
总计	761 490.59	总计	761 490.59

1912 年工部局电气处资产负债表

资产			负债		
土地		102 135.95	5%利率的债券	75 000	
工厂 1911 年	2E+05		5.5%利率的债券	15 000	
2%折旧	4 939		6%利率的债券	2 029 000	
1912 年新增	505.1		总计		2 119 000
变电站 1911 年	7 807				
2%折旧	174.9				
1912 年新增	4 256		存款账户		76 296.6
江边电站	3E+05	496 561.49	杂项债权人		107 846.79
发电设备 1911 年	7E+05		汇丰透支		196 939.34
7%折旧	65 075		储备折旧		3 000
1912 年新增	29 991		呆账		1 440.96
江边电站	3E+05	964 369.65	斐伦路电厂设备折旧		50 000
输电设备 1911 年	4E+05		净收益负债		504 262.57
3%折旧	14 245				
1912 年新增	1E+05				
地缆	2E+05				
室内配线 1911 年	60 602				
折旧 10%	8 933				
1912 年新增	26 686				
电表	93 802				
变压器与传动装置 1911 年	78 900				
12.5%折旧	16 271				
1912 年新增	22 939				
公共照明 1911	44 561				
12.5%折旧	8 091				
1912 年新增	643.4				
工厂设备	1 826	997 367.23			
家具设备		16 771.77			
设备租赁		88 786.13			
摩托车与卡车		4 685.96			
存储品		226 608.24			
友宁保险		184.33			
现金、银行存款等		174.16			
杂项债权人		159 433.5			
悬账		1 707.85			
总计		3 058 786.26	总计		3 058 786.26

1913 年电气处收支预算 单位：两

支出		收入	
发电	267 200	售电	
输电	124 700	照明、电热、工业动力、牵引	965 000
租税	17 000		
管理费用	95 000		
保险	11 500	设备租赁	10 000
利息	143 100		
折旧	177 700		
通道	4 500		
偶然性事件	15 085		
特殊折旧	37 100		
利率	26 515		
收支平衡	55 600		
总计	975 000		
		总计	975 000

1913 年工部局电气处账目

支出		收入	
发电：		售电	
杂费	2 776.11	照明等	926 146.53
煤	231 985.41	牵引	84 510.68
保养	22 282.9	总计	1 010 657.21
维修	11 388.53	发动机与	
工资	52 961.47	弧光灯出租	7 329.08
通道	3 489.2		
输电：		灯泡出售	6 201.53
杂费	17 332.12		
保养与维修	51 848.1		
工资	62 561.83		
通道	2 505.41		
租赁与税收	10 808.58		

1913 年工部局电气处资产负债表

资产			负债		
土地		117 573.01	5%利率的债券	75 000	
斐伦路工厂	2E+05				
江边电站	29 442		6%利率的债券	2 644 000	
变电站	29 442		总计		2 719 000
		557 380.04			
发电设备	6E+05				
江边电站	4E+05		存款账户		124 894.97
斐伦路电厂悬账	23 052	1 023 908.89	杂项债权人		144 568.87
输电设备	7E+05		汇丰透支		196 243.15
电缆	3E+05		储备折旧		3 000
室内配线	1E+05		呆账		1 042.75
电表	2E+05		斐伦路电厂设备折旧		77 563
变压器与传动装置	1E+05		净收益负债		573 643.93
公共照明	34 021		金融买办透支		3 612.05

1914 年电气处收支预算 单位：两

支出		收入	
发电	502 000	售电	
输电	142 000	照明、电热、工业动力、牵引	1 434 750
租税	19 000		
管理费用	117 250		
保险	13 500	设备租赁	15 000
利息	195 000		
折旧	231 300		
通道	5 000		
偶然性事件	20 000		
特殊折旧	35 600		
利率	30 300		
收支平衡	138 800		
总计	1 449 750		
		总计	1 449 750

(续表)

1913 年工部局电气处账目

支出		收入	
保险	8 551.77		
展示厅	13 779.65		
管理费用:	88 720.87		
折旧:			
房屋、工厂			
变电站	10 524.99		
发电设备	81 978.44		
输电设备	74 009.4		
设备租赁	11 098.26		
家具	958.66		
摩托车与卡车	1 458.39		
偿债基金	258 587.48		
总计	1 019 610.57	总计	1 019 610.6

1913 年工部局电气处资产负债表

资产			负债	
工厂设备	4 543	1 410 054.52		
设备租赁		140 567.23		
摩托车与卡车		3 477.57		
家具设备		25 169.03		
存储品		324 456.95		
友宁保险		184.33		
杂项债权人		236 300.74		
悬账		4 486.41		
总计		3 843 568.72	总计	3 843 568.72

1914 年电气处收支预算　单位:两

支出	收入

1914 年工部局电气处账目

支出		收入	
发电:		售电	
杂费	1 638.27	照明等	1 264 659.92
煤	336 185.97	牵引	73 030.01
保养	26 127.96	总计	1 337 689.93
维修	13 913.65	发动机与	
工资	59 972.4	弧光灯出租	18 009.69
通道	3 489.2		
输电:		灯泡出售	1 299.85
杂费	19 589		
保养与维修	48 638.37		
工资	83 132.34		
通道	1 625.92		
租赁与税收	16 944.17		
保险	10 755.24		
展示厅	16 417.34		
管理费用:	114 662.09		
折旧:			
斐伦路电厂	4 968.8		
江边电厂	6 309.52		
变电站	616.33		
斐伦路发电设备	68 597.52		
江边发电设备	29 844.5		
输电设备:			
架空电线	22 951.17		
地缆	10 814.19		
室内配线	15 181.86		
电表	21 219.68	总计	1 356 999.47
变压器	23 919.55		
公共照明	7 761.32		
电厂设备	326.97		
设备租赁	18 958.18		
家具	1 426.45		
摩托车与卡车	819.01		
偿债基金	373 681.7		
总计	1 356 999.47		

1914 年工部局电气处资产负债表

资产			负债		
土地		124 075.88	5%利率的债券	75 000	
斐伦路工厂	2E+05		5.5%利率的债券	700 000	
江边电站	3E+05		6%利率的债券	2 644 000	
变电站	62 809		总计		3 419 000
		616 497.13	公共基金暂借款		200 000
斐伦路发电设备	5E+05				
江边电站	7E+05		存款账户		173 342.98
		1 231 727.63	杂项债权人		100 071.7
输电电线	8E+05		汇丰透支		176 183.41
地缆	6E+05		储备折旧		3 000
室内配线	1E+05		呆账		2 829.82
电表	2E+05		斐伦路电厂设备折旧		114 734.34
变压器与传动装置	2E+05		收支平衡		662 369.04
公共照明	41 755		金融买办透支		3 000
工厂设备	5 608	1 972 669.03			
设备租赁		168 980.58			
摩托车与卡车		5 308.56			
家具设备		30 133.56			
存储品		400 648.69			
友宁保险		184.33			
杂项债权人		296 920.59			
悬账		7 319.28			
其他设备与工具		3 122.73			
总计		4 857 587.99	总计		4 857 587.99

1915 年电气处收支预算　单位:两

支出		收入	
发电	558 865	售电	
输电	153 330	照明、电热、工业动力、牵引	1 761 457
租税	24 608		
管理费用	145 461		
保险	15 000	设备租赁	33 000
利息	250 750		
折旧	335 429		
通道	4 574		
偶然性事件	20 000		
特殊折旧	34 419		
收支平衡	252 021		
总计	1 794 457	总计	1 794 457

（续表）

1915 年工部局电气处账目

支出		收入	
发电：		售电	
杂费	1 356.16	照明等	1 624 187.54
煤	420 407.59	牵引	76 203.13
保养	37 158.8	总计	1 700 390.67
维修	21 847.64	发动机与	
工资	69 486.81	弧光灯出租	27 423.67
通道	1 727.06		
输电：		灯泡出售	984.51
杂费	23 621.54		
保养与维修	55 207.2		
工资	85 964.33		
通道	579.67		
租赁与税收	20 001.41		
保险	11 770.07		
展示厅	22 176.25		
管理费用：	115 353.22		
折旧：			
斐伦路电厂	4 970.34		
江边电厂	7 048.57		
变电站	1 295.97		
斐伦路发电设备	68 915.42		
江边发电设备	56 066.25		
输电设备：			
架空电线	26 686.09		
地缆	19 857.97		
室内配线	18 378.93		
电表	24 162.35		
变压器	38 666.94		
公共照明	9 464.25		
电厂设备	424.4		
设备租赁	24 879.62		
家具	1 746		
摩托车与卡车	1 513.27		
各种器材	624.59		
偿债基金	537 440.14		
总计	1 728 798.85	总计	1 728 798.85

1915 年工部局电气处资产负债表

资产			负债		
土地		147 469.58			
斐伦路工厂	2E+05		5.5%利率的债券	1 175 000	
江边电站	3E+05		6%利率的债券	2 644 000	
变电站	87 079		总计		3 819 000
		633 980.75			
斐伦路发电设备	5E+05				
江边电站	7E+05		存款账户		224 228.66
		1 227 948.04	杂项债权人		145 537.51
输电电线	9E+05		汇丰透支		92 407.71
地缆	6E+05		储备折旧		10 000
室内配线	2E+05		呆账		5 494.71
电表	2E+05		斐伦路电厂设备折旧		125 646.03
变压器与传动装置	4E+05		收支平衡		921 278.46
公共照明	38 459				
工厂设备	5 963	2 223 556.41			
设备租赁		202 992.87			
摩托车与卡车		20 753.03			
家具设备		31 594.13			
存储品		393 489.86			
友宁保险		184.33			
杂项债权人		425 833.71			
悬账		26 366.78			
其他设备与工具		5 493.3			
现金、银行存款等		3 930.29			
总计		5 343 593.08	总计		5 343 593.08

1916 年电气处收支预算　单位：两

支出		收入	
发电	657 800	售电	
输电	170 882	照明、电热、工业动力、牵引	2 007 660
租税	25 600		
管理费用	138 253		
保险	16 000	设备租赁	35 000
利息	300 000		
折旧	346 803		
通道	1 255		
偶然性事件	20 000		
汇率	39 742		
特殊折旧	9 784		
收支平衡	316 541		
总计	2 042 660	总计	2 042 660

1916 年工部局电气处账目

支出		收入	
发电：		售电	
杂费	51 066.49	私人照明与动力	1 907 548.22
煤	594 861.9	牵引	77 927.77
		电热	22 499.72
维修	23 041.65	公共照明	68 889.22
工资	69 955.18	发动机租赁	35 503.06
通道	627.63	电表出租	659.35
输电：		灯泡出售	1 562.02
杂费	25 967.21		
保养与维修	59 418.65		
工资	94 357.82		
通道	1 175.05		
租赁与税收	22 637.95		
保险	12 529.3		

1916 年工部局电气处资产负债表

资产			负债		
土地	148 946.52		普通基金借款		5 069 000
厂房	928 914.85		5.5%利率的债券	1 175 000	
发电设备	2 168 325.1		6%利率的债券	3 894 000	
输电设备	3 263 997.69				5 069 000
各类器材	6 523.4		存款账户		290 021.38
设备租赁	327 503.22		杂项债权人		227 462.6
摩托车卡车	9 050.64		汇丰透支		12 392.38
电车	23 829.16		储备折旧		10 000
家具	40 843.51		呆账		5 494.71
存储	569 307.27		斐伦路电厂设备折旧		129 957.79
		7 487 241.36	折旧		1 428 376.99
友宁保险		184.33	收支平衡		1 263 639.68
杂项债权人		514 557.25	总计		8 441 137.03
悬账		9 512.54			

1917 年电气处收支预算　单位：两

支出		收入	
发电	1 165 655	售电	
输电	193 000	照明、电热、工业动力、牵引	2 685 182
租税	26 272		
管理费用	117 672		
保险	18 000	设备租赁	40 000
利息	386 020		
折旧	389 870		
通道	1 835		
偶然性事件	20 000		
汇率	55 277		
特殊折旧	11 748		
收支平衡	309 833		
总计	2 725 182	总计	2 725 182

(续表)

1916 年工部局电气处账目

支出		收入	
展示厅	147 169.89		
管理费用:	130 556.77		
折旧:			
厂房	13 930.85		
输电设备:			
电线	50 826.08		
室内配线	17 793.64		
电表	26 862.24		
变压器	56 545.38		
公共照明	10 125.72		
电厂设备	478.93		
设备租赁	32 241.12		
家具	1 906.33		
摩托车与卡车	1 383.27		
各种器材	1 223.58		
电车	2 156.62		
偿债基金	666 360.98		
总计	2 114 589.36	总计	2 114 589.36

1916 年工部局电气处资产负债表

资产		负债	
公共基金暂借款	400 000		
汇丰存款	29 641.55		
总计	8 441 137.03		

1917 年电气处收支预算 单位:两

支出	收入

1917 年工部局电气处账目

支出		收入	
发电:		售电	
杂费	2 961.98	私人照明与动力	2 630 298.86
煤	1 084 871.21	牵引	96 553.94
油、水、存储	68 457.05	电热	33 880.33
维修	41 675.92	公共照明	87 015.23
工资	79 719.22	发动机租赁	55 187.59
总计	1 277 686.08	电表出租	3 749.69
输电:		灯泡出售	2 039.06
杂费	28 917.19		
保养与维修	58 296.41		
工资	105 609.62		
通道	1 653.41		
租赁与税收	24 980.34		
保险	17 268.45		
展示厅	158 334.56		
管理费用:	143 414.41		
折旧:	387 761.87		
收支平衡	848 216.77		
总计	2 908 724.7	总计	2 908 724.7

1917 年工部局电气处资产负债表

资产			负债		
土地	295 016.09		普通基金借款		5 155 700
厂房	1 145 123.56		6.5%利率的债券	5 069 000	
发电设备	2 857 595.73		8%利率的债券	86 700	
输电设备	3 591 406.68				5 155 700
各类器材	8 586.56		存款账户		337 157.25
设备租赁	375 804.62		杂项债权人		322 066.84
摩托车卡车	5 646.09		汇丰透支		262 191.43
电车	34 136.54		储备折旧		10 000
家具	43 314.55		呆账		17 685.53
存储	648 541.64		买办透支		1 129.73
		9 005 172.06	折旧		1 724 144.73
友宁保险		184.33	净拨款		469 915.36
杂项债权人		673 515.87	普通储备基金		1 405 802.03
悬账		26 920.64			
总计		9 705 792.9	总计		9 705 792.9

1918 年电气处收支预算 单位:两

支出		收入	
发电	2 267 888		
		售电	
输电	197 500	照明、电热、工业动力、牵引	3 951 893
租税	30 392		
管理费用	178 797		
保险	20 000	设备租赁	60 000
利息	413 989		
折旧	450 008		
偶然性事件	20 000		
收支平衡	433 319		
总计	4 011 893	总计	4 011 893

1918 年工部局电气处账目

支出		收入	
发电:		售电	
杂费	1 410.31	私人照明与动力	3 539 506.27
煤	2 041 462.63	牵引	140 009.21
油、水、存储	84 272.01	电热	36 052.86
维修	40 641.12	公共照明	97 454.87
工资	91 589.77	发动机租赁	60 903.23
总计	2 271 376.34	电表出租	4 689.92
输电:		灯泡出售	1 466.13
杂费	30 857.77		
保养与维修	67 464.34		

1918 年工部局电气处资产负债表

资产		负债		
土地	419 123	普通基金借款		5 455 800
厂房	1 235 740.86	6.5%利率的债券	5 069 000	
发电设备	3 465 024.28	8%利率的债券	386 800	
输电设备	3 924 592.11			5 455 800
各类器材	11 158.69	存款账户		431 512.58
设备租赁	411 177.9	杂项债权人		342 542.49
摩托车卡车	9 640.69	汇丰透支		1 143 600.81
电车	28 085.8	储备折旧		10 000
家具	45 717.39	呆账		31 731.59
存储	831 187.76	买办透支		15 489.73

1919 年电气处收支预算 单位:两

支出		收入	
发电	2 221 693		
		售电	
输电	213 443	照明、电热、工业动力、牵引	4 052 235
租税	32 500		
管理费用	196 075		
保险	24 000	设备租赁	70 000
利息	536 401		
折旧	516 000		
偶然性事件	50 000		

(续表)

1918 年工部局电气处账目

支出		收入	
工资	115 662.48		
租赁与税收	28 259.05		
保险	20 699.29		
展示厅	169 257.18		
管理费用：	153 930.03		
折旧：	449 903.57		
收支平衡	726 602.47		
总计	3 880 082.49	总计	3 880 082.49

1918 年工部局电气处资产负债表

资产		负债	
	10 329 048.48	折旧	2 018 615.15
友宁保险	184.33	净拨款	303 053.36
杂项债权人	889 038.5	一般储备基金	1 512 388.29
悬账	46 462.49		
总计	11 264 733.8	总计	11 264 733.8

1919 年电气处收支预算 单位：两

支出		收入	
收支平衡	332 123		
总计	4 122 235	总计	4 122 235

1919 年工部局电气处账目

支出		收入	
发电：		售电	
杂费	7 384.08	私人照明与动力	4 085 266.55
煤	2 291 553.81	牵引	151 974.21
油、水、存储	104 212.78	电热	38 068.36
维修	35 318.76	公共照明	106 835.47
工资	133 781.01	发动机租赁	72 519.75
通道	2 307.29	电表出租	7 066.47
输电：		灯泡出售	1 147.22
杂费	38 092.57		
保养与维修	58 640.25		
工资	141 503.47		
通道	3 579.04		
租赁与税收	30 648.53		
保险	20 974.09		
展示厅	17 702.14		
管理费用：	201 370.77		
折旧：	519 255.74		
收支平衡	856 613.7		
总计	4 462 878.03	总计	4 462 878.03

1919 年工部局电气处资产负债表

资产			负债		
土地	450 657.99		普通基金借款		5 850 495
厂房	1 524 586.06		6.5%利率的债券	5 069 000	
发电设备	4 038 930.05		8%利率的债券	386 800	
输电设备	4 378 022.01		8.73%利率的债券	1 394 695	6 850 495
各类器材	9 383.74		存款账户		528 209.59
设备租赁	462 843.9		杂项债权人		566 804.33
摩托车卡车	20 850.53		汇丰透支		413 633.6
电车	29 085.8		储备折旧		10 000
家具	47 855.31		呆账		50 254.63
存储	718 012.44		买办透支		34 397.24
		11 670 227.73	折旧		2 450 135.78
友宁保险		280.33	净拨款		386 779.73
杂项债权人		1 213 103.81	一般储备基金		1 588 046.58
悬账		4 144.61			
总计		12 887 756.48	总计		12 887 756.48

1920 年电气处收支预算 单位：两

支出		收入	
发电	2 150 147	售电	
输电	263 500	照明、电热、工业动力、牵引	4 568 650
租税	35 000		
管理费用	245 000		
保险	25 000	设备租赁	80 000
利息	559 500		
折旧	585 000		
偶然性事件	50 000		
收支平衡	735 503		
总计	4 648 650	总计	4 122 235
			4 648 650

1920 年工部局电气处账目

支出		收入	
发电：		售电	
煤	2 205 434.36	私人照明与动力	4 831 985.62
工资	201 014.48	牵引	129 295.43
油、水、存储	194 645.22	电热	43 451.59
维修	33 013.64	公共照明	110 286.5
通道	10 076.02	发动机租赁	84 927.49
杂费	15 192.55	电表出租	9 743.39
输电：		灯泡出售	1 069.71
杂费	62 727.5		
保养与维修	101 927.29		
工资	190 275.4		
通道	6 111.95		
租赁与税收	32 230.69		
保险	27 636.99		
展示厅	264 536.01		
管理费用：	247 024.36		
折旧：	575 816.66		
收支平衡	1 290 121.07		
总计	5 210 759.83	总计	5 210 759.83

1920 年工部局电气处资产负债表

资产			负债	
土地	698 605.28		普通基金借款	9 886 707.73
厂房	1 644 976.54		债券	9 886 707.73
发电设备	4 781 835.41			
输电设备	5 216 554.2			
各类器材	20 142.52		存款账户	626 976.88
设备租赁	513 820.81		杂项债权人	569 022.56
摩托车卡车	43 438.44			
电车	31 546.22		储备折旧	10 000
家具	59 567.36		呆账	71 134.33
存储	1 047 342.48		买办透支	2 531.12
		14 057 819.26	折旧	2 832 397.71
友宁保险		230.33	平均股息账	243 000
杂项债权人		1 325 097.14	一般储备基金	1 332 970.63
悬账		84 901.88	净拨款	781 916.88
汇丰存款		882 116.04		
收支平衡		6 443.18		
总计		16 356 657.84	总计	16 356 657.84

1921 年电气处收支预算 单位：两

支出		收入	
发电	3 475 485	售电	
输电	421 500	照明、电热、工业动力、牵引	6 586 022
租税	60 000		
管理费用	293 450		
保险	32 000	设备租赁	117 000
利息	640 771		
折旧	700 000		
偶然性事件	50 000		
收支平衡	1 029 816		
总计	6 703 022	总计	6 703 022

(续表)

1921 年工部局电气处账目

支出		收入	
发电:		售电	
煤	2 300 139.74	私人照明与动力	5 904 635.46
工资	221 028.63	牵引	124 254.93
油、水、存储	215 710.02	电热	45 944.1
维修	21 425.97	公共照明	116 273.3
通道	22 808.59	发动机租赁	32 108.76
杂费	18 286.69	电表出租	12 018.79
输电:		灯泡出售	965.54
杂费	109 599.83		
保养与维修	17 862.1		
工资	158 533.99		
通道	17 862.1		
租赁与税收	86 833.75		
保险	34 570		
展示厅	307 611.34		
管理费用:	295 984.35		
折旧:	711 974.24		
收支平衡	1 863 610.55		
总计	6 286 201.38	总计	6 286 201.38

1921 年工部局电气处资产负债表

资产			负债	
土地	726 278.21		普通基金借款	1 489 710 773
厂房	2 646 748.44			
发电设备	7 371 523.24			
输电设备	7 030 856.14		汇丰透支	272 796.9
各类器材	34 758.84		存款账户	747 761.88
设备租赁	445 024.39		杂项债权人	470 398.5
摩托车卡车	40 927.11			
电车	34 532.08		储备折旧	10 000
家具	75 907.99		呆账	97 682.38
存储	2 269 515.31		买办透支	7 826.27
电话设备	46 685.47		折旧	2 940 245.8
工厂设备	34 758.84	20 771 468.73		
友宁保险		280.33	平均股息账	321 200
杂项债权人		1 466 865	一般储备基金	1 446 938.24
悬账		52 640.13	净拨款	1 048 525.12
			汇率	30 507.17
偿债基金		75 921.19	平衡	76 190.39
总计		22 367 175.44	总计	22 367 175.44

1922 年电气处收支预算 单位:两

支出		收入	
发电	3 113 795		
		售电	
输电	553 950	照明、电热、工业动力、牵引	7 283 770
租税	99 750		
管理费用	354 000		
保险	45 000	设备租赁	116 000
利息	976 457		
折旧	1 005 000		
偶然性事件	100 000		
收支平衡	1 151 818		
总计	7 399 770	总计	7 399 770

1922 年工部局电气处账目

支出		收入	
发电:		售电	
煤	2 381 215.14	私人照明与动力	6 864 315.33
工资	253 469.36	牵引	126 221.96
油、水、存储	244 807.88	电热	58 549.51
维修	72 026.92	公共照明	120 795.54
通道	7 714.8	发动机租赁	71 575.65
杂费	27 687.82	电表出租	10 867.92
输电:		灯泡出售	832.49
杂费	22 181.06		
保养与维修	174 116.65		
运输	66 413.34		
工资	255 577.09		
通道	19 367.41		
租赁与税收	98 343.67		
保险	65 472.28		
展示厅	13 103.37		
管理费用:	338 762.43		
折旧:	926 284.24		
电话等	4 054.18		
收支平衡	2 282 560.76		
总计	7 253 158.4	总计	7 253 158.4

1922 年工部局电气处资产负债表

资产			负债	
土地	780 481.26		普通基金借款	19 010 307.73
厂房	3 643 086.08		暂借款	1 000 000
发电设备	10 902 775.8			
输电设备	9 678 698.1		汇丰透支	1 059 999.16
各类器材	50 704.69		存款账户	1 015 518.39
设备租赁	495 553.9		杂项债权人	785 872.91
摩托车卡车	96 458.63			
电车	34 773.17		储备折旧	10 000
家具	86 019.37		呆账	111 735.18
存储	1 723 338.12		买办透支	9 665.69
电话设备	51 252.28		折旧	3 042 474.74
工厂设备	128 411.07	27 671 552.46	偿债基金	155 934.58
友宁保险		280.33	平均股息账	426 000
杂项债权人		1 733 540.3	一般储备基金	1 733 526.37
悬账		24 201.04	净拨款	1 222 031.24
			汇率	59 747.8
偿债基金		213 239.66	平衡	76 190.39
总计		29 624 813.79	总计	29 642 813.79

1923 年电气处收支预算 单位:两

支出		收入	
发电	3 673 937		
		售电	
输电	610 050	照明、电热、工业动力、牵引	8 809 260
租税	99 200		
管理费用	381 100		
保险	82 000	设备租赁	72 500
利息	1 286 622		
折旧	1 249 900		
偶然性事件	100 000		
收支平衡	1 398 951		
总计	8 881 760	总计	8 881 760

1923 年工部局电气处账目

支出		收入	
发电:		售电	
煤	2 770 741.81	私人照明、动力、电热	
工资	296 970.44		8 231 226.37
油、水、存储	285 552.48	牵引	124 266.07
维修	56 670.84	公共照明	132 038.53
通道	7 975.43	发动机租赁	82 959.35

1923 年工部局电气处资产负债表

资产		负债	
土地	779 223.4	普通基金借款	20 671 307.73
厂房	4 088 790.54	暂借款	350 000
发电设备	11 617 591.9		
输电设备	10 448 732.7	汇丰透支	940 620.27
各类器材	77 637.61	存款账户	976 277.66
设备租赁	504 077.63	杂项债权人	651 492.68

1924 年电气处收支预算 单位:两

支出		收入	
发电	3 820 600		
		售电	
输电	583 800	照明、电热、工业动力、牵引	9 425 700
租税	105 000		
管理费用	389 550		
保险	47 000	设备租赁	82 600

（续表）

1923 年工部局电气处账目

支出		收入	
杂费	22 939.64	电表出租	1 575.7
输电：		灯泡出售	382.84
杂费	21 259.95		
保养与维修	185 497.56		
运输	53 743.04		
工资	264 333.82		
通道	11 087.68		
租赁与税收	101 015.06		
保险	53 896.36		
展示厅	12 230		
管理费用：	352 579.82		
折旧：	1 234 761.96		
电话等	4 232.75		
收支平衡	2 836 960.22		
总计	8 572 448.86	总计	8 572 448.86

1923 年工部局电气处资产负债表

资产			负债	
摩托车卡车	91 005.43		保险	29 082.5
电车	24 707.44		储备折旧	10 000
家具	94 131.6		呆账	126 924.01
存储	1 689 276.51			
电话设备	54 650.92		折旧	3 545 937.61
工厂设备	129 337.03	29 599 162.77	偿债基金	251 256.08
友宁保险		280.33	平均股息账	500 000
杂项债权人		1 825 603.27	一般储备基金	2 128 019.21
悬账		16 845.64	净拨款	1 521 615.06
现金		42 040.96	汇率	35 520.64
偿债基金		254 120.48		
总计		31 738 053.45	总计	31 738 053.45

1924 年电气处收支预算 单位：两

支出		收入	
利息	1 574 350		
折旧	1 476 500		
偶然性事件	156 700		
收支平衡	1 354 800		
总计	9 508 300	总计	9 508 300

1924 年工部局电气处账目

支出		收入	
发电：		售电	
煤	2 614 347.43	私人照明、动力	8 810 346.47
工资	366 571.37	电热	84 195.24
油、水、存储	344 075.21	牵引	120 379.82
维修	161 530.33	公共照明	142 752.85
通道	15 735.43	发动机租赁	67 798.96
杂费	24 524.01	电表出租	1 553.94
输电：			
杂费	12 722.32		
保养与维修	299 583.56		
运输	47 944.64		
工资	122 637.49		
通道	29 174.64		
租赁与税收	94 502.06		
保险	46 855.36		
展示厅	17 412.88		
管理费用：	399 165.64		
折旧：	1 468 226.82		
电话等	6 680.92		
收支平衡	3 164 237.07		
总计	9 227 027.28	总计	9 227 027.28

1924 年工部局电气处资产负债表

资产			负债	
土地	782 114.32		普通基金借款	21 501 307.73
厂房	4 326 609.92			
发电设备	12 037 812			
输电设备	10 892 343		汇丰透支	28 097.48
各类器材	83 876.44		存款账户	1 081 998.7
设备租赁	483 023.23		杂项债权人	618 901.02
摩托车卡车	86 196.66		保险	65 796.45
电车	20 201.72		储备折旧	10 000
家具	102 987.01		呆账	142 324.09
存储	1 472 156.14			
电话设备	55 858.23		折旧	4 107 834.77
工厂设备	133 150.62	30 476 329.25	偿债基金	365 269.28
友宁保险		280.33	平均股息账	500 000
杂项债权人		1 811 008.35	一般储备基金	2 748 914.15
悬账		29 619.51	净拨款	1 482 977.39
现金		20 906.33	汇率	51 160.18
偿债基金		366 437.47		
总计		32 704 581.24	总计	32 704 581.24

1925 年电气处收支预算 单位：两

支出		收入	
发电	3 351 500		
		售电	
输电	581 000	照明、电热、工业动力、牵引	8 727 800
租税	91 900		
管理费用	476 500		
保险	55 600	设备租赁	61 500
利息	1 560 000		
折旧	1 501 200		
偶然性事件	156 400		
收支平衡	1 015 200		
总计	8 789 300	总计	8 789 300

1925 年工部局电气处账目

支出		收入	
发电：		售电	
煤	1 958 473.43	私人照明、动力	8 109 946.71
工资	477 948.65	电热	98 938.33
油、水、存储	26 575.73		
维修	257 594.01	公共照明	153 687.44
通道	31 820.19	发动机租赁	61 272.35
杂费	43 927.13	电表出租	1 666.28
输电：			
杂费	11 651.79		
保养与维修			
与工资	456 108.22		

1925 年工部局电气处资产负债表

资产		负债	
土地	813 091.89	普通基金借款	21 301 307.73
厂房	4 295 553.28		
发电设备	11 419 248.5		
输电设备	11 441 616.4		
各类器材	75 482.91	存款账户	1 225 254.73
设备租赁	543 210.33	杂项债权人	526 557.49
摩托车卡车	80 095.96	保险	119 082.62
电车	13 259.79	储备折旧	10 000
家具	110 972.72	呆账	158 769.49
存储	1 419 771.81	买办透支	19 009.46
电话设备	56 744.64	折旧	4 990 020.2

1926 年电气处收支预算 单位：两

支出		收入	
发电	3 393 950		
		售电	
输电	624 600	照明、电热、工业动力、牵引	9 685 300
租税	95 000		
管理费用	511 550		
保险	8 000	设备租赁	61 500
利息	1 560 000		
折旧	1 542 000		
偶然性事件	165 250		

(续表)

1925 年工部局电气处账目

支出		收入	
运输	33 586.53		
通道	12 697.96		
租赁与税收	84 686.42		
保险	33 830.68		
展示厅	23 753.36		
管理费用:	442 132.26		
折旧:	1 441 746.07		
电话等	7 317.29		
收支平衡	3 081 661.39		
总计	3 125 511.11	总计	3 125 511.11

1925 年工部局电气处资产负债表

资产			负债	
工厂设备	133 958.38	30 403 006.55	偿债基金	465 897.33
友宁保险		280.33	平均股息账	500 000
杂项债权人		1 722 872.5	一般储备基金	2 985 249.57
悬账		67 419.54	净拨款	1 427 666.12
汇丰存款		519 161.61	汇率	43 327.51
偿债基金		459 216.73		
悬账利息		600 184.99	总计	33 772 142.25
总计		33 772 142.25		

1926 年电气处收支预算 单位:两

支出		收入	
收支平衡	1 846 450		
总计	9 746 800	总计	9 746 800

1926 年工部局电气处账目

支出		收入	
发电:		售电	
煤	2 340 988.98	私人照明、动力	9 698 589.24
工资	469 707.96	电热	129 317.1
油水存储	32 999.59		
维修	396 181.62	公共照明	168 872.24
通道	24 451.86	发动机租赁	52 838.8
杂费	42 226.33	电表出租	1 604.1
输电:			
杂费	13 080.14		
保养与维修			
与工资	579 798.64		
运输	30 511.29		
通道	21 653.89		
租赁与税收	84 203.31		
保险	12 249.58		
展示厅	29 398.44		
管理费用:	487 121.83		
折旧:	1 538 923.53		
电话等	8 185.44		
收支平衡	3 939 539.05		
总计	10 051 221.48	总计	10 051 221.48

1926 年工部局电气处资产负债表

资产			负债	
土地	830 634.06		普通基金借款	21 301 307.73
厂房	4 369 382.16			
发电设备	11 485 406.3			
输电设备	12 757 709.7			
各类器材	67 620.08		存款账户	1 398 403.92
设备租赁	560 875.3		杂项债权人	325 666.02
摩托车卡车	84 973.73		保险	187 375.62
电车	13 259.79		储备折旧	10 000
家具	110 430.09		呆账	180 226.99
存储	1 518 698.61		买办透支	4 082.6
电话设备	59 041.74		折旧	5 902 174.46
工厂设备	135 409.16		偿债基金	738 869.1
无线设备	2 694.53	31 996 635.2		
友宁保险		280.33	平均股息账	500 000
杂项债权人		1 890 975.27	一般储备基金	2 975 395.48
悬账		116 730.43	净拨款	2 233 155.79
汇丰存款		673 350.81	汇率	56 212.52
偿债基金		734 713.2		
悬账利息		400 184.99	总计	35 812 870.23
总计		35 812 870.23		

1927 年电气处收支预算 单位:两

支出		收入	
发电	4 900 200		
		售电	
输电	767 300	照明、电热、工业动力、牵引	12 154 150
租税	89 500		
管理费用	552 950		
保险	13 000	设备租赁	51 500
利息	165 0000		
折旧	1 620 000		
偶然性事件	322 500		
收支平衡	2 290 200		
总计	12 205 650	总计	12 205 650

1927 年工部局电气处账目

支出		收入	
发电:		售电	
煤	3 298 268.45	私人照明、动力	11 017 901.15
工资	536 426.51	电热	207 046.08
油、水、存储	37 233.17		
维修	371 903.32	公共照明	180 059.58
通道	31169.5	发动机租赁	24 551.85
杂费	47 055.42	电表出租	1 571.34
输电:			
杂费	27 436.06		
保养与维修			
与工资	651 875.21		
运输	54 839.22		
通道	24 612.81		

1927 年工部局电气处资产负债表

资产			负债	
土地	1 677 595.48		普通基金借款	21 051 307.73
厂房	4 771 635.08			
发电设备	12 730 457.3		土地储备金	724 704.4
输电设备	13 803 586.4			
各类器材	65 579.75		存款账户	1 530 615.09
设备租赁	620 181.15		杂项债权人	341 354.58
摩托车卡车	79 193.08		保险	258 615.86
电车	12 932.88		储备折旧	10 000
家具	115 183.05		呆账	197 491.49
存储	1 229 265.25		买办透支	19 321.99
电话设备	59 250.87		折旧	6 908 263.12
工厂设备	135 409.16		偿债基金	816 087.98
无线设备	2 718.99		汇丰透支	443 004.54
灯具与拉线	328 032.77	35 630 665.18		
友宁保险		280.33	平均股息账	500 000

1928 年电气处收支预算 单位:两

支出		收入	
发电	4 937 700		
		售电	
输电	856 400	照明、电热、工业动力、牵引	12 452 000
租税	93 000		
管理费用	564 800		
保险	14 000	设备租赁	21 000
利息	1 680 000		
折旧	1 706 000		
偶然性事件	193 800		
收支平衡	2 427 300		

（续表）

1927 年工部局电气处账目

支出		收入	
租赁与税收	38 258.24		
保险	12 865.1		
展示厅	573 583.13		
管理费用：	530 687.37		
折旧：	1 596 463.22		
电话等	9 397.01		
收支平衡	4 069 743.63		
总计	11 431 130	总计	11 431 130

1927 年工部局电气处资产负债表

资产		负债	
杂项债权人	2 304 923.55	一般储备基金	3 615 429.83
悬账	99 191	净拨款	2 325 525.19
		汇率	102 947.41
偿债基金	809 609.15		
悬账利息	400 184.99		
总计	38 844 669.21	总计	38 844 669.21

1928 年电气处收支预算 单位：两

支出		收入	
总计	12 473 000	总计	12 473 000

1928 年工部局电气处账目

支出		收入	
发电：		售电	
煤	3 669 089.65	私人照明、动力	12 351 221
工资	539 148.25	电热	251 284.58
油、水、存储	37 492.91		
维修	358 080.3	公共照明	187 240.58
通道	30 069.76	发动机租赁	35 038.76
杂费	43 628.95	电表出租	3 371.55
输电：		其他设备出租	18 447.73
杂费	27 487		
保养与维修与工资	629 198.26		
运输	61 316.77		
通道	25 360.82		
租赁与税收	98 778.94		
保险	13 359.66		
展示厅	62 865.14		
管理费用：	514 263.84		
折旧：	1 713 611.88		
电话等	9 307.08		
收支平衡	5 013 544.99		
总计	12 846 604.2	总计	12 846 604.2

1928 年工部局电气处资产负债表

资产			负债	
土地	2 519 631.79		普通基金借款	20 801 307.73
厂房	4 996 859.09			
发电设备	13 974 167.4		土地储备金	722 878.47
输电设备	15 171 243.2		暂借款	900 000
各类器材	45 109.27		存款账户	1 705 003.36
设备租赁	679 381.89		杂项债权人	354 195.49
摩托车卡车	82 037.15		保险	339 683.66
电车	9 565.29		储备折旧	10 000
家具	126 710.89		呆账	219 301.78
存储	1 278 778.15			
电话设备	60 778.5		折旧	8 002 089.41
工厂设备	135 407.78		偿债基金	944 454.83
无线设备	2 718.99		汇丰透支	49 515.32
灯具与拉线	328 032.77	39 410 422.16		
友宁保险		280.33	平均股息账	500 000
杂项债权人		2 424 472.51	一般储备基金	4 460 960.31
现金		79 053.68	净拨款	3 190 825.72
			汇率	130 739.48
偿债基金		1 082 779.22		
总计		42 997 007.9	总计	42 997 007.9

1929 年电气处收支预算 单位：两

支出		收入	
发电	4 711 700	售电	
输电	825 200	照明、电热、工业动力、牵引	13 460 200
租税	105 000		
管理费用	599 250		
保险	14 000	设备租赁	60 500
利息	1 650 000		
折旧	1 885 000		
偶然性事件	213 000		
收支平衡	3 517 550		
总计	13 520 700	总计	13 520 700

说明：1903 年起采用新的账目格式，弧光灯白炽灯收入统称为售电。

从 1901 年起工部局电气处资产负债表中设备资产加入每年设备的折旧率计算，将设备的折旧额从资产中扣去。

资料来源：《上海公共租界工部局年报(1893—1928 年)》，上海市档案馆藏，卷宗号：U1-1-906～U1-1-941。

后　记

时光荏苒，情随事迁。从复旦到同济，从求学到从教，我在漫漫学术道路上的第一本专著终得以正式出版，满怀感恩之余，却也诚惶诚恐。

本书是在我博士论文基础上修改而成，印刻着求学时光的点滴痕迹，对于我个人有纪念意义。作为一个文科女博士，我从本科时就成了中国近现代史的门徒，怀揣着对上海这座城市的情有独钟，聚焦于它的变迁历程。十余年的历史学专业学习，我心安理得地缱绻在校园这座象牙塔里，做着一种最基础式的研究，得出的也是很纯粹的结论。

这种简单的追求，致使自己的研究，从一开始就不是从思想文化史的角度，要去论证任何电力应用形态对人们的生产、生活、观念所产生的重大影响。多年来的谋篇布局，呈现的只是一批英文史料本身的内容，倒映出那些奔波、蛰伏于上海档案馆、上海图书馆、历史系资料室，埋头苦读史料、编译史料的日子。

纵使关于研究选题，专家们给出的意见是另一种层次和意境中的审视方案，我仍固执于自己狭窄的研究思路中，并为此找寻一厢情愿的搪塞理由——历史学本就是“无用之学”，不应去做超出历史本身所具备的东西，即使这些东西才能使得自己的研究更有深度和广度。如今想来，着实惭愧不已。

入职以后，投身于工作的现实，特别是马克思主义理论学科经世致用的使命感，在五年的时光中悄然改变着我的治学态度。我开始对吕思勉先生所言“历史是维新的证佐，不是守旧的护符”；吴泽先生所言“伟大的历史学家都在现实的感召下从事历史研究”愈发认同，且感同身受。如此这般审视自己的研究主题，在经济史领域的研究，没有取得对人类经济、生活带来或大或小，甚至哪怕是丁点影响的成果，内心便抱有别样的愧疚之情。

幸而万里长征刚起步，在学术研究上，我虽后知后觉，尚饱有信心和热情在今后的职业生涯中不断推陈出新、砥砺前行。感恩一路走来帮助过我，关心过我的所有师长、亲朋。因为有你们的指引与扶持，让我能够坚守住那份学习与研究的原动力和幸福感。

感恩我的导师朱荫贵教授。您是学业导师，亦是精神导师。十多年来从老师身上耳濡目染到的严谨、从容的治学品格，以及谦和、豁达的处事原则，是我人生道路中享用不尽的财富。特别是老师的谆谆教导——史学研究应该有现实关怀的理念,指引着我前进的方向。

感恩复旦大学历史系中国近现代史教研室的诸位师长。尤其是我的硕导赵兰亮老师,作为我专业研究的启蒙之师,您无私的指点和分享,亦师亦友,带领我研究生涯的起步。感谢姜义华、吴景平、戴鞍钢、金光耀、张仲民、傅德华、马建标教授对于文本提出过的宝贵建议,以及传道授业中的诸多帮助。

感恩日本立命馆大学的金丸裕一教授毫无保留地馈赠研究论著,在您卧病之时都不忘及时寄予我相关的研究书稿,成就了本书最珍贵的参考资料。感谢美国加州大学尔湾分校历史系彭慕兰(Kenneth Pomeranz)、华志健(Jeffery Wassarstrom)教授、张莹老师在我赴美查找资料期间给予的相助和指导。

感恩师门众位同门的互勉、互励与互助。感谢朱佩禧师姐从求学到工作一路以来的关心和鼓励。感谢岳钦韬师弟大量研究资料的分享。能够成为朱门这个温暖大家庭的一员,是我人生一大幸事。

感恩同济大学马克思主义学院诸位领导和同仁的勉励、照拂和培养。本书的出版得到了学院"2016 年师范马院"学术著作出版资助。作为一名青年教师,初出茅庐的我,能够进入这样一个优秀的教研平台,给我相当的职业归属感和成就感。祝愿学院蒸蒸日上!

感恩我的家人——我最坚强的后盾,永远给予我最大限度的包容和庇护,分担我的纠结,给了我一个幸福满满的家。

本书能够顺利出版,也要衷心感谢上海社会科学院出版社章斯睿编辑专业负责、尽心尽力的帮助。

常言道:"师父领进门,修行靠个人。"鉴于自身的能力和水平,本书肯定仍存在不少有待商榷的问题,错漏之处也在所难免,敬请读者批评指正。本书的完成是交出的一份答卷,也是一个新的开始,且行且珍惜,只有"撸起袖子加油干",才能给自己一个心安理得的交代。

图书在版编目(CIP)数据

政企之间:工部局与近代上海电力照明产业研究:1880—1929/杨琰著.—上海:上海社会科学院出版社,2018

ISBN 978-7-5520-2445-6

Ⅰ.①政… Ⅱ.①杨… Ⅲ.①电力工业-工业史-研究-上海-1880—1929 Ⅳ.①F426.61

中国版本图书馆 CIP 数据核字(2018)第 191560 号

政企之间:工部局与近代上海电力照明产业研究(1880—1929)

著　　者:杨　琰
责任编辑:章斯睿
装帧设计:黄婧昉
出版发行:上海社会科学院出版社
上海顺昌路 622 号　邮编 200025
电话总机 021-63315900　销售热线 021-53063735
http://www.sassp.org.cn　E-mail:sassp@sass.org.cn
照　　排:南京理工出版信息技术有限公司
印　　刷:上海万卷印刷股份有限公司
开　　本:710×1010 毫米　1/16 开
印　　张:15.75
字　　数:280 千字
版　　次:2018 年 9 月第 1 版　2018 年 9 月第 1 次印刷

ISBN 978-7-5520-2445-6/F·540　　定价:88.00 元